KB215180

곽선희 목사 설교집

53

진리를 구하는 한 사람

곽선희 지음

계몽문화사

머리말

'복음은 들음에서'—이는 진리이며 우리의 경험입니다. 하나님께서 우리에게 주신 복 가운데 가장 큰 복은 말씀을 주신 것입니다. '말씀이 육신을 입어서 오신 것'입니다. 말씀을 주셨고 들을 수 있게 하셨고 마음문을 열고 받아 믿게 하신 것, 참 놀라운 은혜입니다.

말씀은 단순한 지식이 아닙니다. 추상적인 이론이 아닙니다. 말씀은 선포되는 하나님의 계시적 능력인 것입니다. 말씀의 권능, 그 능력을 알고 체험하면서 비로소 '말씀 안에서 태어나는 생명적 기적'이 나타나게 됩니다. 오늘도 그 말씀이 증거되고 새롭게 선포되고 있습니다. 설교가 곧 말씀입니다. 성령의 역사와 함께 끊임없이 이루어지는 생명의 역사입니다. 이 선포되는 말씀, 증거되는 진리를 통하여 구원의 능력은 항상 새로워집니다. 말씀 안에서 새 생명이 탄생하고 말씀 안에서 영혼이 소생하며, 그 큰 능력 안에서 우리는 강건해집니다. 우상을 이기는 능력의 사람으로 성장해가는 신비롭고 놀라운 사건을 강단에서 늘 경험하고 있습니다.

여기에 또다시 설교말씀을 모아 책자로 내어놓습니다. 예수소망교회 강단을 통하여 하나님께서 우리에게 주신 말씀입니다. 이제 그 말씀을 책자로 엮어 내어놓음으로써 우리가 시간과 공간을 월하여 개별적으로 하나님을 만나게 되는 '말씀의 역사'에 귀중한 방편이 되고자 합니다. 책자라는 그릇에 담긴 이 말씀들은 읽는 자의 마음 안에서 또다른 '말씀의 신비한 기적'을 낳게 되리라 확신합니다.

한 시간 한 시간의 설교를 위하여 간절히 기도해주신 모든 성도들과 이 책자를 출간하기까지 수고해주신 여러분께 진심으로 감사를 드립니다. 그리고 또다시 영광을 오직 하나님께 돌리면서……

곽선희

차 례

곽선희 목사
장로회 신학대학 졸업
프린스턴 신학석사
풀러신학 선교신학박사
인천제일교회 목사
장로회 신학대학 교수 역임
숭의여자전문대학 학장 역임
서울장로회신학교 교장 역임
소망교회 원로목사

곽선희 목사 설교집 제53권

진리를 구하는 한 사람

인쇄 · 2015년 3월 15일
발행 · 2015년 3월 20일
지은이 · 곽선희
펴낸이 · 김종호
펴낸곳 · 계몽문화사
등록일 · 1993년 10월 11일
등록번호 · 제16—765호
전화 · (02)917-0656
010-3239-5618
정가 · 22,000원
총판 · 비전북 / (031)907-3927
ISBN 978-89-89628-36-1 03230

---

* 잘못 만들어진 책은 바꾸어 드립니다.

진리를 구하는 한 사람

사랑의 최종 승리

그런즉 이 일에 대하여 우리가 무슨 말 하리요 만일 하나님이 우리를 위하시면 누가 우리를 대적하리요 자기 아들을 아끼지 아니 하시고 우리 모든 사람을 위하여 내어 주신 이가 어찌 그 아들과 함께 모든 것을 우리에게 은사로 주지 아니하시겠느뇨 누가 능히 하나님의 택하신 자들을 송사하리요 의롭다 하신 이는 하나님이시니 누가 정죄하리요 죽으실 뿐 아니라 다시 살아나신 이는 그리스도 예수시니 그는 하나님 우편에 계신 자요 우리를 위하여 간구하시는 자시니라 누가 우리를 그리스도의 사랑에서 끊으리요 환난이나 곤고나 핍박이나 기근이나 적신이나 위험이나 칼이랴 기록된바 우리가 종일 주를 위하여 죽임을 당케 되며 도살할 양같이 여김을 받았나이다 함과 같으니라 그러나 이 모든 일에 우리를 사랑하시는 이로 말미암아 우리가 넉넉히 이기느니라 내가 확신하노니 사망이나 생명이나 천사들이나 권세자들이나 현재 일이나 장래 일이나 능력이나 높음이나 깊음이나 다른 아무 피조물이라도 우리를 우리 주 그리스도 예수 안에 있는 하나님의 사랑에서 끊을 수 없으리라

(로마서 8 : 31 - 39)

사랑의 최종 승리

제가 삼십대 초반에 인천제일교회에서 14년 동안 목회를 한 경험이 있습니다. 젊기도 하고, 처음 목회하는 것이어서 경험 하나하나가 저에게는 소중하고, 상당한 복음적 의미가 있다고 늘 생각해왔습니다. 그렇게 경험했던 많은 일들이 비록 옛날이야기들이지만, 마치 오늘의 사건처럼 생생하게 기억됩니다. 그 가운데 한 이야기입니다.

우리 교인 가운데 어떤 여자 집사님이 있었는데, 방직공장에 다니는 분입니다. 얼굴이 험상궂게 얽었습니다. 어쩌다 잠깐 보면 흉할 정도입니다. 그렇지만 늘 명랑했고, 교인들과의 교제도 원만했습니다. 교회봉사도 언제나 앞서서 잘하는 귀한 여자 집사님이었습니다. 그분이 언젠가 자기 자신에 대해서 제게 설명을 해준 적이 있습니다. 집사님의 남편이 공장에 다니다가 기계사고로 갑자기 세상을 떠났게 되었고, 그 공장 사장님의 특별한 배려로 집사님이 공장에 들어가서 일을 하게 되었습니다. 그러다 유복자를 낳았습니다. 일을 해야 하니 하는 수 없이 아이를 숙직실에 뉘어놓고 키워야 했습니다. 그래 일하다가 나와서 젖을 먹인 다음 또 일하러 가고, 그러다 다시 와서 젖을 먹이고 하면서 아이를 키웠습니다. 그러던 중 어느 겨울날 숙직실에 불이 났습니다. 소방대원들이 와서 불을 끄려고 하는데 불이 너무나 사납게 막 타오릅니다. 목조건물이어서 순식간에 타들어갔습니다. 이 집사님이 숙직실에 아이가 있으니까 뛰어 들어가 구하려고 했는데, 소방대원들이 절대로 들어가면 안된다고 막았습니다. 그런데도 집사님은 그냥 뛰어 들어가서 아이를 품에 안고 뛰쳐나왔습니다. 그래 아이는 무사했지만, 집사님은 얼굴과 머리카락이 홀랑 타버렸습니다. 여러 차례 수술을 한 끝에 어느 정도 회복은 되었지만, 얼굴 여기저기에 상처가 많이 생겨서 보기가 흉하게 되었습니다. 하지만 불 속에서 구한 그 어린 유복자에게 소망을 두고 기뻐하며 정성껏 잘 키웠습니다. 그런데 이 아이가 유치원에 다니면서부터 이상해지기 시작했습니다. 철없는 친구들이 아이를 보고 "너희 엄마는 곰보다" 하고 놀리기 시작한 것입니다. 그럴 때마다 아이는 자존심이 상하여 꼼짝을 못하게 되었습니다. 전에는 자기 어머니만 보고 자랐는데, 크면서 보니까 다른 친구들 어머니는 다 예쁜 것입니다. '우리 어머니는 왜 저 모양일까?' 하루는 아이가 어머니를 붙들고 울며 이러더랍니다. "엄마는 왜 곰보야? 엄마는 왜 다른 어머니들처럼 예쁘지 않고 곰보야?" 그래 어머니도 같이 울다가 아이를 앉혀놓고는 "네가 좀 더 큰 다음에 설명하려고 했다마는, 네가 정 그렇게 알고 싶어하니 얘기해주마. 잘 들어봐라" 하며 자초지종을 다 이야기해주었습니다. "네가 불 속에서 영락없이 타 죽게 되었는데, 내가 뛰어들어 너를 살렸다. 그래서 내 얼굴이 이렇게 되었다. 자, 아직도 보기 싫으냐?" 그 철없는 아이가 그 소리를 듣고 어머니를 붙잡고 울면서 말하더랍니다. "아니에요. 엄마는 예뻐요." 그 다음부터 다른 아이들한테서 "너희 엄마는 곰보다" 하는 말을 들을 때마다 이 아이는 "아니야, 우리 엄마는 세상에서 제일 예쁜 여자야. 우리 엄마는 천사다" 했다는 것입니다. 우리가 많은 사랑을 받고 살지마는, 그 사랑의 뜻을 미처 모를 때 원망이 되고, 불평이 되기도 합니다. 하지만 그 사랑의 깊은 뜻을 알게 될 때 가서 이제는 새로운 눈으로 곰보 엄마를 천사처럼 볼 수 있게 됩니다. 사람은 사랑을 먹고 삽니다. 밥을 먹고 사는 것이 아닙니다. 사랑을 받아야 하고, 사랑을 느껴야 하고, 사랑해야 살 수 있는 것입니다.

사랑에는 세 단계가 있습니다. 첫째는 사랑을 받고, 둘째는 사랑을 알고, 셋째는 사랑을 깨닫는 것입니다. 사랑받는다고 다 사랑이 아닙니다. 사랑을 알아야 됩니다. 또 사랑을 깨달아야 됩니다. '이것이 사랑'이라는 것을 깨달음으로써만 사랑이 사랑 될 수 있습니다. 사랑하는 자 편에서는 사랑하고, 사랑을 상대방에게 알려야 됩니다. 그리고 계속 이 사랑을 확증해야 됩니다. 조심스럽게 사랑한다고 되는 것이 아닙니다. 저 사람의 입장에서 어떻게 이해하나? '이것이 사랑이다.' 다시 말해서 '내가 너를 사랑한다' 하는 것을 현실 생활 속에서 확증해나가야 한다는 것입니다.

세계적인 저술가인 바이런 케이티 교수가 「나는 지금 누구를 사랑하는가!」라는 신중한 책을 썼습니다. 사랑은 메마른 삶과 고독한 정신을 치유하는 약이라는 것입니다. 경제가 없어서가 아니고, 사랑이 없어서 죽어간다는 것입니다. 사랑이 없어서 절망하고, 사랑이 없어서 자살하고, 점점 세상은 경제적으로는 나아지지만, 정신적으로나 영적으로 점점 더 비참해지고 있다는 것입니다. 사랑 때문입니다. 그는 이렇게 말합니다. '사랑이라는 것은 두 가지 조건이 없어야 한다. 하나는, 조건 없이 사랑해야 한다는 것이다. 아무것도 바라지 마라. 어떤 대가나 보상도 바라지 마라.' 우리 부모님들의 사랑과 정성이 대단합니다. 특히 우리 한국부모님들 대단합니다. 정말 자식을 사랑합니다. 그런데 문제가 있습니다. 조건이 많습니다. 효도해달라고 합니다. 이것이 문제입니다. 앞으로 나이 많았을 때 좀 기대기 위해서 미리 투자하는 것이랍니다. 그러니 이 자식 사랑이 효력이 있겠습니까. 사랑이라는 것, 조건이 없는 것만 사랑입니다. 조건이 있는 순간은 부모 자식의 사랑도 사랑이 아닙니다. 부부사랑은 어림도 없습니다.

한 가지 물어보겠습니다. 여러분은 얼마나 조건 없는 사랑을 하고 있습니까? 돈 때문도 아니고, 명예 때문도 아니고, 순수한 마음으로의 사랑 말입니다. 이것만이 사랑이고, 이 사랑만이 효력을 내는 것입니다. 또한, 아무 기대감도 없어야 됩니다. 키 작은 사람에게 크면 사랑하겠다고 하고, 공부 못하는 사람에게 공부 잘하면 사랑하겠다고 하고, 변화되면 사랑한다고 하는 이 같은 기대감이 사람을 힘들게 합니다. 너무나 힘들게 합니다. 요새 아이들이 곧잘 집단적으로 자살을 합니다. 왜 그렇습니까? 기대감이 너무 크기 때문입니다. 우리 아버지 어머니가 이렇게 하라는데, 나는 못하겠다는 것입니다. 저는 소망교회에서 시무할 때 어떤 아들의 유서를 보았습니다. 이 학생이 서울대학을 못가고 고려대학을 들어갔습니다. 그리고 유서를 썼습니다. "아버지, 서울대학 못들어가고 고려대학 들어가서 죄송합니다. 저는 앞으로도 서울대학 갈 자신이 없습니다. 미리 갑니다." 이렇게 유서를 남기고 죽었습니다. 그 아버지와 어머니가 통곡을 합니다. 왜 그랬을 것같습니까? 아버지와 어머니가 다 서울대학을 나왔습니다. "너 서울대학 나오지 못하면 내 아들 아니다." 이렇게 늘 이야기했습니다. 이 말을 듣고 이 아들 하는 말입니다. "저는 서울대학 못들어가겠으니까 아들 그만두겠습니다."

아무 조건도 걸지 마십시다. 예쁘지 않은 사람에게 예뻐져야 한다고 하고, 밥 잘 못하는 사람에게 밥 잘해야 된다고 하면, 이것이 팔자인데 어떡하겠습니까. 그냥 먹을 생각 해야지, 나아질 생각을 하지 말아야 합니다. 나아지기를 기대하지 마십시오. 그 기대하는 자체가 엄청난 부담을 주는 것입니다. 못하는 것을 어떻게 하라는 것입니까. 공부라는 것도 그렇지 않습니까? 누구는 하고 싶지 않나요? 안돼서 못하는 것입니다. 공부 안하면 사람이 아니라니, 어떻게 살겠습니까. 저도 평생 오십 년 동안 많은 학생들을 가르쳐봤습니다. 지난 주간에도 미국에 가서 육십여 명이나 되는 박사공부 하는 분들을 가르쳐보았습니다마는, 가만히 보면 공부할 사람이 있고, 못할 사람이 있습니다. 여기까지는 할 사람, 여기는 못할 사람…… 괜히 앉아 있는 것입니다. 그런데 여기에다 조건을 건다면 어떻게 되겠습니까? 너무 힘듭니다. 제발 이제 그만하십시다. 그냥 이제 사랑하면 안되겠습니까? 있는 그대로 말입니다. 작으면 작은 대로, 크면 큰 대로 말입니다. 어느 분은 밥 먹을 때 잔소리하는 법이 절대 없다고 합니다. 왜 그러냐고 물었더니 대답은 간단합니다. "싱거우면 간장 넣으면 되고, 짜면 물 넣으면 됩니다. 저 사람 솜씨가 이것인데, 어떻게 달라지기를 바라겠습니까." 더구나 오십이 넘었거든 그냥 살아야 합니다. 이제까지 안된 것이 이제 와서 되겠습니까. 애당초 기대하지도 말고, 그저 있는 대로, 북한말로 그냥 '접수'하십시오. 있는 대로 접수하는 것입니다. 건강하면 건강한 대로, 병들면 병든 대로— 그런 것이 사랑이라는 것입니다. 이것이 진짜 사랑입니다.

제가 잘 아는 목사님이 있습니다. 그 목사님이 식물인간으로 십삼 년을 살았습니다. 얼마나 힘들겠습니까. 저를 만났을 때 사모님이 말씀합니다. "아직 안죽었어!" 그 사모님 너무나 지겨워서 심지어는 이런 말씀까지 합니다. "한 번이라도 눈을 뜨고 '여보, 고마워!'

하고 말 한마디만 해줘도 이렇게 피곤하지 않겠습니다." 말 한마디 못하는 사람을, 앉혀 놓으면 앉아 있고, 누이면 누워 있는 사람을 십삼 년 동안 시중하다보니 지쳐가지고 그렇게 괴로워하는 것을 보았습니다. 그 목사님이 돌아가셨습니다. 죽은 다음에야 "저 사람이 내게 이렇게 중요한 존재인 줄 몰랐어요" 합니다. 집에 들어갈 때 그 사람이 없으니까 이제는 살아야 할 이유가 없더라는 것입니다. 그렇게 식물인간으로 있었어도 "I Need you", 내가 그 사람이 필요했던 것입니다. 그러면서 이제 "내가 살 수 없노라" 하고 몸부림치는 것을 보았습니다. 이것이 사랑입니다. 내가 저 사람을 돕는 것이 아닙니다. 나한테 저 사람이 필요한 것입니다. 꼭 필요합니다. 이것이 사랑입니다.

오늘본문은 세 가지 여건을 말씀합니다. 우리가 엄청난 하나님의 사랑을 받았습니다. 첫째는 우리가 연약할 때입니다. 연약할 때는 곧 무지할 때입니다. 아무것도 몰랐다는 얘기입니다. 혹 어머니 젖 먹던 생각이 납니까? 그 사람은 다섯 살까지 젖 먹은 사람입니다. 아무도 젖 먹던 때 생각나는 사람이 없습니다. 그러나 먹었습니다. 발달심리학적으로 볼 때 네 살까지가 최고입니다. 네 살 까지는 왕입니다. 누가 건드리겠습니까. 할아버지 상투도 잡습니다. 네 살까지는 온 집안에서, 심지어는 동네사람들의 사랑까지도 받습니다. 데리고 나가면 다 예쁘다고 합니다. 그 엄청난 사랑이 있는데, 이 사랑을 내가 모르고 있습니다. 그때 받은 사랑을 알 수만 있다면 오늘 낙심하지 않을 텐데 말입니다. 내가 연약할 때, 내가 무지할 때, 내가 아무것도 모를 때 엄청난 사랑을 받았더라는 말입니다. 이제야 알게 됩니다. 이제라도 알아야 합니다. 또한, 내가 죄인 되었을 때,

곧 구제불능일 때, 나 스스로 전혀 일어날 수 없을 때 사랑을 받았습니다. 깨달을 수도 없고, 돌이킬 수도 없고, 함정에 빠졌을 때, 곧 죄인 되었을 때에도 사랑을 받았다는 사실입니다. 죄인으로서 사랑을 받았습니다. 의인으로 받은 사랑이 아닙니다. 의인이 되리라고 받은 사랑도 아닙니다. 죄인의 모습 그대로 하나님의 사랑을 받아 오늘 우리가 여기에 있는 것입니다. 또한 하나님과 원수 되었을 때, 곧 하나님께 대하여 반항할 때, 끝까지 거꾸로 나갈 때도 하나님께서는 우리를 사랑하셨습니다.

잊지 마십시다. 오늘본문 33절에 귀중한 말씀이 있습니다. "누가 능히 하나님의 택하신 자들을 송사하리요 의롭다 하신 이는 하나님이시니." 누가 정죄하리요? 하나님께서 의롭다 하시면 그만이지, 사람 그 누가 정죄할 수 있겠습니까. 아주 귀중한 말씀입니다. 하나님께서는 우리에게 주셨습니다. 그런고로 더 주실 것입니다. 독생자를 아끼지 아니하시고 우리를 위하여 주셨습니다. 그 아들과 함께 왜 안주시겠느냐는 것입니다. "자기 아들을 아끼지 아니하시고 우리 모든 사람을 위하여 내어 주신 이가 어찌 그 아들과 함께 모든 것을 우리에게 주지 아니하시겠느뇨(32절)." 독생자, 그 외아들을 우리에게 주셨습니다. 그런 하나님께서 무엇을 아끼신다는 말입니까. 그렇다면 우리는 진정한 사랑의 고백을 해야겠습니다. 내가 사는 이대로가 나를 향한 하나님의 사랑의 극치라는 것을 말입니다. 이것을 우리가 꼭 알아들어야 하겠습니다. 또한 십자가로 확증하셨습니다. 이 사랑을 아는 사도 바울의 고백을 들어봅시다. '우리가 넉넉히 이기느니라.' 그리스도로 말미암아 넉넉히 이기느니라— 죄를 이기고, 사망을 이기고, 절망을 이기고, 병을 이기고, 율법을 이깁니다. 넉넉히 이기느니라— 사랑은 승리입니다. 최종 승리입니다. 마지막 승리입니다. 그 사랑의 성격을 다시한번 설명해줍니다. 위하여 죽으시고— 우리가 죽을 대신에 그가 죽었습니다. 대신 죽으셨습니다. 이 '대신 죽은 은혜'에 대해서 감격이 있습니까?

나이가 드니까 자연히 옛날이야기를 좀 합니다. 옛날에 제 할아버지께서 장로님이셨는데, 다 모여앉아 가정예배를 드렸습니다. 그래 차례차례 돌아가면서 기도하는데, 할머니 차례가 되면 저는 걱정을 합니다. 우리 할머니는 기도하기 시작할 때 한 오 분을 우셔야 합니다. 그 이유가 있습니다. 이제 생각하니까 굉장히 중요한 의미였습니다. '하나밖에 없는 외아들을 우리를 위해 주시고' 하고 우셨습니다. 우리 아버지가 삼대독자거든요. 옛날에는 며느리가 아들을 못 낳으면 시집에서 쫓겨났습니다. 아슬아슬했습니다. 그렇지 않아도 아들 못낳으면 쫓겨나고, 남편이 첩을 얻고 그러던 때인데, 아슬아슬하게 삼대독자를 낳은 것입니다. 그러니 그 아들이 얼마나 소중했겠습니까. 그런데 성경을 읽어보니 독생자를 주신 것입니다. '이런, 이런!' 이보다 더 큰 사랑이 어디에 있겠습니까. 독생자를 주시는 하나님— 이것이 최고의 사랑입니다. 그리고 다시 살아나시고, 의롭다 하십니다. 우리를 죄인으로 보시는 것이 아니라 의인으로 보십니다. 또하나의 귀한 말씀이 있습니다. 하늘에서 오늘도 우리를 위하여 기도하신다는 사실입니다. 예수님께서는 오늘도 기도하고 계십니다. 구름과 같이 우리를 둘러싼 허다한 증인들이 있습니다. 주님께서 우리를 위하여 기도하고 계십니다.

유명한 수도사의 이야기가 있지 않습니까. 어느 수도사가 한평생 깨끗하고 정결하게 사느라고 애를 쓰다가 죽어서 하늘나라에 갔더니 주님께서 맞아주십니다. 그때에 그가 주님의 품에 안기면서 뒤를 돌아보았습니다. 자기가 살아온 세상이 보입니다. 살아온 길이 한눈에 들어오는 것입니다. 그런데 이상하게도 발자국이 두 줄입니다. 그래 묻습니다. "저는 혼자서 왔는데 왜 발자국이 둘입니까?" 그랬더니 "언제나 내가 너와 함께했느니라. 동행하였느니라" 하고 대답해주셨습니다. 자세히 보니 또 발자국이 하나밖에 없을 때도 있는 것입니다. 그래 또 묻습니다. "저 때는 왜 하나입니까?" "네가 힘들어해서 내가 업고 걸었느니라." 나 혼자 사는 줄 아십니까? 주님께서 함께하시고, 하나님 우편에서 오늘도 우리를 위하여 기도하고 계시는 그 주님의 중보기도로 인하여 오늘 우리가 있음을 알아야 합니다. 이 엄청난 사랑, 완전한 사랑을 받는 순간, 깨닫는 순간 어떻습니까? 무엇이 두렵고, 또 무엇을 마다하겠습니까. 이 사랑을 알기 때문에 스데반은 천사의 얼굴을 하고 순교할 수 있었습니다. 사도 바울은 한평생 찬송할 수 있었습니다. 빌립보 감옥에서 찬송했고, 또다시 말씀합니다. '넉넉히 이기느니라. 누가 이 사랑에서 나를 끊을 것이냐?' 이 질기고 완전한 사랑을 그 마음에 깊이깊이 간직하면서 넉넉히 이기노라고 그는 최종 승리를 노래하고 있습니다. △

군중 속에 버려진 고독한 사람

이에 열 두 해를 혈루증으로 앓는 중에 아무에게도 고침을 받지 못하던 여자가 예수의 뒤로 와서 그 옷가에 손을 대니 혈루증이 즉시 그쳤더라 예수께서 가라사대 내게 손을 댄 자가 누구냐 하시니 다 아니라 할 때에 베드로가 가로되 주여 무리가 옹위하여 미나이다 예수께서 가라사대 내게 손을 댄 자가 있도다 이는 내게서 능력이 나간 줄 앎이로다 하신대 여자가 스스로 숨기지 못할 줄을 알고 떨며 나아와 엎드리어 그 손 댄 연고와 곧 나은 것을 모든 사람 앞에서 고하니 예수께서 이르시되 딸아 네 믿음이 너를 구원하였으니 평안히 가라 하시더라

(누가복음 8 : 43 - 48)

군중 속에 버려진 고독한 사람

눈보라가 치는 어느 추운 겨울날, 한 작가가 어두운 골목길을 걷고 있었습니다. 그때 어떤 남루한 옷을 입은 걸인 하나가 그 작가한테 적선을 청했습니다. "제가 지금 배가 고픈데, 한 푼 도와주십시오!" 얼핏 보기에도 배고픔에 지쳤고, 추위에 시달리는 불쌍한 거지였습니다. 작가는 자기 주머니를 뒤져보았지만 공교롭게도 수중에 한 푼의 돈도 없었습니다. 하는 수 없이 작가는 걸인에게 말했습니다. "이보게 친구. 내가 지금 가진 것이 없네. 참으로 미안하네." 걸인은 대답했습니다. "아, 아닙니다. 미안해할 것 없습니다. 당신은 나를 친구라고 불렀습니다. 그것이 내게는 더 큰 선물이 되었습니다." 이 이야기는 러시아의 작가 톨스토이가 추운 겨울날 모스크바 한 골목에서 어느 걸인을 만났을 때 겪었던 실화입니다. 한 푼의 돈이 중요한 것이 아닙니다. 여보게 친구!— 그 말 한마디가 이 사람에게는 고마운 선물이 되는 것입니다.

루엘 하우스 교수의 「Man's Need and God's Action」이라는 유명한 저서가 있습니다. 이 책에서 그는 '인간의 실존이라는 것은 누가 뭐래도 고독한 존재'라고 말합니다. 현대에 와서는 더더욱 그렇습니다. 고독한 사람은 말이 없습니다. 고독한 자는 웃음이 없습니다. 말하려고도 하지 않고, 들으려고도 하지 않습니다. 그리고 점점 더 우울해집니다. 이런 현상은 걷잡을 수 없는 세계적인 추세이기도 합니다. 그 고독의 이유를 그는 두 가지로 말합니다. 왜 고독한가? 먼저는 자기 자신을 사랑하지 않기 때문입니다. 사랑한다는 말은 자기는 사랑받는 존재다, 많은 사랑을 받은 존재다, 그리고 지금도 사랑을 받고 있다는 것을 생각하는 것입니다. 사랑받지 않고 태어난 사람도 없고, 오늘도 사랑받지 않고 사람은 존재하지 못합니다. 많은 사랑을 받고 있는데도 불구하고 나는 사랑받지 못하고 있다고 생각하는 것, 아니, 사랑받을 가치가 없다고 스스로 생각합니다. 이것은 자기 자신을 사랑할 줄 모르는 것입니다. 이 때문에 고독합니다. 둘째는 이웃을 사랑하지 않기 때문입니다. 이웃에게 내가 필요함을 인정하지 않는다는 것입니다. 아무리 우리가 없고, 가난하고 힘들어도 나를 필요로 하는 사람이 있습니다. 내가 만나야 할 사람이 있고, 내가 도와줄 사람이 있습니다. 이것을 잊지 말아야 합니다. 어디서나 조금씩이라도 내 도움을 필요로 하는 사람이 있습니다. 가끔 병원에 방문해보면 휠체어를 밀고 다니는데, 가만히 보니 환자가 환자의 휠체어를 밀어줍니다. 둘 다 환자입니다. 그러나 한 사람은 걸을 수 있고, 다른 한 사람은 걷지를 못할 뿐입니다. 걸을 수 있는 환자가 걸을 수 없는 환자의 휠체어를 미는 것을 볼 때 대단히 깊은 의미가 그 속에 있다고 저는 생각합니다. 내 도움을 필요로 하는 사람이 주변에 얼마든지 있습니다. 내가 꼭 도와줘야 됩니다. 이것을 알면 절대로 고독하지 않습니다.

소속감(belongingness)이라는 말이 있습니다. '나는 받아들여지고 있다'는 의식입니다. 또 하나는 가치감(worthiness)입니다. '나는 요구되고 있고 필요하다'는 것입니다. 셋째는 신뢰감(competence)입니다. '나는 할 수 있다. 아직도 할 수 있는 능력이 있다. 무엇인가 할 수 있는 일이 내게 있다.' 여기에 자기 자신이 응답하고 있을 때, 또 자기가 응답할 수 있을 때 사람은 살아갈 수 있는 것입니다.

오늘본문에는, 제가 성경을 늘 볼 때마다 개인적으로 성경에 나오는 사람들 중에 가장 불쌍하다 싶은 사람이 나와 있습니다. 예수님께서 만나셨던 그 많은 사람들 가운데서 가장 불쌍한 사람입니다. 그 누구보다도 불쌍한 사람인 한 고독한 여자가 나옵니다. 지금 군중 속에 있습니다. 아무도 거들떠보지 않습니다. 이 여자가 누구인지, 어떤 형편에 있는지는 알 바가 아닙니다. 모름지기 이렇게 수건을 눌러 쓰고, 눈만 보이게 하고, 군중 속에 같이 끼어 있습니다. 이 여자를 알아볼 사람은 아무도 없습니다. 병든 사람입니다. 병든다는 것은 몸이 아프다는 것만이 아닙니다. 슬픕니다. 그것이 인간입니다. 병들면 자기 소외를 느낍니다. 아무도 나를 반가워하지도 않는 것같고, 어찌 생각하면 나라는 존재는 불필요한 것처럼 느껴진다는 말입니다. 이 사람은 혈루증으로 무려 십이 년 동안을 고생했다고 했습니다. 아마도 부인병, 혹은 암환자였지 않나 싶습니다. 몸만 아픈 것이 아니라, 마음도 슬픕니다. 고독한 여자였습니다. 오랫동안 아파왔습니다. 십이 년 동안이나 말입니다. 그래서 소속감도 없고, 가치감도 없습니다. 이제는 신뢰감까지도 다 상실해버렸습니다. 그런 여자가 여기에 있는 것입니다. 모름지기 가정도 없습니다. 저는 가정이 여자를 버린 것이 아니라, 이 여자가 가정을 버렸을 것이라고 생각합니다. 왜냐하면 내가 있음으로 가정이 불편하니까요. 많은 사람을 불편하게 하니까요. 그래서 스스로 가정을 떠났다고 생각되기도 합니다. 또 아무 도움도 받을 수 없는 사람입니다. 친구의 도움도, 위로도, 심지어는 오늘본문에 있는 대로 의사도 이 사람을 도울 수 없었습니다. 아무로부터도 도움을 받지 못하는 여자였습니다.

한데 더 심각한 문제가 있었습니다. 그것은 부끄러운 부인과 병 때문이었습니다. 다른 사람들은 모릅니다. 어쩌면 병자이기 때문에 요새말로 더 예쁘게 보였을는지도 모릅니다. 날씬했을 테고, 화장을 안해도 얼굴이 하얀, 외모로 볼 때는 괜찮은 여자같아 보입니다. 그러나 속에는 지금 몸이 썩어가고 있습니다. 십이 년 동안을 이렇게 고생했습니다. 얼마나 괴롭습니까. 이제 해석하는 자의 추리를 생각해보십시다. 이 여자가 어떻게 해서 부인병을 얻었겠습니까? 어떻게 해서 이런 병을 얻었겠습니까? 상상해보십시오. 딱 한 번 실수로 인해서 무서운 병을 얻은 것입니다. 그런고로 후회가 많습니다. '그 남자를 만나지 말았어야 되는데. 그런 일을 하지 말았어야 되는데' 하고 십이 년 동안을 후회하고 있습니다. 그런 여자입니다. 부끄러운 병이었습니다. 사실은 병도 여러 가지지만, 자랑스러운 병도 있답니다. 그러나 이 여자가 가진 이런 병은 부끄러운 병입니다. 누구에게 말할 수도 없고, 보여줄 수도 없습니다. 그런 사람입니다.

특별히 이 사람은 종교적인 고독을 느끼는 사람입니다. 왜냐하면 구약성경 민수기 15장이나 신명기 22장을 보면 이런 사람은 하나님 앞에 예배하는 곳에 나갈 수가 없습니다. 나가면 안됩니다. 왜냐하면 썩은 냄새가 진동을 하기 때문입니다. 옛날 위생시설이 좋지 않을 때 이런 분이 한 번 가까이 오면 온통 썩은 냄새로 진동할 것입니다. 그래서 하나님 앞에 예배하는 곳에 이런 사람은 오지 말라고 했습니다. 하나님 앞에 나아가 예배도 못드립니다. 또 누구도 만날 수 없습니다. 누가 만나주지 않는 것이 아니라, 내가 만날 수 없습니다. 누가 가까이와도 가까이 오지 말아달라고 부탁할 수밖에 없습니다. 그런 여자입니다. 그리고 모름지기 지난날에 대한 죄책감에 시달리고 있습니다. 이것을 지워버리지 못하고 한평생 하나님 앞에 자유롭게 나아가 예배하지도 못하고, 아무도 만날 수 없고, 그렇게 부끄럽게 살아가고 있습니다. 저는 그런 사람들을 많이 만나봅니다. 마음대로 울지도 못한다는 분의 간증도 듣습니다. 자녀들이 눈치챌까봐 마음대로 울지도 못합니다. 너무나 부끄러운 일이기 때문입니다.

또 생각해보면 이 사람은 스스로 버렸습니다. 자기 자신을 포기했고, 군중 속에 끼여 있는데, 아무도 이 사람에 대해서 관심을 주지 않습니다. 돈을 잃으면 부를 잃은 것입니다. 건강을 잃으면 행복을 잃은 것입니다. 명예를 잃으면 보람을 잃어버린 것입니다. 소망을 잃으면 생명을 잃은 것입니다. 자기 신뢰를 잃어버렸다면 이것은 전체를 잃어버린 사람입니다. 아무것도 없습니다. 마치 빈껍데기와 같은 인생입니다. 하루도 더 살고 싶지 않은 생을 살아가야 하는 가장 고독한 사람입니다. 제가 왜 이 여자를 가장 불쌍한 사람으로 생각하는지, 그 이유가 있습니다. 다른 사람들은 내놓고 말을 할 수 있습니다. 장님은 와서 "눈을 뜨게 해주세요" 할 수 있고, 손이 마른 사람은 와서 "손을 펴게 해주세요" 할 수 있습니다. 문둥병자까지도 "저를 깨끗케 해주세요" 하고 말할 수가 있습니다. 하지만 이 여자는 예수님 가까이 왔습니다마는 "저를 고쳐주세요" 하고 말할 수가 없습니다. 보일 수도 없는 부끄러운 병을 가졌으니까요. 예수님께서 "어디가 아프냐?" 하고 물으시면 뭐라고 대답하겠습니까. 이렇게 불쌍한 사람입니다. 예수님 앞에 와서도 솔직히 말할 수 없는 사람입니다. 숨어 있는 병, 깊이 숨어 있는 병입니다. 참으로 불쌍한 사람 아니겠습니까. 이 사람이 예수님께 나아옵니다. 숨은 믿음입니다. '예수님을 만나면 나을 것이다.' 이제 가까이 왔는데, 뭐라고 해야 됩니까? 예수님께 말씀드릴 수가 없습니다. 그래서 대신 예수님의 옷자락을 만지기로 생각합니다. 이것은 그가 생각한 비밀한 믿음이요, 최선의 방법이라고 생각합니다. 조심스럽게 예수님께 다가가서 그 옷자락을 만집니다. 이것으로 신앙을 고백합니다. 이것은 경건의 극치입니다. 조심스럽게 예수님께 다가가서 예수님의 옷자락을 만졌습니다. 그런데 예수님께서는 그것을 아시고 "내게 손을 댄 자가 누구냐?" 하십니다. 모든 사람이 아니라고 합니다. 베드로는 또 한마디 합니다. "많은 사람이 모여서 밀고 닥치는데 그것 좀 만졌으면 어떻습니까." 그렇게 말한 것같습니다. 그러나 예수님께서는 말씀하십니다. "아니다. 나를 만진 자가 있다." 가면서 오면서 옷자락이 스친 것이 아니고, 어쩌다 만진 것이 아니고, 믿음으로 만졌습니다. 경건한 마음으로 만졌습니다. 절대감정으로 만졌습니다.

오늘 이 시간에도 우리가 그 많은 날 교회에 나오듯이 나왔습니다마는, 이 시간에도 특별한 분이 계십니다. 바로 지난 주일에도 여기에 앉았던 분입니다. 그분이 한마디 했습니다. "목사님, 제가 병이 중해서 멀리 이사를 갑니다. 오늘이 제 마지막 주일입니다. 이제부터 다시는 교회에 못나오게 될 것입니다." 그리고 서서 제 손을 잡고 우는 모습을 보았습니다. 오늘이 제 마지막 날입니다— 교회 나올 수 있는 마지막 날이라는 것입니다. 어떻습니까? 이렇게 말할 때 그 옆에 서 있는 남편이 더 흐느껴 울었습니다. 여러분은 오늘이 '나의 마지막 날'이라면 어떻게 생각하겠습니까? 내 일생 나오던 교회이지만, 오늘이 끝이라면 말입니다. 오늘 이 여자는 예수님 앞에 가까이 갑니다. 일생에 딱 한 번 있는 기회입니다. 종말론적 기회입니다. 차마 예수님께 말씀은 못드리지만, 벌벌 떨면서 경건한 마음으로 이 기회를 놓칠 수가 없어서 예수님의 옷자락을 붙듭니다. 이 믿음, 놀라운 것 아니겠습니까. 늘 나오는 교회이지마는, 오늘이 내 마지막 날이라고 생각하고 예배를 드린다면 그 예배야말로 얼마나 굉장한 사건이 되겠습니까. 이 여자는 그랬습니다. 그런데 놀라운 것은 예수님께서 이 여자를 찾으십니다. 정확히 찾으십니다. 오늘도 이렇게 예배하는 자를 찾으십니다. 그리고 이렇게 나오는 자를 만나주십니다. 절박한 마음으로 하나님 앞에 나아온 그 사람을 하나님께서는 특별하게 만나주십니다. 이것이 예배입니다. 이 여자가 숨기지 못할 줄 알고 나와서 '예수님, 제가 예수님의 옷자락을 만졌습니다. 그런데 당장 병이 나았습니다' 하고 부끄러움을 무릅쓰고 모든 사람 앞에서 간증을 합니다. 굉장한 사건이 아닙니까. 전설에 의하면 이 여자가 자기 집에 돌아가서 자기 집 문 앞에다가 큰 돌비를 세워놓고 가는 사람 오는 사람에게 "내가 예수님을 만났다. 예수님이 나를 성하게 해주셨다" 하고 일평생 증거하다가 죽었답니다. 그럴 것 아니겠습니까. 오늘도 예수님께서는 이런 사람을 찾고 계십니다. 경건한 마음으로 예배하는 자, 그리고 주님과 나 사이에 비밀한 믿음을 가지고 나온 바로 그 사람을 찾으십니다. 그 사람을 만나주십니다. 그리고 말씀하십니다. "딸아, 네 믿음이 너를 구원했으니 평안히 가라."

저는 가끔 이런 생각을 해봅니다. '네 믿음이 너를 구원했다.' 뒤집어서 사실 '내 능력이 너를 구원했다'고 하셔야 할 것같습니다. 그런데 예수님께서는 '네 믿음이 너를 구원했다'고 말씀하십니다. 굉장한 칭찬이고, 굉장한 인정을 받는 시간입니다. 이 여인을 보십시오. 두려운 마음이 있었습니다. 부끄러운 마음도 있었습니다. 죄책도 있었습니다. 그러나 오직 하나, 예수님을 만나면 살길이 있다고 믿었고, 딱 한 번 있는 기회를 절대 놓치지 않았습니다. 그리스도를 만나서 이 귀중한 은혜를 입고 '딸아, 네 믿음이 너를 낫게 했으니 평안히 가라' 이 같은 귀한 복음을 듣고 새사람으로 출발하게 됩니다. △

평강 실종의 세대

여호와의 손이 짧아 구원치 못하심도 아니요 귀가 둔하여 듣지 못하심도 아니라 오직 너희 죄악이 너희와 너희 하나님 사이를 내었고 너희 죄가 그 얼굴을 가리워서 너희를 듣지 않으시게 함이니 이는 너희 손이 피에, 너희 손가락이 죄악에 더러웠으며 너희 입술은 거짓을 말하며 너희 혀는 악독을 발함이라 공의대로 소송하는 자도 없고 진리대로 판결하는 자도 없으며 허망한 것을 의뢰하며 거짓을 말하며 잔해를 잉태하여 죄악을 생산하며 독사의 알을 품으며 거미줄을 짜나니 그 알을 먹는 자는 죽을 것이요 그 알이 밟힌즉 터져서 독사가 나올 것이니라 그 짠 것으로는 옷을 이룰 수 없을 것이요 그 행위로는 자기를 가리울 수 없을 것이며 그 행위는 죄악의 행위라 그 손에는 강포한 행습이 있으며 그 발은 행악하기에 빠르고 무죄한 피를 흘리기에 신속하며 그 사상은 죄악의 사상이라 황폐와 파멸이 그 길에 끼쳐졌으며 그들은 평강의 길을 알지 못하며 그들의 행하는 곳에는 공의가 없으며 굽은 길을 스스로 만드나니 무릇 이 길을 밟는 자는 평강을 알지 못하느니라

(이사야 59 : 1 - 8)

평강 실종의 세대

어떤 사람이 아침에 길을 걷다가 그만 지나가던 큰 개한테 물려 병원에 가서 의사에게 진찰을 받았습니다. 의사가 진찰 뒤 이렇게 말했습니다. "선생님께서는 광견병에 걸렸습니다. 저 개가 광견병균을 가지고 있기 때문에 저 개한테 물려서 지금 그 병이 옮겨와 선생님이 광견병에 걸린 것입니다." 그러자 이 환자가 얼굴이 노래지더니 갑자기 종이와 펜을 꺼내 가지고 부지런히 무엇인가 쓰는 것입니다. 유서를 쓰나 걱정해서 의사가 환자를 안심시킵니다. "선생님, 너무 낙심하지 마세요. 광견병은 금세 죽게 만드는 것도 아니고, 요새는 의학이 발달해서 광견병은 치료할 수 있는 병입니다. 그러니까 너무 걱정하지 않으셔도 괜찮습니다." 그랬더니 이 사람이 하는 말입니다. "저도 제 병이 죽을병이 아니라는 것을 잘 알고 있습니다. 저는 지금 이 광견병에 걸려 있는 동안 나가서 물어뜯어야 할 사람들의 이름을 적고 있는 겁니다." 여러분은 혹 물어뜯고 싶은 사람이 없습니까? 요새 사람들이 조용한 것같아도 속에는 물어뜯고 싶은 사람이 많습니다. 이런 가운데에 오늘을 우리가 살아가고 있습니다. 한이 맺혀 있고, 원한이 있고, 억울함이 있고, 분함이 있고, 일생동안 지우지 못하는 참으로 괴로운 추억들이 있습니다. 왜 흔히들 말하지 않습니까. 소리 나지 않는 총이 있다면 쏴버리겠다고요. 글쎄 그런 마음을 가지고 살자니 얼마나 불편하겠습니까.

미국이 낳은 세계적인 트럼펫 연주자가 있습니다. 연세 좀 드신 분들은 모르는 사람이 없을 텐데, 바로 루이 암스트롱입니다. 그의 노래는 지금도 많은 사람의 심금을 울리지 않습니까. 'What a Wonderful World'는 아주 기가 막힙니다. 지금도 우리 귀에 깊은 감동을 주는 가수요, 트럼펫 연주자입니다. 그가 남긴 중요한 말 한마디가 있습니다. '당신의 마음속에 음악이 있다면 아무 때 입을 열어도 음악은 되는 것이다. 음악이란 달리 정의할 필요가 없다. 그러나 당신의 마음속에 음악이 없다면 아무런 노력을 해도 그건 음악이 아니다.' 마음에 음악이 있다면— 마음 깊은 곳에 음악이 있습니다. 그리고야 음악이 되는 것이지, 소리를 낸다고 음악이 되는 것이 아닙니다. 음악공부 한다고 음악이 되는 것도 아닌 것같습니다. 이것을 생각해야 됩니다. 사람의 마음속에는 샬롬이 있어야 합니다. 하나님께서 주시는 평강이 있어야 됩니다. 뭘 해도 평강이 있어야 됩니다. 운동을 하는 사람도, 공부하는 사람도, 과학을 하는 사람도 마음에 평강이 있어야 합니다. 그 속에 하나님을 찬양함이 있어야 합니다. 샬롬이라는 것은 하나님과의 관계, 의와 사랑의 관계, 이웃과의 화목, 자기 자신의 자유와 행복, 물질에 대한 자유 그리고 번영, 이것들을 통합해서 샬롬, 곧 평강이라고 말합니다. 우리 마음속에 평강이 있어야 됩니다. 그러고야 사람이 될 수 있고, 무엇인가 할 수도 있고, 또 건강할 수도 있는 것 아니겠습니까.

오늘본문에는 암시하는 바가 있습니다. 사람들은 언제나 무엇인가 잘못됐을 때 꼭 환경을 탓합니다. 또 모든 잘못된 원인을 다른 사람에게 돌리고 싶어합니다. 아마도 내 잘못이라고 하면 좀 괴로워서 그런가 봅니다. 어쨌든 남의 탓으로 돌려보고 싶습니다. 그래서 정치, 경제, 환경…… 항상 세상을 탓하며 원망합니다. 이렇게 원망하다보면 궁극적으로는 하나님을 원망하는 것입니다. 이것을 정리해보면 두 가지입니다. 하나님을 원망하는데, 오늘본문 1절은 말씀하지 않습니까. "여호와의 손이 짧아 구원치 못하심도 아니요……" 하나님의 손이 짧으신가, 하나님께 능력이 없는가, 하나님께서 무능하신가…… 바로 그 생각입니다. 때로 우리 인간은 어리석은 생각을 합니다. 이 환경에서는 하나님께서도 도리가 없으시다고요. 정말 그렇습니까? 우리는 하나님께 '하나님 때문'이라고 탓합니다. '하나님의 능력이 어디로 가셨습니까? 하나님께서는 살아 계십니까?' 이렇게 여쭈어보고 싶은 것입니다. 두 번째는 나의 기도를 듣지 아니하신다는 것입니다. "귀가 둔하여 듣지 못하심도 아니라(1절)." '내가 그렇게 기도하는데 하나님께서는 왜 안들어주시나? 내가 밤을 새우기도 하고, 금식도 해보는데, 왜 안들어주시나? 이렇게 많이 기도하는데, 왜 안들어주시나?' 제가 언젠가 한 번 삼각산 언덕에 올라가 보았습니다. 주일날 오후였습니다. 삼각산 바위마다 사람들이 앉아서 무릎을 꿇고 하나님 앞에 기도하는 모습을 볼 수 있었습니다. 제가 가까이 가서 무슨 기도를 하는지 들어보았습니다. 좀 나쁘게 말하면 하나님 원망하는 기도를 하고 있었습니다. '왜 안주십니까! 하나님께서는 계십니까, 안계십니까?' 하나님께 협박 공갈을 합니다. 그래서 제가 그 기도를 좀 듣다가 돌아서면서 이런 생각을 했습니다. 아주 불경한 생각입니다마는 '내가 하나님이어도 안들어준다' 하고요. 하나님을 원망하고 불평하는데, 하나님께서 귀가 어두우십니까? 왜 그렇게 고래고래 소리를 지릅니까? '하나님께서 왜 듣지 아니하실까?' 생각해야 합니다. 오늘본문은 말씀합니다. 참 원인은 나 자신에게 있습니다. 깊은 곳에 죄가 있다는 것입니다. 응답이 없다는 것 자체가 생각하라는 응답입니다. 응답이 없다는 것은 너 자신을 스스로 판단하라는 응답입니다. 어찌 응답이 없습니까. 없을 리가 없습니다. 때로 우리가 부모님께 무엇을 요청할 때도 대답이 없을 때가 있습니다. 그럼 부모님이 대답을 안하시는 것입니까? 부모님 귀가 어두우신 것입니까? 아닙니다. '네가 소원하는 그것은 아니다' 하고 대답하시는 것입니다. 변론할 가치도 없다는 것 아니겠습니까. 그 원인이 나 자신에게 있지, 어떻게 하나님께 있겠습니까. 그래 오늘본문은 죄가 문제라는 것입니다. 죄가 있어서 너희와 하나님 사이를 멀리하게 만들었다는 것입니다. 이것이 문제입니다.

톨스토이의 유명한 단편소설이 있습니다. 「무엇이 원인인가?」입니다. 담장을 하나 사이에 두고 여러 해 동안 같이 사는 두 가정이 있었습니다. 그 두 가정은 한 식구처럼 오고가면서 어른들도 아이들도 친하게 살았습니다. 그런데 어느 날 이쪽 집 아이가 보니까 자기 집 닭이 담장을 넘어 날아가서 저쪽 집에 들어가서 알을 낳고 나오는 것입니다. 그러면서 꼬꼬댁하고 이쪽으로 날아옵니다. 아이가 그것을 보고 자기 친구에게 "지금 보니까 우리 닭이 너희 집에 가서 알을 낳았거든. 우리 것이니 그것 가져와" 합니다. 그래 그 친구가 들어가 보니 알이 없습니다. 그러니까 "소리만 났지 알은 없다" 합니다. "내가 분명히 보았는데?" "글쎄 없다니까!" 이것 때문에 싸움이 났습니다. 아이들끼리 대판 싸웠습니다. 서로 맞다, 아니다, 하다가 엄마들이 나와서 보고 또 엄마들이 싸웠습니다. 저녁에는 아빠들이 싸웠습니다. 한바탕 싸웠습니다. 그러다 결국 이쪽 사람이 화를 참지 못하고 저쪽 집에다가 몰래 불을 질렀습니다. 그런데 하필이면 그날따라 바람이 휙 돌아 불면서 이쪽 집까지 다 타버렸습니다. 두 집이 다 타버린 다음에 잿더미 위에 앉아서 밤을 새우게 되고 하늘을 쳐다봅니다. 도대체 무엇 때문입니까? 달걀 하나 때문이었습니다. 인간사가 다 이렇다는 이야기입니다. 아무것도 아닌 일 가지고 다 망가지고 마는 것입니다. '죄와 끝없는 욕심이 하나님과 너희 사이를 멀게 만들었다'고 말씀합니다. 또한 '공의와 진실이 없다'고 말씀합니다. 공의대로 재판하는 자도 없고, 판단하는 자도 없다는 것입니다. 정말 그렇습니다.

요새 종종 재판한다, 뭘 한다고 하지마는, 글쎄요. 여러분은 그걸 얼마나 믿습니까? 판사를 35년 동안 한 장로님이 있습니다. 지금은 변호사입니다. 그분이 해준 이야기입니다. 누가 안건을 가지고 찾아오면 변호사는 사정을 가만히 듣고 옳은가 그른가를 판단하는 것이 아니고, 첫마디로 대뜸 "얼마짜리로 해줄까요?" 한답니다. 의, 불의, 공의는 없고 돈만 있는 것입니다. 이것이 바로 오늘의 세상 아닙니까. 엄연히 지금 잘못된 것이라도 그냥 땅에 묻히고, 멀쩡한 사람이 죄인이 될 수 있습니다. 공의대로 판단하는 자도 없고, 진리대로 생각하는 자도 없다는 것, 공의가 없다는 것, 이것이 가장 무서운 것입니다. 그리고 오늘본문 7절은 말씀합니다. 사상에 대한 말씀입니다. 그들의 생각이 악하다는 것입니다. 이데올로기입니다. 깊은 곳에 있는 동기와 깊은 곳에 있는 생각, 그 자체에 악이 있다는 것입니다. 악한 생각, 그런 마음이 있으니, 그 다음에 된 일은 보나마나입니다. 이것이 오늘의 현실입니다. 이제 하나님께서 심판하십니다. 무섭게 심판하십니다.

오늘본문에 나오는 심판에는 아주 신학적이고 깊은 의미가 있습니다. 최종 종말론적인 심판이 있습니다. 역사 끝에 있습니다. 하나님께서는 세상에서 다 심판하시지 않습니다. 어느 해 가을이 되었는데 하나는 예수 믿는 사람의 밭이요, 다른 하나는 예수 안믿는 사람의 밭이었습니다. 그런데 그 해에 예수 믿는 사람의 밭은 흉년이 되었고, 안믿는 사람의 밭은 곡식이 잘되었습니다. 그러니까 안믿는 사람이 예수 믿는 사람을 비난합니다. “그렇게 교회 다니고 기도하고 열심히 애쓰더니, 보라고. 당신 농사 망쳤잖아. 나는 예수 안믿어도 이렇게 풍성하게 추수하게 됐어!” 이렇게 비난했다는 것입니다. 그때 예수 믿는 사람이 이렇게 말했습니다. “하나님께서는 가을에 심판하시지 않습니다.” 하나님의 최종적인 심판이 있습니다. 한 사건 속에서 하나님의 심판을 운운하지 마십시오. 하나님께서는 깊은 곳에서 심판하십니다. 저 앞에서 심판하십니다. 누가복음 19장 41절, 42절을 보면 예수님께서 감람산 언덕 위에 올라가시어 장차 죄악으로 망하게 될 예루살렘 성을 내려다보시며 우셨습니다. 그리고 말씀하시기를 “너도 오늘날 평화에 관한 일을 알았더면 좋을 뻔 하였거니와 지금 네 눈에 숨기웠도다”라고 하셨습니다. 귀중한 말씀입니다. 평화에 관한 일을 알았으면 좋겠는데, 숨겨졌다는 것입니다. 이 숨겨진다는 사실이 심판입니다.

사람의 생각이 둔해집니다. 그 사람이 그렇게 미련한 사람이 아닌데, 미련해집니다. 판단이 흐려지는 것 자체가 심판입니다. 이것을 알아야 합니다. 하나님께서 지진을 일으키시고, 불을 내시고, 전쟁을 벌이시고, 질병을 주셔야만 심판이 아닙니다. 생각을 흐리게 만드십니다. 도대체 상식으로 안되는 사건이 생깁니다. 왜 그렇습니까? 하나님께서 총명을 흐리게 하시기 때문입니다. 이것을 ‘현재적 심판’이라고 합니다. 평강에 관한 일을 알지 못하게 된다는 것입니다. 할 수 없는 무능한 사람이 되어버립니다. 왜냐하면 목적을 잃었기 때문이요, 앞이 보이지 않기 때문이요, 혼돈하기 때문입니다. 무지와 무능은 죄 때문에 오는 심판입니다. 깊이 생각해야 될 것입니다.

현대인들이 쓰는 용어 가운데 어플루엔자(Affluenza)라고 있습니다. 유명한 용어입니다. '플루엔자'라는 말 앞에 '어플'을 붙인 것입니다. '풍요병'이라는 뜻입니다. 없는 것만이 병이 아닙니다. 현대인은 풍요라는 중병에 걸렸다는 것입니다. 그래서 의욕이 약해지고, 헌신적인 마음이 없습니다. 오히려 부가 더할수록 남을 의심하게 됩니다. 돈 많은 사람은 남을 의심합니다. 그런가하면 또 지루함을 느낍니다. 짜증이 납니다. 요새들 보면 참 가관입니다. 너무나 지루해서 발광을 합니다. 땀을 흘리지 않은 부자는 죄책감이 있습니다. 부는 있지만, 마음이 편하지 않습니다. 이것이 바로 현대인의 풍요병이라고 하는 것입니다. 나아가 그들의 총명이 흐려집니다. 내가 왜 살아야 하는지, 내가 왜 이 일을 해야 하는지, 왜 더 이렇게 몸부림쳐야 하는지 모르게 되고 맙니다. 알지 못하게 만듭니다. 평화의 길을 알지 못하는 것은 무서운 심판입니다. 평강의 길이 안보입니다. 여러분은 보입니까? 해법이 없고 암담하기 그지없습니다. 그 자체가 평강 실종의 시대에 내리시는 하나님의 심판입니다.

요새 가만히 보면 더러 우리의 지성을 대표하는 교수님들, 정치가들, 경제를 주도하는 분들, 마음에 안드는 일이 너무나 많습니다. 너무나 상식 이하의 일들이 많습니다. 그럴 사람이 아닌데 여기까지 실수를 하는 것입니다. 평강에 관한 길을 모르기 때문이요, 그 마음 깊은 곳에 죄가 있기 때문에 이같은 심판을 받은 것입니다. 그 마음 깊은 곳에 그릇된 사상이 있기 때문에 이런 어리석은 판단을 하고 맙니다. 너무나 상식 이하의 역사 속에 살아갑니다. 평강의 길을 알지 못하기 때문입니다. 이제는 깊은 곳의 회개밖에는 없습니다. 죄를 제해야 하고, 공의를 찾아야 하고, 진리의 길을 찾아야 하고, 생각을 바꾸어야 됩니다. 그럴 때 하나님께서 총명을 주십니다. 어린아이 같은 마음을 가질 때 하늘이 열리는 것을 보고, 하늘이 열린 다음에야 땅이 열리는 것입니다. 하늘의 지혜를 얻지 못하고 땅의 문제를 해결할 수 없습니다. 그 마음에 샬롬이 없습니다. 그 마음에 평강이 없습니다. 어서 속히 회개하고, 모두 청산하고, 마음을 정결하게 할 때, 곧 예수님 말씀대로 마음이 정결한 자가 하나님을 볼 것입니다. 마음이 정결해질 때 하나님의 음성이 들릴 것입니다. 하나님의 음성이 들릴 때 평강의 길을 알게 될 것입니다. △

오직 믿음으로

아브라함이 바랄 수 없는 중에 바라고 믿었으니 이는 네 후손이 이같으리라 하신 말씀대로 많은 민족의 조상이 되게 하려 하심을 인함이라 그가 백 세나 되어 자기 몸의 죽은 것 같음과 사라의 태의 죽은 것 같음을 알고도 믿음이 약하여지지 아니하고 믿음이 없어 하나님의 약속을 의심치 않고 믿음에 견고하여져서 하나님께 영광을 돌리며 약속하신 그것을 또한 능히 이루실 줄을 확신하였으니 그러므로 이것을 저에게 의로 여기셨느니라 저에게 의로 여기셨다 기록된 것은 아브라함만 위한 것이 아니요 의로 여기심을 받을 우리도 위함이니 곧 예수 우리 주를 죽은 자 가운데서 살리신 이를 믿는 자니라 예수는 우리 범죄함을 위하여 내어 줌이 되고 또한 우리를 의롭다 하심을 위하여 살아나셨느니라

(로마서 4 : 18 - 25)

오직 믿음으로

작가 톨스토이의 저서 가운데 「사람은 희망에 속느니보다 절망에 속는다」라는 책이 있습니다. 많은 것을 생각하게 하는 제목입니다. 사람들은 스스로 절망을 만들어놓고, 그 안에서 속고 있다는 것입니다. 사람은 죽습니다. 그런데 그 죽음 때문에 절망하고 고민하는 것이 얼마나 어리석은 일입니까. 그런다고 안죽습니까? 사람에게는 한계라는 것이 있습니다. 이 한계를 절대 넘어서지 못합니다. 그것은 너무나 잘 압니다. 그런데 그 한계가 내 마음에 안든다고 절망할 이유가 됩니까? 사람은 이것이 끝이라고 생각할 것입니다. 사람들은 자기가 만든 끝을 미리 정해놓고, 그리고 스스로 절망한다는 것입니다. 사람에게는 그것이 끝입니다. 그러나 하나님께는 그것이 시작입니다. 이 세상의 끝이 영생의 시작입니다. 이 세상의 끝이 하나님 나라의 시작입니다. 오늘 우리가 사는 세상에서도 가만히 보면 내가 스스로 이것이 끝이라고 하는 순간 바로 그것이 나에게 기적을 낳아줍니다. 그래서 오늘이 있는 것입니다. 생각하면 우리 인간들이 얼마나 어리석습니까. 인간의 한계가 하나님 역사의 출발점이라고 우리는 믿고 살아가야 할 것입니다.

미국의 커뮤니케이션 학자인 폴 스톨츠(Paul Stoltz) 교수라고 있습니다. 너무나 상식적인 이야기입니다마는, 그는 위기대처능력에 대한 아주 유명한 교수가 되었습니다. AQ라고 하는 것이 있습니다. IQ, EQ, 다시 말해 지능지수, 감성지수는 다 지났고 이제는 AQ(Adversity Quotient) 시대라는 것입니다. 다시 말하면 역경지수입니다. 역경에 부딪힐 때 이것을 어떻게 생각하고, 어떻게 받아들이고, 어떻게 대처하느냐에 따라서 달라진다는 것입니다. 우리가 존경하는 모든 분들을 보면 다 역경에서 새롭게 피어났습니다. 역경 속에서 살아나는 것입니다. 한 사람의 생애를 놓고 보더라도 역경이 지금 와서 생각하니 얼마나 큰 축복이었습니까. 이것을 우리가 알아야 합니다. 이것을 역경지수라고 말했습니다. '역경지수가 높은 사람이 성공한다. 위기가 없는 것이 아니고, 위기대처능력에 따라서 성공은 좌우된다.' 그는 말합니다. '역경에 굴복하지 않고, 냉철한 현실인식과 합리적 판단으로 끝까지 도전해서 목표에 이르는 바로 그 사람에게 성공은 있는 것이다.' 스톨츠 박사는 사람들이 역경을 만날 때 어떻게 생각하는지를 분석하여 다음과 같은 세 가지 유형으로 나누었습니다. 첫째는 퀴터(Quitter)입니다. 이것은 위기를 포기하는 겁쟁이입니다. 어려운 일만 당하면 도망가고, 뿐만 아니라 낙심하고, 다 끝났다고 하고, 쉽게 절망해버리는 사람입니다. 또 하나는 캠퍼(Camper)입니다. 이것은 안식처를 구합니다. 조금만 어려우면 도망가려 합니다. 어딘가로 피해서 숨어버리려고 합니다. 어려운 일을 당할 때마다 뒤로 물러서서 숨어버리는 사람이 있다는 것입니다. 또 하나는 역경을 당할 때 클림버(Climber), 새로운 도전을 하는 사람이 있습니다. 그래서 하나님과의 관계에서 이 문제를 풀려고 합니다. 그리고 밀고 나갑니다. 그래서 합동하여 선을 이루는 기회를 만드는 사람이 있다는 것입니다. 이것을 클림버라고 분석하고 있습니다.

성경은 기독교교리의 신앙을 말합니다. 특별히 우리는 성경적 신앙, 성서적 신앙, 그 위에 개혁교회적 신앙을 기초로 하고 있습니다. 신앙의 뿌리에 있어 우리의 믿음의 최고 모델이 아브라함입니다. 성경에서 지시하는 대로 아브라함의 믿음이 우리 믿음의 조상이요, 뿌리요, 원천이 되겠습니다. 폴 신학의 뿌리는 잘 아시는 바와 같이 '믿음으로 말미암아 의롭다 함을 얻는다'입니다. 이것이 바로 개혁신학의 뿌리가 됩니다. '믿음으로 말미암아 의롭다 함을 얻는다'— Justification by Faith. 그런데 이 근거로 두 가지를 듭니다. 어렵지 않습니다. 너무나 잘 아는 이야기입니다. 첫째가 아브라함입니다. 창세기 15장 6절에서 말씀합니다. "아브람이 여호와를 믿으니 여호와께서 이를 그의 의로 여기시고." 그 믿음을 의롭게 여기시는 것입니다. 굉장히 중요한 교리입니다. 기독교의 핵심입니다. 의롭다 함을 얻는다— '내가 의로워진다'가 아닙니다. '의롭다 함을 얻는다. 내가 선해지고, 착해지고, 진실해지고, 좀 더 하나님 앞에 거룩해지고, 깨끗해지고, 그래서 하나님 앞에 간다.' 그런 이야기가 아닙니다. 여전히 부족한 사람이요, 여전히 죄인입니다마는, 하나님의 의로 우리를 감싸서, 우리를 덮어서 의롭다 함을 얻는 것입니다. 이것이 개혁신앙의 근본입니다.

또한 사도 바울이 지적하는 것은 하박국 2장 4절입니다. "의인은 그 믿음으로 말미암아 살리라." 현실은 어렵습니다. 점점 더 절망으로 치닫습니다마는, 믿음의 사람 하박국은 믿음으로 내다봅니다. 믿음으로 삽니다. 믿는 자로 사는 것입니다. 과거에 쫓기면서 사는 것이 아니요, 하나님께서 주신 약속을 믿는 믿음으로 오늘을 사는 것입니다. 이것이 우리 신앙의 근본이요 뿌리가 되겠습니다. 다시 돌아가서 아브라함의 이야기를 좀 더 하겠습니다. 창세기 12장 1절을 보면 하나님께서 아브라함에게 고향과 친척 집을 떠나라고 하십니다. 참 이상합니다. 어디로 가라는 말씀도 없습니다. 그저 '떠나라!' 하는 말씀만 믿고 아브라함은 떠납니다. '내가 지시할 땅으로 가라.' 이렇게 지시해주시어서 간 것이 아닙니다. 떠난 다음에 말씀하십니다. 한참 가니까 '이 땅을 너와 네 후손에게 준다'고 하셨습니다. 하나님께서 하시는 일이 참 때때로 오묘하기도 하지만, 조금 이상하기도 합니다. 미리 지정표를 가르쳐주시면 안되겠습니까. 지명이라도 가르쳐주시든가, 방향이라도 가르쳐주실 일이지, 떠난 다음에 정해주신다는 것입니다. 떠난 다음에 갈 바를 알지 못했다고 히브리서는 말씀합니다. 아브라함은 갈 바를 알지 못하고 갔습니다. 믿음으로 갔습니다. 오직 하나님의 말씀만 믿고 갔다— 그때 하나님께서 말씀하십니다. '이 땅을 너와 네 후손에게 줄 것이다.' 그리고 '네가 하늘의 별처럼, 바다의 모래처럼 자식을 얻을 것이고, 모든 사람의 믿음의 조상이 될 것이고, 너는 복의 근원이 될 것이다' 말씀하시는 것입니다. 그는 두 가지 복을 받았습니다. 하나는 땅에 대한 복이고, 또하나는 자손에 대한 복입니다. '내가 네게 아들을 주마. 그리고 자자손손 이어갈 것이다.' 이런 축복이었습니다. 그런데 약속을 받고 가나안 땅에 들어갔습니다. 그랬더니 흉년이 들어서 견딜 수가 없습니다. 결국 슬그머니 애굽으로 피난을 갑니다. 여기서 꼭 알아야 합니다. 아브라함이 믿음이 없는 것이 아닙니다. 믿음이 약해진 것입니다. 지금 죄를 짓고 있는 것, 물론 잘못된 일입니다. 그러나 '약해서'입니다. 이 점을 깊이 생각해야 합니다. 믿음이 없는 것과 약한 것은 다릅니다. 약한 중에 그는 그만 애굽으로 피난을 갑니다. 거기서 자기 아내가 너무나 예쁜 탓에 애굽왕이 그 아내를 탐냅니다. 그걸 알고 그는 이러다가 죽을 것같다고 생각합니다. 아내도 빼앗기고, 자기는 죽을 것같은 나머지 기껏 아내한테 이렇게 말합니다. "우리, 부부라고 하지 말고, 남매라고 하자." 비겁합니다. 저는 그 아내가 참 착하다고 생각합니다. 그때 아내가 이렇게 말할 수도 있지 않겠습니까. "저는 남의 집 첩이 되고, 당신은 산다고요? 이게 뭐하는 짓입니까? 도대체 당신, 나를 사랑하기는 하는 거예요?" 어찌 안그렇겠습니까마는, 사라는 순종했습니다. "그럽시다. 제가 당신 누이라고 하고, 당신 생명을 보존해야겠습니다." 이렇게 나옵니다. 어찌되었건 아브라함은 약했고 비겁했습니다. 그래서 이 같은 실수를 합니다.

또하나는, 오래 기다렸습니다. 십 년을 기다려도 하나님께서 주신다는 아들은 태어나지 않았습니다. 어느 사이에 아내는 단산된 것 같았습니다. 어떻게 하겠습니까. 또 약해졌습니다. 그래서 하갈을 통해서 이스마엘이라는 아들을 편법으로 얻게 됩니다. 큰 실수입니다. 하나님의 약속을 지켜감에 있어서 아브라함이 휘청휘청한 것입니다. 가장 인간적인 실수를 하고 있는 것입니다. 믿음은 있는 것같은데, 있는지 없는지 알 수가 없을 만큼 비겁하고 불신앙적인 일을 자행하면서 살았습니다. 이 사람이 바로 아브라함입니다. 그러나 하나님의 약속은 여전히 살아 있습니다. 여기에 참 믿음직한 하나님의 축복이 있습니다. 아브라함은 이렇게 휘청거리고 있지마는, 하나님께서는 절대 뒤로 물러서지 않으셨습니다. "아브라함아!" 또 찾아가십니다. 또 부르십니다. 그 허물과 실수를 다 아시면서도 그것을 꾸중하지 않으셨습니다. '왜 거짓말을 했느냐? 왜 애굽으로 갔느냐? 왜 이스마엘을 낳았느냐?' 성경을 아무리 보아도 그런 책망이 없습니다. 참 좋으신 하나님입니다. 그리고 말씀하십니다. '내년 이때에 아들을 낳으리라.' 이것을 어떻게 받아들여야 합니까? 지금까지 너무나 실수가 많았는데도 전혀 그 과거를 묻지 아니하시고, 내년 이때에 아들을 낳게 될 것이라고 말씀하십니다. 이 시간이 중요합니다. 이 마지막으로 주시는 말씀 앞에 어떻게 서야 됩니까? 여러분이라면 어떻게 하겠습니까? 저는 그러겠습니다. '하나님, 이미 다 지나갔어요. 벌써 아내는 단산했고요, 제가 벌써 이스마엘을 낳아놓았고요, 애굽도 갔다 왔습니다. 이래저래 저는 아주 실수와 허물투성이입니다. 하나님의 말씀을 받아들일 만한 그릇이 못됩니다. 주여, 용서하소서.' 그러나 아브라함은 일체 그런 말이 없습니다. '내년 이때에 아들을 낳으리라. 나는 전능한 하나님이다. 내 앞에서 온전하라.' 그 하나님 말씀을 두려움에 떨지 않고 그대로 받아들입니다. '예!' 하고 다시 일어섭니다. 굉장한 것입니다. 그리고 '내년 이때에 아들을 낳으리라' 하시는 말씀을 그냥 믿고, 거기서 출발합니다. 그리고 다시 아내를 사랑하게 됩니다. 이것을 연극으로 하는 것을 제가 보았는데, 이 장면이 너무나 아름답습니다. 천사가 다 떠나고 난 다음에 아브라함이 천사가 간 곳을 향해서 엎드려 절을 하고 일어나서 밝은 얼굴로 아내를 향해 "여보!" 하고 부릅니다. 그러니까 머리가 하얀 구십 세 된 할망구가, 아마 별거를 했었던 것같은데, 저쪽 천막에서 나오더니 아브라함 어깨를 딱 만지면서 "오늘밤은 내 천막에 가서 쉽시다" 하고는 들어가는 것입니다. 다시 신방을 꾸립니다. "믿습니다" 하고 말만 한다고 되는 것이 아닙니다. 이것은 행동입니다. 이 고목나무 같은 여자를 이제부터 사랑하는 것입니다. 이것이 중요한 것입니다. 그렇지 않습니까. 그래서 이삭이 태어납니다. 굉장한 사건이 아닐 수 없습니다.

우리는 하나님의 말씀을 들을 때마다 지난날의 실수를 생각합니다. '하나님께서는 저를 이렇게 사랑하시지만 제가 너무나 허물이 많고 실수를 많이 해서 이제 하나님의 말씀을 받아들일 수 없습니다. 지금 말씀하시지만, 제가 순종할 수도 없고, 또 순종할 만한 가치도 없는 존재가 아니겠습니까.' 이렇게 우리는 과거에 매입니다. 아브라함은 그 점에서 훌륭합니다. 전혀 하나님께서 묻지 않으시는 과거를 자기도 묻지 않습니다. 하나님께서 책망하지 않으시는 과거를 내가 왜 들춥니까. 깨끗한 마음으로 다시 시작합니다. '내년 이때에 아들을 낳으리라.' 로마서 4장은 말씀합니다. "죽은 것 같음을 알고도……(19절)" 죽은 것과 방불한 가운데— 더구나 사라는 지금 생리적으로 볼 때 이미 단산했습니다. 그럼에도 불구하고 얼마나 중요합니까. 이 약속을 그대로 수용합니다. 죽은 것과 방불한 가운데서 또 믿었습니다. 특별히 오늘본문에 우리를 감동하는 말씀이 19절입니다. "사라의 태의 죽은 것 같음을 알고도……" 죽은 것과 같음을 알고도 그의 지성적 판단을 누르고, 지성적 비판을 물리치고, 그냥 다시 돌아갑니다. 깨끗하게 초심으로 돌아가서 하나님의 말씀을 받아들이는 것입니다. 알고도 믿었습니다. 바로 이 믿음을 성경은 말씀합니다. 아브라함이 하나님을 믿으매 의로 여기시고, 의롭다 하십니다. 의롭다 함의 뜻이 무엇입니까? 과거를 묻지 않는 것입니다. 지난날의 그 많은 실수, 그 휘청거린 것, 그 허물을 깨끗하게 도말하십니다. 그의 약함을 하나님께서 다 덮어주십니다. 하나님께서 묻지 않으시는 과거에 매여서 미래를 버리는 어리석음을 버리십시오. 하나님께서 묻지 않으시면 나도 묻지 말아야 합니다. 깊이 생각해야 합니다. 내게든 남에게든 하나님께서 묻지 않으시는 과거를 왜 내가 되씹으면서 비판하고, 스스로 절망해야 합니까. 의롭다 여기신다는 것은 바로 그것입니다. 현재 주시는 말씀을 그대로 받아들입니다. 그 나약함과 허물을 다 알면서도 그대로 받아들이고 믿을 때, 그리고 믿음으로 행할 때 성경은 말씀합니다. 아브라함이 하나님을 믿으매 이것을 의로 여기셨습니다. 또한 연약함과 그 모든 부족함 중에서 이제 더 나아가 기적을 믿는 것입니다. 이것은 사람으로 불가능한 것입니다. 그러나 그 기적을 믿습니다. 바로 이 믿음이 모든 믿는 자의 표본입니다. 우리는 우리가 의로워진다고 믿지 못합니다. 단 '의롭다 함'을 믿고 있습니다. 의롭다 해주시는 그 믿음 속에서 살아가는 것입니다.

탕자가 돌아옵니다. 탕자가 돌아와서 아버지를 만날 때 아버지는 탕자의 변명을 듣지 않았습니다. 어떻게 지냈느냐, 지금 어떻게 되었느냐, 왜 왔느냐…… 전혀 묻지 않았습니다. 단지 하나, 죽었다 살았고, 잃었다 얻었노라고 말합니다. '내 아들이 여기 왔다. 그런고로 나는 기쁘다'는 것입니다. 잔치를 합니다. 여기서 이 탕자는 어찌해야 합니까? 저는 가끔 생각해봅니다. '저 녀석이 참 멍청하기도 하고, 체면도 없는 놈이다.' 자기가 지금 아버지 재산을 다 날리고 거지가 되어 돌아왔는데, 어떻게 자기가 아들이라고 감히 그 잔치에 앉을 수 있습니까. 원래 예수 믿는 사람은 이만큼 뻔뻔한 것입니다. 어떤 똑바른 사람이 이런 이야기를 했습니다. '예수 믿는 사람들은 참 뻔뻔하다. 보니까 우리와 별 다를 것이 없는데, 이런 죄 짓고, 저런 죄 짓고, 또 가서 회개하고, 또 감사하고, 또 죄짓고, 또 회개하니, 도대체 이 사람들이 뻔뻔한 것 아니냐.' 원래 뻔뻔한 것입니다. 이것이 바로 신앙입니다. 바로 사랑이라는 것입니다. 사랑은 허다한 허물을 덮습니다. 내 허물도, 남의 허물도 말입니다. 아브라함의 참

위대한 믿음입니다. 아브라함은 온전히 하나님을 믿었고, 그 거룩한 믿음으로 기적이 나타납니다. 그리고 모든 믿는 자의 표본이 된 것입니다.

종교 개혁자 마르틴 루터의 담화 속에 이런 글이 있습니다. 성령님을 거스르는 죄, 성령의 역사를 거스르는 죄가 무엇인가에 대해서 몇 가지를 말합니다. 첫째, 분수에 넘치게 생각하는 것이 죄입니다. 또한 절망하는 것이 죄입니다. 하나님의 은혜 안에 살면서 스스로 절망한다는 것은 하나님 앞에 가장 무서운 불신의 죄가 된다는 것입니다. 또 진리를 배반하고 거역하는 것이 죄입니다. 하나님께서 계속 성령으로 말씀해주시는데도 불구하고 그것을 거역하는 것이 죄입니다. 또, 다른 사람이 은혜 받는 것을 보면서 시기 질투하는 것이 죄고, 마음이 완고해지는 것이 죄입니다. 자기만이 옳고, 자기가 다 한 것처럼 생각하는 것이 죄입니다. 가장 큰 마지막 죄는 회개하지 않는 것이라고 했습니다. 회개가 무엇이겠습니까? 지난날을 뉘우쳤는데, 또 다시 되씹고 슬퍼하고 탄식하는 것이 아닙니다. 오늘 주시는 말씀 앞에서 과거를 잊어버리는 것입니다. 그것이 회개입니다. 과거와 관계없는 새사람으로 다시 믿음으로 출발하는 그것입니다. 아브라함이 하나님을 믿으매 이것을 의로 여기시고— 오직 믿음, 하나님의 약속을 믿는 믿음, 오늘 현재 내게 주시는 말씀과 그 약속을 믿고, 그 믿음 앞에 완전한 헌신과 순종으로 믿을 때 하나님께서는 의롭다 하시고, 과거를 다 도말하시고, 새로운 미래와 그 약속을 확증해주시는 것입니다. △

성공적 경기자 상

내가 모든 사람에게 자유하였으나 스스로 모든 사람에게 종이 된 것은 더 많은 사람을 얻고자 함이라 유대인들에게는 내가 유대인과 같이 된 것은 유대인들을 얻고자 함이요 율법 아래 있는 자들에게는 내가 율법 아래 있지 아니하나 율법 아래 있는 자같이 된 것은 율법 아래 있는 자들을 얻고자 함이요 율법 없는 자에게는 내가 하나님께는 율법 없는 자가 아니요 도리어 그리스도의 율법 아래 있는 자나 율법 없는 자와 같이 된 것은 율법 없는 자들을 얻고자 함이라 약한 자들에게는 내가 약한 자와 같이 된 것은 약한 자들을 얻고자 함이요 여러 사람에게 내가 여러 모양이 된 것은 아무쪼록 몇몇 사람들을 구원코자 함이니 내가 복음을 위하여 모든 것을 행함은 복음에 참예하고자 함이라 운동장에서 달음질하는 자들이 다 달아날지라도 오직 상 얻는 자는 하나인줄을 너희가 알지 못하느냐 너희도 얻도록 이와 같이 달음질하라 이기기를 다투는 자마다 모든 일에 절제하나니 저희는 썩을 면류관을 얻고자 하되 우리는 썩지 아니할 것을 얻고자 하노라 그러므로 내가 달음질하기를 향방 없는 것같이 아니하고 싸우기를 허공을 치는 것같이 아니하여 내가 내 몸을 쳐 복종하게 함은 내가 남에게 전파한 후에 자기가 도리어 버림이 될까 두려워함이로라

(고린도전서 9 : 19 - 27)

성공적 경기자 상

1981년 아카데미상의 주요 부문을 휩쓸었던 〈불의 전차〉라는 유명한 영화가 있습니다. 1924년 파리올림픽의 영웅이었던 에릭 리들이라고 하는 청년의 실제이야기를 토대로 제작한 영화입니다. 리들은 대학시절부터 세계적인 단거리 선수로 성장합니다. 많은 사람에게 선망의 대상이었습니다. 천재적인 단거리 선수로 많은 영국인들의 기대를 한 몸에 지니고 파리올림픽 경기에 출전하게 됩니다. 그런데 100m경기가 예배를 드려야 할 주일로 정해지자 그는 출전을 거부했습니다. 많은 영국인들이 그의 출전거부를 안타깝게 여겼고, 영국 황태자까지 파리로 달려가서 그를 설득하려고 노력했습니다마는, 그는 출전하지 않았습니다. 그는 말합니다. "나는 내 조국을 사랑합니다. 그러나 주님을 더 사랑합니다. 주님 앞에 예배해야 할 시간에 나는 올림픽에서 뛰지 못합니다." 이 소식이 전해지자 영국이 들끓었고, 그 소식을 들은 동료들 가운데 한 사람이 월요일에 있는 400m경기 출전권을 가지고 있었는데, 이것을 리들에게 양보했습니다. 100m선수가 400m를 대신 뛰게 된 것입니다. 100m선수가 400m를 뛴다는 것에 대해서 많은 사람이 '올림픽이 장난이냐?'고 비난했습니다마는, 이 두 사람의 합의 하에 리들은 400m경기를 월요일에 뛰게 됩니다. 물론 준비도 없고, 아무런 연습도 없이 400m경기에 나갑니다. 예상을 뒤엎고 그는 400m경기에서 금메달을 땄고, 이 기록은 그 뒤로 16년 동안 깨지지 않았습니다. 놀라운 사건이 아니겠습니까. 온 세상을 떠들썩하게 만들었던 사건입니다. 이로 인하여 그는 세계적으로 유명한 선수가 됐습니다마는, 그는 대학을 졸업한 다음 이 아름다운 영예를 다 뒤에 두고, 그의 아버지가 그러했던 것처럼 중국 선교사로 갑니다. 가서 20년 동안 모진 고생과 싸우면서 선교사역을 하고, 제2차 세계대전 말에 일본군 수용소에서 중국인들을 돕다가 지병이 악화되어서 하나님의 나라로 갔습니다.

인생을 어디에 비교해야 되겠습니까? 많은 사람들, 성경에서도 말씀합니다. '아침 안개와 같다.' 혹은 '잠깐 보이다 없어지는 안개요, 또 나그네에 불과하다'고 말씀합니다. 또는 '풀과 같다'고도 말씀합니다. 그러나 바울 사도가 즐겨 쓰는 비유는 이것입니다. 절대 충성을 교리로 해서 그는 '군인'이라고 합니다. '선한 싸움을 싸워라.' 우리 믿는 사람은 그리스도의 군사라는 것입니다. 군인의 모습으로 비유하기도 하고, 때로는 농부처럼 씨를 뿌려놓고 조용히 가을을 기다리는 인내의 상징으로 농부를 말씀하기도 합니다. 그러나 바울이 가장 즐겨 쓰는 비유가 바로 '경기자'입니다. 운동장에서 뛰는 사람은, 이 경기자는 많은 사람에게 그 경기자를 통해서 우리의 신앙인의 모습을 설명해주고 있습니다. 이 고린도라는 지역은 올림픽 발상지인 아테네에서 가깝습니다. 이 고린도 사람들은 아테네에서 해마다 이루어지는 이 경기를 보지 않은 사람이 없습니다. 그렇기 때문에 경기자로 신앙인을 비유한 것은 가장 적절했다고 생각합니다. 한번 더 깊이 생각해 보십시다. 현대인의 문제가 무엇입니까? 소유의 문제입니까? 아닙니다. 얼마나 가졌느냐 못가졌느냐, 생산이 어떤가, 분배의 문제입니까? 복잡한 것같아도 알고 보면 허무의 문제입니다. 무엇을 위해서 물질을 가져야 하느냐, 도대체 얼마를 가져야 하느냐, 그것이 나와 어떤 관계에 있느냐? 허무에 휩싸이고 있습니다. 우리는 안정을 말합니다. 정치적, 경제적 안정을 이야기합니다. 그러나 이보다 더 중요한 근본적인 문제는 정의의 문제입니다. 많은 사람들이 정치적, 경제적 부흥을 말하지만, 정의를 떠난 것에 대해서는 말이 없습니다. 왜 이렇게 꽤 잘사는 것같은데 어려워집니까? 넉넉하고 먹을 만하고 살 만한데, 왜 이렇게 많은 사람이 자살을 합니까? 그 깊은 곳에는 허무가 있고, 허무의 깊은 곳에는 정의의 문제가 있습니다. 우리는 또 힘을 말합니다. 권력을 말하고, 질서를 말합니다마는, 사실은 믿음의 문제입니다. 아무도 믿지 못합니다. 믿을 수 없습니다. 어떤 때는 믿는 자는 바보입니다. '철없는 사람만 믿는 것이지, 어느 때라고 남을 믿느냐?'라고 하는 말이 통상적으로 통합니다. 믿음이 없고, 신의도 없습니다.

부부 문제로 제게 상담하는 분이 있었습니다. 이야기를 들어보니 남편이 아주 못됐습니다. 못된 남편이 가진 특징은 다 가졌습니다. 다 듣고 나서 "그게 사실이라면 못살겠구먼" 했더니, "오죽 답답하면 제가 애가 셋이나 되는데 이혼하겠다고 하겠습니까" 합니다. "그러면 내가 한 가지 물어봅시다. 어떻게 그래도 그 나쁜 중에도 뭔가 하나 살길이 없을까요?" 그러자 딱 한마디를 합니다. 그것이 제 가슴을 찔렀습니다. "거짓말만 안하면 살겠습니다." 술을 먹어도 좋고, 손찌검을 해도 좋고, 바람을 피워도 좋다는 것입니다. 단 진실하면, 아니, 어느 때부터라도 저 사람을 내가 믿을 수 있으면 살겠습니다. 믿음의 문제입니다. 신의의 문제가 근본이 아니겠습니까. 경기자의 모습으로 사도 바울은 우리 인생을 이렇게 분석하고 그려주고 있습니다. 먼저는 오늘본문에 이런 말씀이 있습니다. "향방 없는 것같이 아니하고……(26절)" 향방, 목적과 선행지를 말씀하는 것입니다. 영어에 Purpose라는 말이 있습니다. 목적이라는 뜻입니다. 또 Goal이라는 말이 있습니다. 이것은 목표입니다. 목적은 추상적이고, 목표는 구체적입니다. 우리는 확실하게 목적과 목표가 일치해야 됩니다. 향방이 있어야 됩니다.

제가 재미있는 경험을 했습니다. 어느 날 수요일 저녁에, 물론 교회에서 설교해야 되겠는데, 인천제일교회에서 시무할 때 서울 와서 이러저러한 볼일을 보고 인천으로 갈 때였습니다. 그때는 젊을 때라 버스를 타나, 기차를 타나, 자동차를 타나 책을 많이 보았습니다. 그 시간이 제일 좋았습니다. 그날도 서울역에 나가서 기차표를 사가지고 기차를 타고 책을 보았습니다. 책을 한참 보다가 창가를 내다보니 밖에 경치가 다릅니다. 가만히 보니 제가 탄 것이 부산 가는 기차입니다. 아니, 인천을 가려는 사람이 부산 가는 기차를 탔으니 이제 어떡하면 좋겠습니까. 수요일 저녁예배시간은 다가오는데, 그래서 안양에서 내려서 버스와 택시를 타고 겨우 달려가 수요일 저녁설교를 한 일이 있습니다. 일생 잊을 수 없는 특별한 경험입니다. 평범한 잠언을 말씀드립니다. '아무리 바빠도 기차는 바로 타라.' 그렇지 않습니까. 아무리 바빠도 그렇지 않습니까. 아무리 바빠도 행선지를 분명히 해야 합니다. 방향은 바로해야 하는 것입니다. 그러니까 우리가 쓰는 말 가운데 이런 것이 있습니다. '모로 가도 서울만 가면 된다.' 모로 가는데 어떻게 서울을 갑니까. 이 말이 옳습니다. '서울은 혹 가지 못하더라도 방향은 바로 가라.' '가다가 도중에 죽더라도 똑바로 가라.' "향방 없는 것같이 아니하고……(26절)" 방향을 분명히 하고 가야 됩니다. 마지막 Final Goal, 최종목적지를 분명히 하고 살아야 한다—

그 다음에는 무엇을 위해 사느냐 하는 것입니다. 오늘본문 26절은 말씀합니다. "싸우기를 허공을 치는 것같이 아니하며." 성경 '공동번역'에서 아주 재미있게 직역했습니다. '권투를 하되 허공을 치지 않습니다.' 권투시합 현장에서는 못보지만, 텔레비전에서 가끔 보지 않습니까. 저는 권투를 좋아합니다. 권투 시합하는 것을 볼 때면 제 아내가 옆에서 말합니다. 목사가 왜 그걸 좋아하느냐고요 그래도 가만히 보면 거기에 진리가 있습니다. 그렇게 죽어라 하고 서로 때리다가도 땡 하고 공이 울리면 서로 끌어안습니다. 페어플레이입니다. 그것이 마음에 듭니다. 죽으라고 때리는 것도 아니요, 또 땡 하면 끝이 납니다. 부부싸움은 땡 해도 안끝납니다. 이것이 문제입니다. 그래서 저는 권투를 봅니다. 그런데 가끔 보면 열심히 때리느라고 하는데 힘껏 체중을 실어서 쳤을 때 이 사람이 싹 피해버리면 친 사람이 휙 돌아갑니다. 그때가 제일 힘이 빠진답니다. 한마디로 말하면, 내가 힘껏 쳤으면 상대방이 맞아줘야 됩니다. 안맞아주고 빗겨나가면 그때는 힘이 쭉 빠집니다. 다시 말하면, 우리가 무엇을 위해 싸우는지, 그 Goal이 분명해야 되고, 대상이 분명해야 됩니다. 누구를 위해서 종은 울리는 것입니까? 돈은 왜 버는 것입니까? 공부는 왜 하는 것입니까? 그것이 분명히 정해지지 않고 허우적거리기 때문에 실망으로 끝나는 것입니다.

그 다음에 세 번째 사도 바울이 말씀하는 원칙이 있습니다. 디모데후서 2장 5절은 말씀합니다. "경기하는 자가 법대로 경기하지 아니하면 면류관을 얻지 못할 것이며." 법대로 한다면 파울은 안되는 것입니다. 모든 경기에는 규칙이 있습니다. 법을 지켜야 됩니다. 바르게 똑바로 지키지 아니하면 아무리 노력하고도 상을 얻지 못합니다. 법대로— 문제는 여기에 있습니다. 법대로 하지 않는 데 문제가 있습니다. 그 다음에 또 한 가지 깊이 생각해야 됩니다. 권투 시합 중계를 잘 들어보면 특별히 해설하는 사람의 말이 너무나 재미있습니다. 어떤 선수가 때리는데, 잘못하면 그때 해설하는 사람이 이렇게 말합니다. “저 사람은 훈련을 잘못 받았습니다.” 법대로 하는 훈련을 못받았다는 것입니다. 그래서 삐걱하면 파울이 나오는 것입니다. 이것이 바로 문제입니다. 법대로 하는 것이 하루아침에 됩니까. 저는 차를 운전할 때 늘 다른 차들을 봅니다. 그런데 가끔 보면 무법자들이 있습니다. 무법천지입니다. 저 사람 하나 때문에 얼마나 많은 사람이 피해를 입을까, 걱정을 합니다. 그러나 운전하는 사람은 하나 꼭 깨달아야 합니다. 이 모든 사람을 용서해야 됩니다. 버릇 가르치겠다고 들면 안됩니다. 어느 목사님이 한번은 새벽에 나오는데 어떤 사람이 앞에서 차를 거칠게 몰았습니다. 그래 따라가서 확 막아놓고 문을 열고는 “나와!” 했습니다. 그래 운전자가 문을 열고 나올 때 보니 자기교회 집사더랍니다. 본인한테 들었는데 본인이 성미가 급해가지고 새벽부터 망신을 했다고 민망해 하는 것을 보았습니다. 정말 차를 운전하다 보면 못된 사람들이 있습니다. 운전버릇을 잘못 배웠습니다. 애당초 시작부터 운전버릇을 법대로 하는 버릇을 몸에 익혀야 되는데, 이것이 익혀지지 않았습니다. 삐걱하면 불법이 나오는 것입니다. 이것을 알아야 됩니다. 이 ‘법대로’라는 것이 하루아침에 되는 것이 아닙니다. 오리엔테이션의 문제입니다. 많은 시간 훈련을 해서 정법적으로 하는 훈련이 몸에 익어야 됩니다. 머리의 생각에, 말에, 행동에 법대로 하는 훈련— 요새 우리의 마음을 어지럽히는 모든 사건들은 법대로 하지 않았기 때문입니다. 애당초 시작부터 법대로 하지 않았습니다. 불법이 몸에 익어가지고 있습니다. 이것이 문제가 있는 것입니다. 법대로 하는 훈련이 딱 몸에 라이프 스타일로 익혀져 있어야 한다는 얘기입니다.

사도 바울은 또 말씀합니다. 네 번째는 절제입니다. 사도 바울은 말씀합니다. "이기기를 다투는 자마다 모든 일에 절제하나니……(25절)" 어떤 의미에서는 절제의 경쟁입니다. 저 사람이 저기 나가서 5분 동안 뛰기 위해서 얼마나 많은 시간 준비했습니까. 그래서 박수를 보내는 것입니다. 단 5분간의 연출이지마는, 그 5분을 위해서 몇 년 동안을 연습했습니다. 대단하지 않습니까. 그 경기하는 사람들 보십시오. 그 젊은 사람들이 얼마나 절제합니까? 우리가 잘 아는 김연아 선수가 스케이팅하는 것을 볼 때마다 '저 젊은이가 저것 하나하기 위해서 얼마나 참았나. 얼마나 기다렸나. 얼마나 훈련을 했나' 하고 생각해보았습니다. 박수를 보내 마땅한 것입니다. 절제를 모른다면 그는 절대로 운동선수 되는 것은 생각하지 말아야 됩니다. 이것은 절대 기적이 아닙니다. 많은 훈련과 절제의 결과로 오늘이 있는 것입니다. 마음대로 먹습니까? 마음대로 잡니까? 마음대로 생각해도 안됩니다. 쓸데없는 생각을 해도 안됩니다. 이것이 바로 절제입니다. 생각의 절제— 나를 이겨야 됩니다. 내 게으름도 정욕도 허영도 다 이겨야만, 이것을 이기고야 저것을 이길 수 있는 것입니다. 법대로 하는 훈련을 부지런히 쌓아올려야 되는 것입니다.

더 중요한 절제가 있습니다. 이것은 타임 매니지먼트입니다. 시간을 절제해야 됩니다. 몇 시에 일어나고 몇 시에 자는 것은 물론입니다. 그것만이 아닙니다. 저는 가끔 그런 것을 볼 때 우습게 여기고, 또 사실 전문가에게 물어본 적이 있습니다. 오래전 우리나라 마라톤 선수들의 실력이 시원치 않던 시절 외국에서 마라톤 코치를 돈을 많이 주고 불러왔습니다. 저는 조금 미련한 생각에 우습게 생각했습니다. '마라톤이라는 것이 열심히 뛰면 되지, 아침저녁으로 뛰면 되지, 뭘 코치까지 데려오나?' 그랬더니 저보고 무식하다고 하더라고요. 그렇지가 않답니다. 사람이 가진 능력은 이것뿐인데, 그것을 처음 10분 동안 어느 정도 사용하나? 그 다음에는 어느 정도 사용하나? 마지막 10분 남았을 때는 어떻게 하나?…… 그렇게 힘을 적절하게 배분해서 잘 사용하고, 마지막 골인할 때 들어서면서 쓰러져야 된다는 것입니다. 골인하고도 힘이 남아 으쓱하게 되면 '이 사람아, 그러려면 좀 더 뛰어서 좋은 기록을 남겨야지' 한답니다. 안그렇습니까. 그러니까 골인하면 바로 쓰러져야 되는 것입니다. 힘을 다 써버리고 결승점에 들어갈 때는 힘이 완전히 바닥납니다. 그래야 되는 것이지, 아직도 힘이 남았으면 '이 멍청한 녀석아, 좀 더 좋은 기록을 남기지 않고……' 하는 소리를 듣게 된답니다. 타임 매니지먼트를 잘못한 것입니다.

여러분은 인생을 어떻게 살아가고 있습니까? 내가 가진 정력, 시간, 지식을 나이에 맞게 적절하게 배분하고, 사용해야 하지 않겠습니까. 이 자리에서 말씀드릴 것은 아닙니다마는, 제가 소망교회를 은퇴한다고 하니까 다섯 대학에서 총장으로 와달라고 했습니다. 그런데 제가 안갔습니다. 그 이유는 제가 제 앞에서 총장 둘이 죽는 것을 보았기 때문입니다. 이제는 자유인인데, 마음껏 자유롭게 온 세계를 다니면서 복음을 전할 텐데, 내가 왜 거기 매이겠습니까. 분명히 알아야 합니다. 나이에 걸맞게 해야 됩니다. 아무 때나 주책없이 이러는 것은 아닙니다. 타임 매니지먼트— 요새 '하프타임'이라는 유명한 말이 있습니다. 인생 후반기를 어떻게 살아야 하느냐? 후반기가 아닙니다. 종말기, 이 남은 시간에 우리는 어떻게 살아야 하느냐? 그것이 중요하지 않습니까. 이것이 바로 절제라는 말입니다. 사도 바울은 복음을 위하여 복음에 합당하게 살았고, 경기자의 자세로 살았습니다. 반드시 면류관을 얻도록 말입니다. 그런 말이 사도 바울의 편지에 여러 번 있습니다마는, 특별히 디모데후서 4장 7절과 8절, 사도 바울의 유서라고 하는 마지막 편지에 나옵니다. "나는 선한 싸움을 싸우고 나의 달려갈 길을 마치고 믿음을 지켰으니 이제 후로는 나를 위하여 의의 면류관이 예비되었으므로……" 이 얼마나 굉장하고, 참 부러운 모습입니까. 참 경기자의 모습으로 이제부터라도 다시 달려가서 최종 승리, 마지막 생명의 면류관을 상으로 얻을 수 있는 우리 모든 성도가 되기를 바랍니다. △

한 수난자의 고백

하루는 욥의 자녀들이 그 맏형의 집에서 식물을 먹으며 포도주를 마실 때에 사자가 욥에게 와서 고하되 소는 밭을 갈고 나귀는 그 곁에서 풀을 먹는데 스바 사람이 갑자기 이르러 그것들을 빼앗고 칼로 종을 죽였나이다 나만 홀로 피한 고로 주인께 고하러 왔나이다 그가 아직 말할 때에 또 한 사람이 와서 고하되 하나님의 불이 하늘에서 내려와서 양과 종을 살라 버렸나이다 나만 홀로 피한 고로 주인께 고하러 왔나이다 그가 아직 말할 때에 또 한 사람이 와서 고하되 갈대아 사람이 세 떼를 지어 갑자기 약대에게 달려들어 그것을 빼앗으며 칼로 종을 죽였나이다 나만 홀로 피한 고로 주인께 고하러 왔나이다 그가 아직 말할 때에 또 한 사람이 와서 고하되 주인의 자녀들이 그 맏형의 집에서 식물을 먹으며 포도주를 마시더니 거친 들에서 대풍이 와서 집 네 모퉁이를 치매 그 소년들 위에 무너지므로 그들이 죽었나이다 나만 홀로 피한 고로 주인께 고하러 왔나이다 한지라 욥이 일어나 겉옷을 찢고 머리털을 밀고 땅에 엎드려 경배하며 가로되 내가 모태에서 적신이 나왔사온즉 또한 적신이 그리로 돌아가올지라 주신 자도 여호와시요 취하신 자도 여호와시오니 여호와의 이름이 찬송을 받으실지니이다 하고 이 모든 일에 욥이 범죄하지 아니하고 하나님을 향하여 어리석게 원망하지 아니하니라

(욥기 1 : 13 - 22)

한 수난자의 고백

베스트셀러이자 영화로도 제작된 「해리포터」라는 책을 다들 잘 아실 것입니다. 저자인 조앤 롤링은 이십대 초반에 영국에서 포르투갈로 가서 한 남자를 만나 결혼을 하였습니다. 그래 딸을 하나 낳고, 2년 만에 이혼을 하게 됩니다. 이제 모든것을 잃어버린 슬픈 마음으로 다시 딸과 함께 무일푼으로 영국에 돌아옵니다. 그리고 가난에 찌들어 정부보조금으로 근근이 먹고사는 싱글 맘이 되었습니다. 어린 딸과 함께 죽어버리고 싶다는 생각도 했습니다. 그리할 정도로 혹독한 가난에 시달렸습니다. 심지어 우울증에 걸려서 계속 괴로움을 당하며 '이렇게 살아갈 수 있을까?' 하는 나날을 보내게 됩니다. 어린 딸에게 읽어줄 동화책도 살 수 없었습니다. 그래서 롤링은 어린 딸을 위해 직접 동화를 쓰기로 생각했습니다. 이리하여 「해리포터」가 탄생하게 됩니다. 그녀는 해리포터 시리즈로 엄청난 돈을 벌고, 결국 영국 여왕보다도 더 큰 부자가 됩니다. 세계 50대 부자의 한 사람으로 등극한 것입니다. 그는 이렇게 말합니다. "나는 실패했습니다. 그러나 살아 있었습니다. 사랑하는 딸이 있었습니다. 살아있고, 사랑하는 자가 있습니다. 그런고로 살 만했습니다." 그녀에게는 낡은 타자기 하나가 있었습니다. 그리고 엄청난 아이디어가 있었습니다. 게다가 언제나 생각할 수 있는 무한한 자유가 있어서 어린 딸을 위하여 동화를 쓰게 됩니다. 이것이 마침내 해리포터가 탄생하는 계기를 만들게 됩니다.

유대사람들의 특징 하나는 낙관적인 관점에서 모든 일을 생각한다는 것입니다. 그들은 유월절이 되면 모두 모여 노래를 부릅니다. '아니마민'이라고 하는 노래입니다. 이것은 히브리어로 '나는 믿는다'라는 뜻입니다. 이 노래는 아우슈비츠 수용소에서 죽어가는 수많은 유대사람들이 상상할 수도 없는 시련 속에서 작사 작곡되어 불러진 노래입니다. 간단한 노래이고 찬송입니다. '우리들은 구세주가 오실 것을 믿는다. 다만 좀 늦어질 뿐이다.' 그리고 계속 같은 가사로 노래를 부릅니다. '우리는 구세주가 오실 것을 믿는다. 나는 믿는다. 다만 좀 늦어질 뿐이다.' 제가 언젠가 한 번 유대사람들이 모이는 회당에 방문해본 일이 있었습니다. 반은 예배드리고, 반은 공부할 마음으로 유대사람의 회당예배에 참석을 했는데, 그 예배 중에 있었던 일입니다. 한 시간 반이나 드리는 예배는 찬송과 기도가 이어지는데, 찬송도 하나님을 찬양하고 감사하는 내용뿐이고, 기도도 감사의 내용이었습니다. 하나님을 찬양하고, 하나님을 높입니다. 전부 그런 내용뿐입니다. 제가 부끄러웠던 것은 우리의 기도는 왜 그렇게 달라는 소리가 많으냐는 것입니다. '이것 주세요!' '저것 주세요!' 전부 하나님께서 하실 일을 내가 지금 잔소리하고 있는 것입니다. '하나님, 왜 안주십니까? 하나님, 지금 뭘 하고 계십니까?'라는 말입니다. 하나님 하시는 일에 대해서 지금 항의를 하고 있는 것이 우리의 기도입니다. 깜짝 놀란 것은 이스라엘사람들의 기도문에는 그저 '감사합니다' 뿐입니다. 이래서 감사, 저래서 감사…… 그리고 맨 마지막에 이런 기도가 있습니다. '이성으로는 납득이 가지 않는 일들이 많이 있습니다. 그러나 이성의 비판을 누르고 하나님을 찬양합니다.' 그 말에 가슴이 찡한 것을 느꼈습니다. 내 일생 그 한 구절을 잊을 수 없습니다. '이성의 비판을 누르고 나는 하나님을 찬양합니다.' 정말 수준 높은 기도라고 생각해보았습니다.

오늘본문 욥기는 수난자의 찬송을 시로 부른 것입니다. 성경 시편과 욥기는 시입니다. 문장이 시로 되어 있습니다. 욥기 1장 1절에서 우리는 특별한 문장을 발견하게 됩니다. "순전하고 정직하여 하나님을 경외하며 악에서 떠난 자더라." 욥은 죄인이 아닙니다. 욥은 불의한 자가 아닙니다. 하나님의 뜻을 거역한 자가 아닙니다. 욥은 순수하고 정직하고 하나님을 경외하고 악에서 떠난 자입니다. 그런데 욥은 수난을 당합니다. 많은 고난을 당하게 됩니다. 알 수 없는 많은 고난을 당하게 됩니다. 한마디로 말해서 의인의 수난입니다. 죄 없는 자가 당하는 고난입니다. 잘못한 것 없이 당하는 고난, 그것이 욥기의 주제입니다. 고난이라는 것은 대체로 4단계로 이어집니다. 첫째는 재산입니다. 우리가 재산을 모으기 위해서, 지키기 위해서 애를 많이 쓰고, 땀을 흘렸기 때문에 그 재산에 대한 애착이 있습니다. 그것 대단한 것입니다. 재산에 마음이 있기에 재산이 없어질 때는 우리 마음도 대단히 괴로운 것입니다. 또한 두 번째는 가정입니다. 아무리 재산이 귀하다고 해도 가정만 하겠습니까. 가정의 온 식구들, 자녀들, 또 혹은 어른들…… 가정이라고 하는 공동체는 축복입니다. 이것이 무너질 때 우리는 많은 고통을 느끼게 됩니다. 그다음 세 번째가 더 절절합니다. 자기 몸의 건강입니다. 아무래도 재산도 중요하고, 가정도 중요하지만, 내 몸의 건강이 더 중요합니다. 내가 앓아눕고, 내가 불편한 것이 있고 잠을 잘 수 없을 때 그 고통은 참으로 큰 것입니다. 이 3단계의 고난을 욥이 하루아침에 당하게 되고, 특별히 중요한 것은 내가 왜 이 고난을 당해야 하는지 모른다는 것입니다. 그것이 바로 영적 고난입니다. 오늘본문이 말씀해줍니다. 그는 동방의 부자였습니다. 그런데 하루아침에 재산이 다 없어집니다. 10남매를 갖춘 다복한 가정이었습니다. 집이 무너져 10남매가 일시에 다 죽었습니다. 굉장한 사건이 아닙니까. 몸은 병들고 종기가 나 몸에서 구더기가 날 정도였고, 기왓장으로 긁고 잿더미에 뒹굴 만큼 온 몸은 병들었습니다. 죽어가는 상황이었습니다. 욥기 2장 9절에 보면 유일한 동반자인 그 아내가 욥에게 말합니다. 아내는 하나님을 찬양하고 있는 남편을 이해하지 못합니다. 마침내 하나님을 찬양하고 있는 이 욥을 보면서 무서운 말을 합니다. '하나님을 저주하고 죽으라.' 그리고 집을 떠나가 버립니다. 이제 단 한 사람의 동반자도 없습니다. 그런 가운데 많은 고생을 하게 됩니다. 특별히 많은 친구들까지도 찾아와서 그를 위로하지 못합니다. 위로한다고 하는 말까지도 오히려 그의 마음을 괴롭히는 이야기뿐이었습니다. 욥에게는 더 큰 고민이 있습니다. 영적인 고민입니다. 내가 왜 이 고난을 당해야 하는지, 내가 죄인 됨은 알고 있습니다마는, 이만큼 고난을 당할 만큼 죄인은 아닌 것같았습니다. 아무리 생각해도 왜 이 고난을 당해야 하는지 알 수 없습니다. 깊은 수렁에 빠집니다. '하나님께서는 어찌하여 나를 대적으로 여기시나이까!' 무척이나 그는 괴로워합니다.

그런 중에 오늘본문을 자세히 보면 그 해답을 얻습니다. 첫째, 근본을 생각합니다. '왜 이 고난을 당해야 합니까?' 그러나 자기의 의를 내세우지 않습니다. '나는 죄인이 아닌데요? 내가 이만큼 어려움을 당할 만한 죄인은 아닌데요?' 이렇게 하나님 앞에 항의하지 않습니다. 하나님 앞에서 그는 겸손했습니다. 그래서 하는 말입니다. 주신 자도 하나님이시요, 거두시는 자도 하나님이시요, 재산도 물질도 건강도 주신 자는 하나님이시요, 거두시는 자도 하나님이시라고 하나님께 향합니다. 많은 고난을 당할 때 사람을 보고, 세상을 보고 그러는 것 아닙니다. 하나님을 봐야 됩니다. 스데반이 많은 어려움을 당하고, 가까운 동료들이 자기에게 향하여 돌을 던질 때 그는 자기를 향하여 돌을 던지는 자를 생각하지 않았습니다. 자기 신세타령을 하지 않았습니다. 오직 하나님을 찾아보았습니다. 하늘을 우러러 볼 때 하나님 우편에 서신 인자를 보게 됩니다. 하늘을 우러러 보는 것입니다. 오늘 이 많은 고난 속에서 누구 때문이냐, 무엇 때문이냐, 누가했느냐를 전혀 생각하지 않고 통틀어서 주신 자도 하나님이시요, 그것이 은혜라고 생각합니다. 내 의와 공로로, 다시 말해 내가 잘해서 된 것이 아니었습니다. 하나님께서 은혜로 주셨고, 거두신 자도 하나님이시라고 그는 생각합니다. 동시에 이미 받았던 지난날에 복을 누린 것에 대한 감사를 합니다. 그 동안에 자녀들 키우면서 행복했고, 많은 재산을 모으면서 행복했고, 모든 권력을 행사하면서 그만큼 이미 큰 영광을 누렸습니다. 은혜로— 그래서 욥기 2장 10절은 말씀합니다. "복을 받았은즉 재앙도 받지 아니하겠느뇨……" 하나님께서 은혜로 내게 복을 주셨다면 하나님께서 은혜로 내게 재앙도 주실 수 있는 것 아니겠는가. 하나님과의 관계에서 문제를 풀어나갑니다. 주신 자도 하나님이시요, 거두시는 자도 하나님이시요, 복도 하나님께서 주시고, 이 어려움도 하나님께서 주시는 것입니다. 하나님과 대면하고, 하나님 앞에서 문제의 해답을 얻습니다. 그리고 원망하지 않았습니다. 오히려 본문에 있는 말씀과 같이 하나님을 찬양합니다. 놀라운 간증입니다.

세계적인 베스트셀러 중의 하나인 「영혼을 위한 닭고기 스프」

라는 유명한 책이 있습니다. 이 책의 공동저자인 마시 시모프는 다른 책도 썼는데, 그 책 제목이 너무나 마음에 들어서 한 말씀 드립니다. 「이유 없이 행복하라」입니다. 여러분, 돈입니까, 환경입니까, 인간관계입니까? 이유 있는 행복은 무너집니다. 이유 없이 행복할 줄 아는 절대행복, 절대감사, 그 비결을 얻어야 합니다. 이것을 터득해야 합니다. 하나님께서는 여기까지 우리를 인도하려고 하십니다. 조건 없는 감사, 조건 없는 행복, 이유 없이 행복하라! 그 속에서 말합니다. 돈이다, 환경이다, 인간관계다…… 이런 것은 다 변하는 것입니다. '이것이 나를 행복하게 할 수는 없다. 내면 깊은 세계에서 절대감사, 이것을 터득한 사람만이 행복할 수 있는 것이다'라고 말합니다. 그래서 욥은 하나님을 찬양합니다. 찬송합니다. 마침내 깊은 고난 속에서 평안할 때 생각할 수 없던 것을 생각합니다. 전에 느끼지 못했던 것을 느낍니다. 전에 상상도 못했던 것을 그는 이 고난 속에서 깨닫게 됩니다. 욥기 23장 10절은 유명한 요절 아닙니까. "그가 나를 단련하신 후에는 내가 정금같이 나오리라." 기가 막힌 얘기입니다. 그 고난 속에도 여전히 소망은 있습니다. 이 많은 고난을 겪은 다음에 정금같이 나오리라— 욥기 42장 5절에 서 말씀합니다. "내가 주께 대하여 귀로 듣기만 하였삽더니 이제는 눈으로 주를 뵈옵나이다." 이 고난 속에서 이제는 주님을 보게 됩니다. 평안한 때에 듣지 못했던 주의 음성을 고난 중에 듣습니다. 건강할 때에 전혀 느끼지 못했던 하나님의 사랑을 병들 때에 느낍니다. 욥은 고백합니다. '내가 평시에는 주님을 듣기만 했습니다. 이 엄청난 고난을 통해서 나는 주님을 뵈었습니다.' 고난 속에서 주님을 만나게 됩니다. 욥기 19장 26절에서 말씀합니다. "나의 이 가죽, 이것이 썩은 후에 내가 육체 밖에서 하나님을 보리라." 육체를 떠나서 하나님 앞에 가면 거기서 누릴 영원한 축복, 다시 말하면 영생을 바라볼 수 있는 믿음을 가지게 되었다는 말씀입니다. 욥은 고난 중에 물질과 인간관계를 보지 않고, 아니, 나 자신에 대해서도 보지 않고 오직 하나님만 생각합니다. 주신자도 하나님이시요, 거두시는 자도 하나님이시라! 그의 능력과 그의 지혜와 그의 사랑에 대해서 조금도 의심하지 않았습니다. 그리고 하나님을 찬양했습니다. 마침내 욥기 42장 10절에서 고백합니다. "여호와께서 욥의 곤경을 돌이키시고 욥에게 그 전 소유보다 갑절이나 주신지라." 해피 엔딩으로 욥기는 끝납니다.

우리는 이러저러한 이유로 기다리고 있습니다. 많은 언짢은 소식을 듣습니다. 가끔 저는 뉴스를 보지 않고 싶기도 합니다. 마음이 어지럽고, 도대체가 마음에 안듭니다. 여기에 그대로 빨려 들어가지 맙시다. 다시 하나님께로 가십시다. 주신 자도 하나님이시요, 거두시는 자도 하나님이시라고 말입니다. '하나님을 찬송할지로다.' 끝까지 하나님을 찬송할 때 그 찬송이 점점 더 깊고, 점점 더 높고, 점점 더 온전하게 될 때 마침내 하나님께서 주시는 해피 엔딩을 경험하게 될 것입니다. 건강할 때 부르는 찬송이 있습니다. 그러나 그저 보통 부르는 것입니다마는, 병들 때 찬송을 불러봅시다. 참 은혜가 많습니다. 저는 특별한 경험을 했습니다. 북한에서 광산에 끌려가 고생하고 있을 때, 요샛말로 강제노동수용소에서 고생할 때, 그 특징의 하나가 거기서는 말을 못한다는 것입니다. 어떤 사석에서든지 누구하고 말만 했다가는 잘못하면 맞아죽습니다. 무조건 말은 못하게 되어 있습니다. 얼마 가다 보면 벙어리가 되고 맙니다. 옛날에 그래서 노예는 말을 못하게 해서 마침내 말 못하는 사람이 됐다고 하지 않습니까. 강제노동수용소에서는 말을 못하게 합니다. 완전히 차단을 합니다. 그러나 하나 할 수 있는 일이 있습니다. 그 광산에서 일하면서 조용하게 휘파람으로 찬송을 부릅니다. 그럼 옆의 사람이 또 따라서 휙 하고 부릅니다. 어느 사이에 줄줄이 다 휘파람으로 같은 찬송을 부릅니다. 그럴 때에 누구라고 하는 인사도 못했지마는, 이 사람들이 다 교인이구나 하는 마음을 가지게 되니까 그 광산에서 일하면서 어느 사이에 천국과 같은 기쁨을 느끼게 됩니다. 고난 중에 부르는 찬송, 참으로 아름다운 것입니다. 고난 중에서만 부를 수 있는 찬송, 그것만이 우리의 영혼을 날마다 새롭게 하는 것입니다. △

이김을 주시는 하나님께 감사

형제들아 내가 이것을 말하노니 혈과 육은 하나님 나라를 유업으로 받을 수 없고 또한 썩은 것은 썩지 아니한 것을 유업으로 받지 못하느니라 보라 내가 너희에게 비밀을 말하노니 우리가 다 잠길 것이 아니요 마지막 나팔에 순식간에 홀연히 다 변화하리니 나팔 소리가 나매 죽은 자들이 썩지 아니할 것으로 다시 살고 우리도 변화하리라 이 썩을 것이 썩지 아니함을 입고 이 죽을 것이 죽지 아니함을 입을 때에는 사망이 이김의 삼킨 바 되리라고 기록된 말씀이 응하리라 사망아 너의 이기는 것이 어디 있느냐 사망아 너의 쏘는 것이 어디 있느냐 사망의 쏘는 것은 죄요 죄의 권능은 율법이라 우리 주 예수 그리스도로 말미암아 우리에게 이김을 주시는 하나님께 감사하노니 그러므로 내 사랑하는 형제들아 견고하며 흔들리지 말며 항상 주의 일에 더욱 힘쓰는 자들이 되라 이는 너희 수고가 주 안에서 헛되지 않은 줄을 앎이니라

(고린도전서 15 : 50 - 58)

이김을 주시는 하나님께 감사

경영의 천재라고 불리며, 일본국민들이 가장 존경하는 한 인물이 있습니다. 바로 마쓰시다 전기공업을 창업한 마쓰시다 고노스케입니다. 유명한 분입니다. 그가 말하는 '내가 성공한 이유 세 가지'는 너무나도 잘 알려진 심오한 간증이기도 합니다. 그는 고백합니다. '나는 하나님께서 내게 주신 세 가지 은혜 덕분에 성공할 수 있었다.' 그가 말하는 세 가지 은혜가 무엇인지 깊이 생각하고 들어보시기 바랍니다. 첫째, 그는 어렸을 때 몹시도 가난했습니다. 너무나 가난해서 구두닦이나 신문팔이도 했습니다. 그처럼 고생을 많이 하면서 살았습니다. 그래서 세상을 사는 데 필요한 지혜를 얻었고, 세상이 무엇인지를 알게 되었고, 사람이 무엇인지를 알게 되었습니다. 그는 '가난은 내게 은혜였다'고 말합니다. 가난 때문에 세상을 배웠고, 세상을 요리할 수 있는 능력도 얻었다는 것입니다. 우리 생각과는 좀 다르지 않습니까. 보통은 내가 사놓은 땅값이 오르면 은혜라고 합니다. 그러나 그는 아닙니다. 가난이 은혜라고 생각합니다. '가난함으로 나는 세상을 알게 됐다.' 둘째, 그는 태어났을 때부터 몹시 허약했습니다. 그래 한평생 절제하고 운동을 열심히 하는 습관을 길러야 했습니다. 그래서 그런 체질의 사람이 될 수 있었습니다. 절제하고 부지런히 운동하다보니 그렇듯 나이 많아서도 건강하게 살 수 있는 사람이 되었다는 것입니다. 내가 허약하게 태어난 것이 은혜입니다. 건강한 사람들을 제가 많이 보았는데 '나는 병원에 한 번도 가본 일이 없다'고 자랑하다가 쿵하고 갑니다. 허약한 사람— 허약함이 은혜라고 고노스케는 받아들이고 있습니다. 그래서 건강해졌다는 것입니다. 셋째, 그는 초등학교도 못다녔습니다. 그랬기 때문에 세상 모든 사람들이 그에게 스승이었습니다. 배우지 못해서 질문하고, 귀담아 듣고, 열심히 배우는 사람이 되었던 것입니다. 그런고로 내가 정규적인 공부를 못한 것이 은혜라는 것입니다. 소망교회의 집사님 한 분이 일본에 가서 부족하지마는 경영에 대한 강연을 할 일이 있었습니다. 그런데 그 유명한 고노스케 회장이 앞에 앉아서 열심히 강의를 듣더라는 것입니다. 지금 자기가 고노스케에게 배워야 할 처지인데, 그가 그렇게 열심히 노트에 쓰면서 자기 강의를 듣는데, 너무나 죄송하고 황송해서 강의가 끝난 다음 그 앞에 가서 인사를 드렸습니다. "대단히 죄송했습니다." 그랬더니 그가 하는 말입니다. "아닙니다. 오늘 이 노트필기 한 것 보세요. 오늘 엄청나게 중요한 말씀을 많이 배웠습니다. 나는 평생 배우는 사람입니다." 그 집사님이 이 이야기를 저에게 한 열 번은 했을 것입니다. 너무너무 감동적이었다고, 어찌 그럴 수가 있느냐고요. 자기가 가서 강의를 하는데, 그 고노스케 회장이 자기 앞에서 강의를 들었다, 이것입니다. 이 사람이 위대한 사람입니다. 평생 배우는 마음입니다. 겸손한 마음입니다. 왜 그렇습니까? 못배웠기 때문입니다. 이 못배웠다는 것이 그에게는 은혜였다는 것입니다. '그런 마음으로 살았기 때문에 오늘 내가 있다.'

가난이 은혜요, 병든 것이 은혜요, 그리고 공부할 수 있는 기회를 얻지 못한 것이 은혜라는 것입니다. 마쓰시다 고노스케는 이렇게 고백합니다. '이것이 하나님의 은혜였다.' 그는 한평생 하나님께 감사했습니다. 오늘본문 51절은 말씀합니다. "내가 너희에게 비밀을 말하노니……” 비밀이라는 말을 씁니다. 헬라어로 무스테리온, 영어로는 시크릿입니다. 비밀이요 신비로운 것— 이 신비롭다는 것이 무엇입니까? 인간의 생각으로는 잠깐 납득이 안가지만, 그것은 사실입니다. 바로 그 신비라고 하는 체험 속에 인간의 행복도 있는 것입니다. 그 속에 비밀이 있습니다. 이 신비라는 말은 부정적으로 생각하면 모르겠다는 얘기고, 이해가 안된다는 말입니다. 불가지론에 속합니다. 그러나 긍정적으로 받아들이면 이 신비라는 말은 모르는 것뿐이지, 사실은 사실입니다. 또 내가 지금 모르는 것뿐이지, 언젠가는 알게 되리라는 것을 의미합니다. 내 경험에 없다고 없는 것이 아닙니다. 또 내가 모른다고 없는 것 아닙니다. 오히려 더 확실한 것입니다. 이것이 신비입니다. 그래서 유명한 알버트 슈바이처는 이 세상에는 두 가지 사람이 두 가지 모양으로 산다고 말합니다. 첫째는 기적 같은 것은 없다며 원망과 불평에 사는 사람이요, 둘째는 모든것이 기적이라고 생각하며 사는 사람입니다. 생각하면 생각할수록 모든것은 기적입니다. 내가 여기 있는 것이 기적이고, 살아 있는 것이 기적이고, 오늘 숨을 쉴 수 있는 것이 기적입니다. 아침에 눈을 뜨는 것이 기적입니다. 정말 신기하지 않습니까. 저는 가끔 제 아내가 옆에서 자는 것을 보는데, 꼭 죽은 것같습니다. 가끔 귀를 대고 숨을 쉬나 안쉬나 보는데, 꼭 죽은 것같은데, 일어납니다. 그것, 기적 아닙니까. 알고 보면 하루하루가 기적인데, 모든것을 기적으로 알고, 그렇게 느끼고, 은혜로 받고 감사하며 사는 사람이 있더라는 것입니다.

오늘본문은 매우 깊고 오묘한 말씀이기도 합니다. 종말론적인 간증이 여기에 실려 있습니다. 57절은 말씀합니다. “그리스도로 말미암아 우리에게 이김을 주시는 하나님께 감사하노니." 꼭 기억해야 됩니다. 깊은 말씀입니다. 생각해보십시오. 돈이 있다고 행복합니까? 아닙니다. 죄책이 있으면, 가책에 눌려서는 절대 행복하지 못합니다. 그럼 성공했다고 행복합니까? 부끄러운 일을 통해서 성공했다면 그는 잠을 잘 수 없습니다. 절대 행복하지 못합니다. 정당한 방법을 통하지 않고 오늘에 왔다면 그는 불안에 떨 수밖에 없습니다. 다른 사람은 성공했다고 축하하고 부러워할지 모르지만, 본인은 잠을 못자는 것입니다. 왜 그렇습니까? 그래서 스트레스가 쌓이는 것입니다. 더 깊은 곳에 악이 있기 때문입니다. 그런고로 생각해야 합니다. 죄 사함 받는 일이 없고는 행복이란 없습니다. 행복이 없으면 기쁨도 없고, 기쁨이 없으면 감사도 없습니다. 다른 사람은 나를 부러워할지 몰라도 나는 나를 저주하고 삽니다. 왜요? 그렇게 살아 왔으니까요. 한마디로 말합시다. 죄 사함 받기 전에는, 곧 하나님께로부터 죄 사함 받는 역사를 경험하기 전에는 누구도 행복할 수 없습니다. 이것은 소유의 문제도 아니고, 지휘와 권력의 문제도 아닙니다. 죄 사함 받는 귀한 은혜가 아니고는 행복이 행복일 수 없고, 복이 복일 수 없고, 성공이 성공일 수 없는 것입니다. 오늘본문은 말씀합니다. "그리스도로 말미암아 우리에게 이김을 주시는 하나님께 감사하노라(57절)." 예수 그리스도께서 우리 죄를 사하심으로 비로소 우리는 복된 사람이 될 수 있는 것입니다.

그러므로 감사합니다. 가장 근본적인 감사가 바로 여기에 있습니다. 죄 사함 받은 이 감격이 있고야 행복과 기쁨과 감사도 이어지는 것이라는 말씀입니다. 바울은 이런 의미에서 철저한 기독론적인 신앙을 고백하고 있습니다. 기독론적인 축복관을 말씀하고 있습니다. 먼저 죄와 율법으로부터 해방된 것을 말씀합니다. 자기를 이겼다고 말씀합니다. 세상에 뭐니 뭐니 해도 자기를 이기지 못하면 절대 자유할 수 없는 것입니다. 나라고 하는 존재, 하나님 앞에서의 내 모습— 로마서 7장 18절을 보면 사도 바울은 어떤 때는 지나칠 정도로 솔직합니다. 저는 이 로마서를 두 번이나 강의했고, 책으로도 썼습니다. 많은 시간 로마서를 강의했습니다. 신학대학에서도 로마서를 강의해보았습니다. 로마서를 읽고 강의할 때마다 깜짝 놀라게 되고, 감격하는 것은 그의 솔직함과 진실함입니다. 로마서는 로마에 있는 그리스도인들에게 보낸 편지입니다. 사도 바울은 이방인의 사도로서 로마에 가고 싶었습니다. 로마 교회를 자기가 먼저 세우고 싶었지만, 벌써 교회가 세워졌습니다. 그래 자기 얼굴을 보지 못한 사람들에게 이 로마서라고 하는 편지를 써 보냅니다. 로마에 있는 교인들에게 편지를 쓰는데, 어쩌면 이렇게 진실하고 솔직할 수가 있습니까. '원함은 내게 있으나 행함은 없다.' '내가 선을 행하려 하는 시간에 또 악이 나를 사로잡아서 또 악에 빠진다.' '거듭거듭 나는 죄로 기울어질 수밖에 없는 존재다.' 로마서 7장 24절은 말씀합니다. "오호라 나는 곤고한 사람이로다 이 사망의 몸에서 누가 나를 건져내랴." 철저한 자기비판이 있는 사람입니다. 자기진실이 있는 사람입니다. '곤고한 사람'이라는 말은 '비참한 사람'이라는 말입니다. 나라는 존재는 이렇게 비참하고 형편없는 존재라고 인정합니다. 그리고 고백합니다. '그리스도로 말미암아 감사하노라.' 오직 그리스도께서 계시어 내가 이 비참함을 이길 수 있었고, 이 모든 죄악된 형편에서 내가 구원받을 수 있었다는 것입니다. '그리스도로 말미암아 하나님께 감사하노라.' 참 위대한 바울의 고백입니다.

또한 그는 육체의 가시로 말미암아 시달렸던 것을 우리가 잘 알고 있습니다. 육체의 가시, 사단의 사자…… 이런 말들이 나오는데, 도대체 '육체의 가시'가 무엇입니까? 아무도 모릅니다. 제가 이것을 한 학기 동안 따로 연구해본 일이 있습니다. 해답이 나오지 않아서 제가 보류했습니다. 천당에 가서 물어보기로 말입니다. 그런데 연구를 해본 결과 추측은 할 수 있습니다. 이것이 간질병이었습니다. 제가 생각하는 대로는, 갈라디아서 4장을 보면, 갈라디아 교회에 가서 설교를 하다가 거품을 물고 쓰러졌던 것같습니다. 이것을 갈라디아 사람들이 보았습니다. 사도 바울은 편지를 씁니다. '내가 너희 가운데 있을 때 너희 믿음을 시험할 만한 것이 내 육체에 있으되 너희가 나를 업신여기지도 아니하고 그리스도와 같이 영접했느니라.' 기가 막힌 절절한 간증이 나옵니다. 갈라디아 교회에서 설교하다 말고 쓰러졌다고 생각해보십시오. 얼마나 많은 사람이 시험에 들었겠습니까. 그러나 갈라디아 사람들은 시험받지 않았습니다. 그래서 고마워하는 것입니다. 그리스도와 같이 영접했느니라— 육체의 가시 때문에 하나님 앞에 세 번이나 특별히 기도했습니다마는, 하나님께서는 응답해주시지 않고 '내게 있는 네 은혜가 족하다 (My grace is sufficient for you)'라고 말씀하십니다. '그만하면 됐어, 이 사람아. 네게 있는 내 은혜가 충분하다.' 만족한 것은 아닙니다. 족합니다. 그럴 때 사도 바울은 받아들입니다. '예 알겠습니다.' '더는 이 문제로 기도하지 않고, 이대로 살겠습니다.' 그리고 약할 때 강함을, 이 가시가 내게 꼭 있어야 할 것이라는 것을 알게 됩니다. 이것이 있음으로 나는 그리스도를 의지하고, 주님만 높이는 겸손한 사람으로 살아갈 수 있으니까 내 허황됨과 나의 나약함과 나의 교만을 다 아시고 내게 육체의 가시를 주셨다는 것입니다. 그러므로 오늘 내가 있다고 감사합니다. 육체의 가시, 사단의 사자도 은혜로 받아들입니다. 그래서 감사합니다.

로마서 1장 13절을 보면, 또 그의 선교사역에서 뜻대로 안된 일이 많이 있었던 것같습니다. 나는 이리 가려는데 못 가게 되고, 저리 가려는데 안되고, 원치 않는 감옥에 가서 갇히게 되고, 무슨 죄목도 없는데 재판도 하지 않고 2년 동안이나 감옥에 갇힙니다. 도대체가 마음에 안듭니다. 왜 이런 일들이 있어야 하는지요? 그러나 이것도 은혜 가운데 다 소화합니다. 이 모든 일에 대하여 빌립보서 1장 12절에서 고백합니다. "나의 당한 일이 도리어 복음의 진보가 된 줄을 너희가 알기를 원하노라." 나는 왜 이런 일이 있어야 하는지, 왜 지연되어야 하는지 몰랐습니다. 그러나 이것을 통해서 하나님의 위대한 역사가 이루어지고 있습니다. 내가 왜 감옥에서 죽어가야 하나? 그가 죽음으로써 위대한 역사가 이루어졌습니다. 이것을 잊지 말아야 됩니다. 사도 바울은 이 신비를 깨닫습니다. 이것이 비밀입니다. 미스터리, 놀라운 것입니다. 자기 생각과는 좀 다릅니다. 그러나 다 지나간 다음에 생각하니까 너무너무 신비롭습니다. 안된 일이 잘된 일이고, 막힌 일이 열리는 일이고, 끝난 줄 알았는데 이제 시작입니다. '오 하나님, 감사합니다.' 이 모든 일이 이렇게 복음의 진보가 된 것을 깨닫고 감사하고 있습니다.

그 중에 가장 큰 감사는 사망을 이긴 것입니다. 죽음의 문제를 해결하지 않는 한 누구도 행복하지 못합니다. 이름은 말하지 않겠습니다마는, 유명한 사람들이, 어느 소설가, 철학자가 자살을 합니다. 왜요? 살아볼 이유가 없으니까요. 상당한 사람들이 자살합니다.

어쩌면 성공한 사람입니다. 구질구질하게 끝내지 않았으니까요. 왜요? 사망을 이기지 못하면 산다는 것이 의미가 없습니다. 부활신앙을 가지지 않는 한 살면 뭘 하겠습니까. 별로 좋지 않은 소설입니다마는, 일본의 소설 한 권을 보았습니다. 제가 소설제목은 대지 않겠습니다마는, 그렇게 좋은 소설은 아닙니다. 그 소설을 봤다고 말했더니 일본 목사님들이 창피하게 그건 왜 봤냐고 그랬던 소설입니다. 그 마지막 장면이 이렇습니다. 사랑하는 두 사람이 있습니다. 한데 그들이 아주 열렬히 사랑하는 순간에 청산가리를 입에다 물고 키스를 하고 죽습니다. 그래 시체 둘이 딱 붙어 있어서, 그것을 분해하는데 수술을 해야 됩니다. 이 사람들의 철학은 간단합니다. 클라이맥스에서 끝내자— 그래 제일 행복한 시간에 이 이상의 시간은 없을 것이라고 생각하고 끝내고 만 것입니다. 맞지 않습니까. 구질구질하게 사는 것보다 여기서 끝내자는 것이 바로 일본의 철학이요, 지성인의 철학입니다. 부활신앙이 없다면 이 세상을 사는 것이 다 그런 것 아니겠습니까. 그것이 무엇이겠습니까? 아무것도 아닙니다. 더구나 연세 육십이 넘은 분들은 사실상 이제부터 내리막입니다. 부활이 없다면 별 좋은 일이 있다고 생각하지 마십시오. 사도 바울은 '사망을 이기는 것'이라고 말씀합니다. 디모데후서 4장 7절은 말씀합니다. "내가 선한 싸움을 싸우고 나의 달려갈 길을 마치고 믿음을 지켰으니." 지금 감옥에서 말씀하는 것입니다. '내 앞에 면류관이 있다. 아, 주님께서 나를 기다리고 계시다.' 그런고로 감사하는 것입니다. 부활신앙이 아니고는 감사할 일이 없습니다. 이것이 그리스도인이요, 성경이 말씀하는 진리입니다.

우리가 흔히 '감사하라, 사랑하라'고 말을 하지만, 좀 더 솔직히 말하면 그것도 율법입니다. 감사하란다고 감사합니까. 감사하는 마음이 생겨야 하지요. 사랑하란다고 사랑합니까. 사랑해야겠다고 생각해도, 만나면 미운데 어떻게 합니까. 이것은 아닙니다. 진리는 여기에 있습니다. '하나님께서 당신을 사랑하십니다. 모든것이 은혜입니다.' 그 순간 기뻐하고 행복하고 감사할 수도 있는 것 아니겠습니까. 죄를 이기고, 율법을 이기고, 오직 은혜로 율법을 이긴 자만이 감사할 수 있습니다. 오직 부활신앙으로 사망을 이긴 자만이 영원히 변하지 않는 감사를 드릴 수 있습니다. △

너는 나를 누구라 하느냐

예수께서 가이사랴 빌립보 지방에 이르러 제자들에게 물어 가라사대 사람들이 인자를 누구라 하느냐 가로되 더러는 세례 요한, 더러는 엘리야, 어떤이는 예레미야나 선지자 중의 하나라 하나이다 가라사대 너희는 나를 누구라 하느냐 시몬 베드로가 대답하여 가로되 주는 그리스도시요 살아계신 하나님의 아들이시니이다 예수께서 대답하여 가라사대 바요나 시몬아 네가 복이 있도다 이를 네게 알게 한 이는 혈육이 아니요 하늘에 계신 내 아버지시니라 또 내가 네게 이르노니 너는 베드로라 내가 이 반석 위에 내 교회를 세우리니 음부의 권세가 이기지 못하리라 내가 천국 열쇠를 네게 주리니 네가 땅에서 무엇이든지 매면 하늘에서도 매일 것이요 네가 땅에서 무엇이든지 풀면 하늘에서도 풀리리라 하시고 이에 제자들을 경계하사 자기가 그리스도인 것을 아무에게도 이르지 말라 하시니라

(마태복음 16 : 13 - 20)

너는 나를 누구라 하느냐

이런 재미있는 이야기가 있습니다. 어느 유명한 철학자가 아침 산책길을 나섰는데, 그저 뭔가 골똘히 생각하면서 걸어가다가 맞은편에서 오는 사람하고 정면충돌을 했습니다. 꽝하고 충돌하는 순간 상대방 사람이 화를 내면서 "당신 누구요? 왜 멀쩡한 사람이 남의 얼굴에 정면충돌을 하는 거요? 도대체 당신 누구요?" 하고 물었더니, 그 철학자가 "바로 그것이 문제입니다. 지금 저는 '내가 무엇이냐? 내가 누구냐?'를 생각하는 중입니다" 하고 대답했다는 것입니다. 도대체 내가 누구입니까? 여러분은 내가 누구라고 생각합니까? 더구나 나이 40이 넘었으면 이제쯤은 철이 들었을 텐데, 최소한도 내가 누구인지는 알아야 될 것 아닙니까. 가만히 보면 나이를 먹어가지고도 내가 누구인지를 모르는, 바로 거기에 모든 문제가 있고, 고민도 있는 것입니다.

유명한 롤로 메이 교수는 「The Discovery of Being(존재의 발견)」이라는 책에서 인간의 삶의 형태를 아주 상식적이지만 간단하고 명료하게 세 가지로 분석해줍니다. 하나는 움벨트(Umwelt), 환경세계입니다. 환경에 의한 자기평가를 말합니다. 그러니까 집이 얼마나 큰지, 돈이 있는지 없는지, 그리고 주변에 얼마나 부리는 사람이 있는지, 어떤 옷을 입고 사는지, 어떤 음식을 먹는지…… 이런 것을 기준으로 자기를 평가하는 환경적 평가가 있습니다. 그래서 환경적으로 여유가 있으면 행복하다고 하고, 환경적으로 어려우면 그는 실패했다, 불행하다고 합니다. 더더욱 나이가 많아서, 나이를 많이 먹었을 때, 그 먼 훗날 은퇴한 다음에 그래도 여유가 있어서 둘이 손잡고 걸어 다니는 것— 최소한 별 걱정 없이 남은 생을 둘이 해로할 수 있다면, 그것이 행복 아니겠는가, 하고 생각하는 것입니다. 이것이 사실이기도 합니다. 나이 많아서 정말 사는 것 자체가 어렵고, 한 끼의 식사가 어렵고…… 이렇게 되면 그것은 불행하다고 생각하는 것— 판단기준에 어긋나는 이야기가 아닙니다. 이것이 바로 움벨트라고 하는 것입니다.

둘째는 밋벨트(mitwelt), 공동세계에서 찾는 것입니다. 인간관계입니다. 내가 혼자냐, 가족이 있느냐? 아들, 손자, 며느리가 있느냐? 이런 것입니다. 이렇게 죽 둘러앉아서 살면 행복한 사람이고요, 외롭게 혼자 지내면 불행한 사람이지요. 제가 잘 아는 목사님도 혼자 계셨습니다. 북한에서 나와 결혼하지 않고 혼자 살다가 마지막에 세상 떠날 때 보니까 침대에 엎드려 기도하며 떠났습니다. 그런데 나흘 뒤에야 발견되었습니다. 어떻게 생각합니까? 외롭다는 것, 아무도 함께하는 사람이 없다는 것, 불행한 일 아니겠습니까. 그러면 많은 사람들이 함께한다면 행복한 것입니까? 글쎄요. 그러면 정말 위로가 되고 행복이 됩니까? 그것도 생각해야 되겠지요.

셋째는 아이겐벨트(Eigenwelt)입니다. 궁극적인 문제입니다. 자아의 세계입니다. 자기성찰입니다. 진실로 내가 누구냐?— 소유의 문제도, 소속의 문제도 아닙니다. 실존적 문제입니다. 누가 옆에 있다고 위로가 되는 것이 아닙니다. 좋은 집에 있다고 해서 그가 행복한 것은 절대로 아닙니다. 이 실존적인 절절한 자기 존재— 여기에 대해서 우리가 깊은 관심을 가져야 할 것입니다. 사람들이 평가해주는 것은 세월이 갈수록 아무것도 아닙니다.

우스운 이야기지만, 저는 세상을 살면서 천재라는 말 많이 들었습니다. 하지만 저는 천재가 아닙니다. 아무리 생각해도 아닙니다. 건망증도 많고, 말도 안됩니다. 그리고 남들이 저한테 천재라고 한다고 제가 천재입니까? 누가 성공했다고 제가 성공한 것입니까? 누가 의롭다 한다고 제가 의로운 것입니까? 아무 상관이 없습니다. 요새 제가 여기서 설교하고 나서 송도에 가서 그곳의 개척교회를 위하여 11시 30분에 또 설교를 합니다. 그 송도에 유행하는 말이 하나 있습니다. 아주 고급영어입니다. '하우스 푸어(House Poor)'라는 말입니다. 집은 있는데 거지라는 뜻입니다. 집 있는 거지— 집을 샀는데 많은 빚을 내고 샀습니다. 뒤에 값이 올라갈 줄 알고 빚을 내어 집을 샀는데, 팔리지도 않고, 이자만 계속 늘어납니다. 집을 짓고 들어가 살기는 하지만, 사실은 거지 중에 거지라는 것입니다. 그래 큰일 났다는 것입니다. 그래서 송도에 그런 '집 있는 거지'가 수두룩하답니다. 겉으로는 멀쩡합니다. 그러나 내적으로는 가장 불행한 생을 살아가고 있다는 말입니다. 다른 사람이 나를 유식하다 말한다고 내가 유식한 것도 아니고, 다른 사람이 나더러 용기가 있다고 한다고 내가 용기가 있는 것이 아닙니다. 내심 엄청난 두려움에 시달리고 있습니다. 도대체 나는 누구입니까? 많은 사람이 나를 존경하고 칭찬한다고 해서 내가 그런 사람이 아닌 것입니다. 나는 곤욕스럽고 고독하고 힘든 생을 살아가고 있다는 말입니다. 나는 누구입니까? 이제 바로 찾아야 하겠습니다.

종교개혁자 칼뱅이 이에 대해서 오래전에 대답을 해주었습니다. 저는 이 종교개혁자 칼뱅을 생각할 때마다 반성합니다. 가끔 교수세계에서 이 이야기를 하면서 서로 반성을 하기도 합니다. 칼뱅이 불후의 명작 「기독교 강요」라는 책을 썼습니다. 이것은 5백 년 동안 많은 사람들에게 아주 교과서처럼 쓰이는 중요한 책입니다. 그런데 이 책을 쓸 때 그의 나이가 스물일곱이었습니다. 그래서 우리 교수님들하고 이야기할 때 "당신 몇 살이요? 책 한 권도 못쓰고 늙어가면서 뭘 교수라고 하나? 그만둬!" 하고 가끔 비웃고 그럽니다. 사실입니다. 스물일곱 살에 그런 책을 썼습니다. 대단한 천재성이고, 대단한 개혁신앙의 표현이라고 생각을 합니다. 제가 젊었을 때 이 책 첫 페이지를 딱 보니까 이렇게 나옵니다. '하나님에 대한 지식이 없이는 자신에 대한 지식은 없다.' 저는 이 구절을 놓고 얼마나 깊이 생각하고, 생각하고, 또 기도도 하고 그랬는지 모릅니다. 그런데 한 장을 더 넘기면 앞의 말을 뒤집어놓습니다. '자기 자신에 대한 지식이 없이는 하나님에 대한 지식이 없다.' 그리고 이 둘을 연결하면 기가 막힌 신앙적 뿌리가 바로 거기에 있음을 알 수 있습니다. 하나님을 알아야 나를 압니다. 나를 안 다음부터 다시 하나님을 한 가지 두 가지 알기 시작합니다. 이 엄청난 진리를 스물일곱 살에 칼뱅은 설파하고 있었던 것입니다.

내가 나를 어떻게 압니까? 하나님을 알아야 합니다. 하나님을 알 때까지는 모릅니다. 아우구스티누스는 말합니다. '내가 당신을 알 때까지는 나는 아무것도 아니었습니다.' 그렇습니다. 하나님을 알 때까지는 아무것도 아닙니다. 부귀영화, 아무것도 아닙니다. 출세와 명예, 아무것도 아닙니다. 하나님을 바로 알 때까지 나는 없습니다. 나는 동물입니다. 나는 속물입니다. 이것을 잊지 말아야 합니다. 하나님을 안다— 이 절대필수의 세계에 대한 인식을 가져야 합니다. 하나님을 알고야 내가 있습니다. 하나님을 인정할 때 인간이 되고, 하나님을 믿을 때 비로소 내 존재는 사람이 되는 것입니다.

'본다'라는 말이 있지 않습니까. 우리가 무엇을 본다고 할 때는 두 가지 조건이 있습니다. 어떤 사물을 보려고 할 때 눈이 밝아야 합니다. 눈이 어두우면 우리가 바로 볼 수 없습니다. 그러니까 눈이 어둡고 나면 모든것이 다 뿌옇게 보이는 것입니다. 눈이 밝아져야 환하게 볼 수 있지 않습니까. 사물을 바로 보는 것은 눈입니다. 그러나 또 있습니다. 빛입니다. 빛이 없으면 아무것도 못봅니다. 빛에 반사된 것을 내가 보는 것입니다. 내가 아무리 똑똑하고, 아무리 잘났고, 아무리 능력이 있으려고 해도 빛이 없으면 아무것도 아닙니다. 깜깜하고 맙니다. 바로 이 시간에도 이 빛이 딱 꺼지면 아무것도 못봅니다. 아무리 눈을 비벼도 소용이 없습니다. 아무리 좋은 눈도 소용이 없습니다. 좋은 시력도 다 무효입니다. 이것을 생각해야 됩니다. 하나님께서 빛을 비춰주셔야 됩니다. 하나님께서 조명해주셔야 됩니다. 우리 그리스도인들은 성령의 역사가 있을 때 비로소 하나님을 알고, 성경을 알고, 이웃을 알고, 나 자신을 알게 됩니다.

그리스도께서 우리에게 말씀하십니다. '너희들은 나를 누구라 하느냐?' 또 나아가서는 '너는 나를 누구라 하느냐?' 하십니다. 얼마나 귀중한 질문인지 모릅니다. 하나님을 믿고야 인간이 됩니다. 그리스도에 대한 고백이 있고야 하나님의 자녀가 됩니다. 예수 그리스도를 고백할 때 하나님의 자녀가 되는 권세를 주셨습니다. 내가 하나님을 하나님의 아들로 받아들이는 그 순간 내가 하나님의 자녀가 되고, 천국백성이 됩니다. 이 얼마나 소중한 시간입니까.

오늘본문 17절을 보면 예수님께서 베드로에게 말씀하십니다. "네가 복이 있도다……" 예수님을 누구로 보느냐가 문제입니다. 하나님을 알게 하신 것이 계시요, 하나님을 알게 하신 것이 바로 선택적 교리의 결과라는 것입니다. 이 얼마나 귀중한 말씀인지 모릅니다. 깊이 생각해야 됩니다. 본회퍼는 그의 옥중 서신에서 이런 말을 합니다. 그는 히틀러 정권 치하에서 감옥에 갇혀서 이제 며칠 뒤에 순교하게 될 것을 알고 있습니다. 그런 절박한 시간에 그는 이런 글을 씁니다. '내가 누구냐? 내가 도대체 누구냐, 하는 이런 어리석은 고민을 할 때 내가 얼마나 어리석은지를 다시한번 깨닫노라. 내가 누구냐, 하는 것을 물을 필요도 없는 것은 지금 내가 하나님의 은혜 안에 있기 때문이다.' 은혜 안에 있으면서 내가 누구인지를 왜 물어봅니까? 물을 필요가 없는 것입니다. 깊이 생각해야 됩니다. 그는 이 어리석은 질문이 자신을 괴롭힌다고 쓰고 있습니다.

어느 술꾼, 곧 하루저녁도 술을 안먹는 날이 없는, 그리고 술을 먹고 집에 돌아와서는 잠들어 있는 자기 마누라를 발로 차면서 항상 괴롭히는 남편이 있었습니다. 정말 못되었습니다. 그것만이 아닙니다. 아내를 발로 차면서 "야, 너 빨리 죽어라. 그래야 내가 미스 김하고 결혼하지 않냐?" 합니다. 이런 못된 놈이 세상에 어디 있습니까. 아무튼 이런 남편이 있었습니다. 그런데 그가 한번은 술을 많이 먹고 죽을 뻔했다가 회개하고 예수를 믿게 되었습니다. 예수를 믿은 다음에 저는 늘 궁금했습니다. '저 사람이 얼마나 달라졌나? 얼마나 좀 사람이 됐나?' 그래 제가 심방을 갔다가 물어보았습니다. "남편이 어떻게 됐어요?" "사람이 됐지요. 사람이 됐어요." "그럼 예수 믿기 전에는 뭐요?" "개지요. 그건 사람이 아닙니다. 개도 미친개였지요. 제가 미친개하고 10년을 살았거든요." 여기 계신 분들 가운데도 그런 과거가 있는 분들이 많으시지요? 미친개였다가 사람 된 것—

예수 믿고 사람 되는 것입니다. 생각하면 예수를 믿는다는 것이 얼마나 귀중한 일인지 모릅니다.

그래서 오늘본문은 말씀합니다. "주는 그리스도시요 살아계신 하나님의 아들이시니이다(16절)." 베드로의 고백입니다. 여러분은 예수를 누구로 믿습니까? 기적의 마술사로 믿습니까? 아니면, 지혜자로 믿습니까? 아니면, 랍비나 스승으로 믿고 있는 것입니까? 아니면, 선지자 중의 하나로 믿습니까? 혹은 인간의 대표로 믿습니까? 요새 와서 이것이 큰 문제가 됩니다. 그리스도를 본받아서— 요새 이 말이 많이 돌아다닙니다. 그리스도를 본받아서, 그리스도를 닮아서…… 아주 좋게 들리지만, 이것이 적그리스도입니다. 왜요? 그리스도를 닮을 수 있다면 그리스도는 인간입니다. 그리스도가 나의 표본이 된다면 그는 하나의 가장 이상적인 인간에 불과합니다. 이런 고백이 만연하고 있습니다. 이것이 바로 교회를 무너뜨리는 무서운 신학사상입니다. 아주 그럴듯하지 않습니까. 그리스도를 본받아서— 주로 영성신학 하는 분들이 이런 말을 많이 합니다. 기도 많이 하고, 깨끗하게 살고, 돈도 물리치고, 결혼도 하지 않고, 그저 묵상하고 기도하고, 또 불쌍한 사람들을 위해서 일하다보니 내가 작은 그리스도가 됩니다. 불쌍한 사람을 만날 때마다 '주님을 대하듯이 대하노라', 불쌍한 사람의 상처를 만질 때마다 '그리스도의 사랑을 느끼노라' 하니 얼마나 좋습니까. 말 되지요. 이러면서 살짝 돌아갑니다. '그리스도는 내 스승이다. 나의 삶의 모델이다. 나의 삶의 표본이다.' 이 얼마나 무섭고 잘못된 생각인지 알 수가 없습니다. 아무리 표본이 되고, 아무리 모본이 돼봐도 인간이거든요.

오늘본문은 말씀합니다. "주는 그리스도시요 하나님의 아들이

시니이다(16절).” 마침 오늘 교독문에 그것이 나왔습니다. 감사합니다. 딱 연결이 되는 것입니다. ‘말씀이 육신이 되어 우리 가운데 거하시다.’ 그런고로 말씀이 육신이 되어 하나님께서 사람의 몸을 입으시고 이 땅에 오셨다— 이것을 믿는 자에게 하나님의 자녀가 되는 권세를 주셨다는 것입니다. 권세— 바로 여기에 핵심이 있는 것입니다. 예수를 믿는 다는 것은 하나님의 아들로 믿는 것입니다. 하나님의 아들이 육체를 입으시고, 나를 위해서 이 땅에 오신 것으로 믿는 것입니다. 믿는 바로 그 순간 내가 하나님의 자녀가 되는 것입니다. 자녀 되는 권세를 누리게 된다는 것을 잊지 말아야 합니다.

여러분은 어찌 생각합니까? 제가 지난 주간에 여수에 가서 부흥회를 인도했습니다. 그런데 특별히 감동받는 이야기를 하나 들었습니다. 이렇게 앉아서 식사를 하는 중에 장로님 옆에 그 부인이 앉았습니다. 그런데 그 장로님 말씀이 “목사님, 이 사람이 제가 아까 말씀드린 제가 제일 무서워하는 어른입니다” 합니다. 자기 마누라를 가리키면서 “제가 제일 무서워합니다” 그러는 것입니다. 그래서 왜 그러냐고 하니까 “이 사람을 대할 때마다 마음이 경건해집니다” 하는데, 까닭은 이렇습니다. 장로님 댁에 시어머니가 계셨는데, 그 시어머니가 치매에 걸렸답니다. 그래서 어지럽혀진 것들을 다 치울 때마다 얼마나 정성껏 돌보는지 모릅니다. 그뿐만 아니라 그 더러운 것을 치울 때 절대 장갑을 끼지 않는답니다. 맨손으로 만지고, 그 어지러운 것 받아내면서 “어머니, 참 예쁘게도 싸놓으셨습니다” 한답니다. 그래 “그거 냄새나지 않느냐?” 물으면 “무슨 냄새가 나요. 향기로운 냄새가 나는데요” 그러더라는 것입니다. 그래 깜짝 놀라서 언젠가는 조용한 시간에 물었답니다. “당신, 그렇게 손으로 만지고,

그렇게 향기가 난다고 그러는데, 정말 그런 거요?" 그랬더니 그 부인이 말하더랍니다. "제가 하나님 앞에서 어찌 내 시어머니가 더럽다고 할 수 있겠습니까 하나님 앞에서. 그런고로 저는 그 냄새가 그렇게 좋고, 저는 감히 장갑을 끼고 만지지 못합니다." 그랬다는 것입니다. 그 뒤로부터 그 장로님, 아내한테 꼼짝 못한답니다. '이 사람, 한 수 높다. 효심도 높고, 경건도 높고, 신앙도 높다.' 그 뒤로 부인한테 꼼짝을 못한답니다. 배울 때마다 경건한 자세가 생긴다고 합니다. 하나님 앞에서 하나님을 아니까 이렇게 되고, 그리스도를 아니까 나는 구원받은 백성인 것입니다. 이것을 잊지 말아야 합니다.

우리는 예수의 이름으로 기도합니다. 십자가를 쳐다볼 때마다 나는 소중합니다. 나를 위해서 죽으신 십자가를 볼 때마다 감격합니다. 거기에 나의 나됨이 있는 것입니다. 몇 푼 안되는 돈 벌었다고 생각하지 마십시오. 그까짓 성공 별것 아닙니다. 나를 위하여 십자가를 지신 주님을 보고, 그리고 나를 보십시오. 얼마나 감사하고, 얼마나 소중합니까. 여러분 좋아하는 찬송가 '나같은 죄인 살리신 그 은혜 고마워……'는 존 뉴튼 목사님이 지은 찬송입니다. 이분은 본래 노예상인이었습니다. 아프리카에 가서 멀쩡한 사람을 붙잡아다가 쇠고랑을 채워서 노예로 팔아먹던 천하의 못된 짓을 많이 한 사람입니다. 그러다가 예수를 믿고 주의 종이 되었고, 그는 항상 나같은 죄인, 나같은 죄인 살리신 은혜 고마워, 나같은 죄인 살리신 은혜를 찬양하며 한평생 전한 것입니다. 나같은 죄인 살리신 주님을 보고 그런 나를 보십시오. 어머니의 얼굴을 보고 나를 보십시오. 그것이 참으로 중요합니다.

저는 목회할 때 가끔 어려운 일이 있어도 그것 때문에 고민해

본 일도 없고, 하룻밤도 잠을 못자본 일이 없습니다. 왜 그러냐고요? 그때마다 어머니의 기도소리가 들리거든요. 나를 위해서 기도하시는 어머니가 계셨거든요. 나보다 뒤에 나오신 분들의 말을 따르면 어머니는 늘 교회에 가서 기도하기를 기뻐하셨는데, 나중에 교회가 불타버리고 없어졌답니다. 그래도 어머니는 그 터에 나가서 엎드려 기도하는데, 어느 날은 눈이 많이 왔는데, 그때도 가마니때기를 쓰고 거기서 엎드려 기도하다가 새벽에 거기서 일어나더라, 이것입니다. 그것을 본 사람이 저에게 한마디 해주었습니다. 그 장면, 너무너무 귀하다고요. 그래서 제가 여러 해 전에 북한에 갔을 때 바로 그 자리, 예배당은 없었지만, 어머니가 엎드려 기도하시던 그 자리를 생각하며 그 예배당 터에서 한 시간 동안을 서 있었습니다. 그랬더니 그 동네의 공산당 책임자하고 이장이 저한테 묻습니다. "선생님, 여기 왜 서 계십니까?" "여기요, 우리 어머니가 엎드려 기도하시던 곳입니다. 여기에 교회가 있던 곳입니다." 그랬더니 그분도 알고 있더라고요. "우리 어른들이 말씀하는데 여기가 '예수' 하는 사람들 모이던 곳이래요." 그 사람들이 교회라는 말을 몰라도 그 말은 알고 있더라고요. 자신을 보지 마십시오. 나를 위해서 한평생 기도하신 어머니를 보고, 그리고 나를 보십시오. 나를 위하여 십자가를 지신 예수님을 보고, 그리고 나를 보십시오. 거기에 내가 누구냐에 대한 대답이 있습니다. 내가 어떻게 살아야 되겠는가에 대한 대답이 있습니다.

클래식 음악 작곡가들 가운데는 대체로 그리스도인들이 많습니다. 아마도 그 중에 제가 아는 상식대로는 하이든이 제일 신앙이 좋았다고 생각됩니다. 그는 100개의 심포니를 지었고, 80개의 소나타를 지었으며, 위대한 오라토리오를 2개 지었습니다. 그 오라토리오 가운데 〈천지창조〉라고 있습니다. 어떻게 그토록 많은 곡을 지었는지, 어떻게 그토록 훌륭한 곡을 쓸 수 있었는지 물을 때 하이든은 경건하게 대답합니다. "나는 작곡할 때면 음악을 생각하기보다 하나님을 생각합니다. 그리하면 마음 가운에 기쁨이 솟아나면서 내 머릿속에 악보가 춤을 춥니다. 그것을 종이에 옮기면 됩니다."

무슨 일을 하든지 하늘을 쳐다보십시오. 스데반처럼 우러러보십시오. 나를 위하여 십자가를 지신 그분을 보십시오. 그리고 나를 보면 내가 누구인지를 알 수 있을 것입니다. 거기에 참되고 영원한 생명이 있습니다. △

하나님의 구원을 보라

바로가 가까와 올 때에 이스라엘 자손이 눈을 들어 본즉 애굽 사람들이 자기 뒤에 미친지라 이스라엘 자손이 심히 두려워하여 여호와께 부르짖고 그들이 또 모세에게 이르되 애굽에 매장지가 없으므로 당신이 우리를 이끌어 내어 이 광야에서 죽게 하느뇨 어찌하여 당신이 우리를 애굽에서 이끌어 내어 이같이 우리에게 하느뇨 우리가 애굽에서 당신에게 고한 말이 이것이 아니뇨 이르기를 우리를 버려 두라 우리가 애굽 사람을 섬길 것이라 하지 아니하더뇨 애굽 사람을 섬기는 것이 광야에서 죽는 것보다 낫겠노라 모세가 백성에게 이르되 너희는 두려워 말고 가만히 서서 여호와께서 오늘날 너희를 위하여 행하시는 구원을 보라 너희가 오늘 본 애굽 사람을 또 다시는 영원히 보지 못하리라 여호와께서 너희를 위하여 싸우시리니 너희는 가만히 있을지니라

(출애굽기 14 : 10 - 14)

하나님의 구원을 보라

일제 강점기에 우리나라 임시정부가 상하이에 있었습니다. 그 임시정부의 주석이 되는 김구 선생님이 그곳에서 활약하고 있었는데, 경제적으로 아주 어려웠습니다. 김구 선생님은 노모를 모시고 있었습니다. 그런데 하루하루 한 끼의 식사까지도 제대로 할 수 없을 만큼 경제사정이 어려웠습니다. 어느 날 김구 선생님이 집에 돌아와서 어머니를 뵙고 저녁식사를 하는데, 시래기 국이 아주 맛있게 끓여져 있었습니다. 그래 "어머니, 이 시래기가 어디서 났습니까? 제가 이걸 살 만큼 돈을 드리지 못했는데요?"라고 했더니 어머니 말씀입니다. "시장에 나가서 사람들이 다듬고 내버린 것, 그것 주어다가 씻어서 시래기 국을 끓였다." 김구 선생님이 죄송하기도 하고, 황송하기도 하고 민망해서 어머님께 이렇게 말씀을 드렸답니다. "어머니, 죄송합니다. 생활비를 넉넉히 드리지 못해서요. 그러나 그래도 일국의 임시정부이지만 정부의 주석, 김구 어머니가 시장에 나가서 남들이 버려놓은 것, 그걸 주워 와서야 되겠습니까" 하고 말씀을 드렸더니, 김구 선생님 자당께서 대노하셨습니다. "아니, 먹을 만한 것 씻어서 먹는데 무엇이 잘못이냐? 이보다 더 어려운 사람도 많은데 네 생각이 잘못됐구나. 일어나 종아리 걷어라!" 그러고는 회초리로 김구 선생님의 종아리를 때렸습니다. 그때 김구 선생님이 눈물을 흘리고 울었습니다. 그러니까 어머님 하시는 말씀이 "이놈아, 다 큰 놈이 왜 울어? 뭘 아프다고 울어?" 그리고 호령을 합니다. 이때 김구 선생님 말씀 들어보세요. "아니요. 아파서 우는 것이 아닙니다. 제가 맞아보니까 어머니의 팔에 힘이 없습니다. 작년에 맞을 때보다 금년에는 어머니의 팔에 힘이 없어서 그게 마음이 아파서 웁니다."

사람에게 중요한 것은 언제나 무엇을 생각하고 어디에 초점을 맞추느냐에 있습니다. 그래서 유진 피터슨은 그의 저서「현실, 하나님의 세계」에서 말합니다. '하나님께 대하여 경건하게 살고자 하는 사람이라면 꼭 훈련해야 할 일이 있다. 훈련받고 높은 수준에까지 훈련받아야 할 일이 있는데 그것이 무엇이냐, 초점 연습이다.' Focal Practice, 초점연습이라는 것, 대단히 중요한 말입니다. 어떤 사건과 문제에서 무엇을 생각하고, 어디에 중심을 두느냐가 아주 중요합니다. 어떤 사건을 당하든지, 하늘을 생각하느냐 땅을 생각하느냐, 나를 생각하느냐 하나님을 생각하느냐 아니면 이웃을 생각하느냐, 또 과거를 생각하느냐 미래를 생각하느냐, 생각에 초점을 어디다 두느냐가 매우 중요합니다. 우리는 환경의 변화 속에 삽니다. 그러나 많은 변화 속에서도 우리는 생각에 초점을 분명히 해야 됩니다. 깊이 생각해보면 모든 다른 것들로 이어지는 것같아도 이 맥락 속에서 무언가 지시하는 바가 있습니다. 초점이 있어야 됩니다. 공부하는 사람들은 공부에 집중하고 초점을 맞춥니다. 아무 생각도 나지 않습니다. 여러분도 다 그런 경험이 있겠지만, 저는 열악한 환경 가운데서 젊었을 때 공부를 하는데, 시간도 많지 않고, 그래서 주로 기차를 타든가 버스를 타든가 할 때 차 안에서 책을 많이 읽었습니다. 그래서 책을 몇 권 꼭 가지고 다니면서 읽었습니다. 아무리 시끄러운 기차 안이지만 손에 책을 들고 시작하면 아무 생각도 안납니다. 오히려 내가 보고 있는 책에만 집중합니다. 이것은 훈련입니다. Focal Practice— 훈련해야 됩니다. 내가 무엇을 생각하느냐 하는 것입니다.

성경공부도 그렇습니다. 성경을 읽을 때에도 초점을 분명히 해야 됩니다. 하나님께서는 이 사건을 통하여 우리에게 무엇을 말씀하고 계실까? 특별히 히브리적인 표현은 전부 사건 속에서 말씀합니다. 역사적인 사건 속에서 이제 하나님께서 말씀하시는 바가 무엇인가를 분명히 알아야 합니다. 비근한 예로서 우리가 잘 아는 탕자비유가 있습니다. 그 탕자비유를 잘 읽어야 됩니다. 탕자비유의 주제는 아버지입니다. 그 아버지 하나님께서 어떤 분이신가? 이것을 설명하고 있는 것입니다. 만일에 이것을 탕자에게 초점을 돌리면 탕자가 영웅이 됩니다. 이것은 아닙니다. 중요한 것은 아버지입니다. 언제든지 우리는 사건과 이야기와 성경, 그 모든것에서 중심, 초점을 분명히 해야 되고, 하나님의 목적이 무엇이며, 하나님께서 무엇을 원하고 계시는가에 초점을 맞추고 생각해야 합니다.

오늘본문에 굉장한 사건이 나옵니다. 이스라엘의 출애굽사건입니다. 아주 드라마틱합니다. 그런데 오늘본문 이야기의 중심은 여기에 있습니다. '너희는 두려워하지 말고 가만히 서서 여호와께서 오늘 너희를 위하여 행하시는 구원을 보라.' 하나님의 구원을 보라—여기에 생각을 맞추라는 것입니다. 이것만 생각하라는 것입니다. 여기에 애굽 군대가 따라오고, 앞에는 홍해가 있고, 옆에는 광야가 있고, 먹을 것도 없고, 갈 곳도 모르겠고, 게다가 저 광야는 뜨거운 곳이고, 우리가 지금 무엇을 하고 있는 것이냐? 이런 생각을 할 필요가 없습니다. 오직 하나님, 그리고 구원을 보라는 것입니다. '하나님께서 하시는 구원을 보라.' 내가 무엇을 생각하느냐에 따라서 엄청난 결과가 옵니다. 건강을 잃고 믿음을 얻었습니다. 믿음에 초점을 맞춘 사람은 건강 잃은 것 상관하지 않습니다. 재산은 잃어도 진실함은 얻었습니다. 정말로 진실을 찾는 사람은 재산을 얻고 잃고에 대해서 큰 관심이 없습니다. 명예를 잃고 겸손을 얻은 사람도 있습니다. 겸손이 더 중요하지 않습니까. 그 명예라는 것은 별 것이 아닙니다. 언제나 우리는 생각해야 합니다. 남들의 평판은 중요하지 않습니다. 내가 지금 무엇을 생각하고 있느냐? 거기서 손익계산을 해야 됩니다. '하나님의 구원을 보라.' 하나님께서 나한테 역사하시고 하나님께서 나한테 주시고, 하나님께서 나한테 약속하시고 하나님께서 인도하시는 손길— 거기에 초점을 맞추고 생각을 해야 됩니다. 그리하면 새로운 해답이 나올 것입니다. 하나님의 구원은 인간의 생각과 좀 다릅니다. 너무나 다를 때가 많습니다. 우리가 생각하는 그 시간대로 되는 것이 아닙니다. 우리가 생각하는 방법대로 되는 것이 아닙니다. 사람들은 그저 평탄하기만 바라고, 안일하기만 바랍니다. 사람의 본성이 그렇습니다. 그저 안일, 무사, 태평만 논합니다. 그러나 하나님께서는 그렇지 않으십니다. 왜 하나님께서는 바로의 마음을 강퍅하게 하셨습니까? 그 큰 이적을 통하여, 열 가지나 되는 이적과 재앙을 통하여 바로의 마음을 잡아 온유하고 겸손하게 양같이 만들어놓으시고, 이스라엘 백성을 평안하게 가나안으로 가도록 길을 열어놓으시면 되지 않겠습니까. 하나님께서 힘이 모자라셨습니까? 어째서 바로의 마음은 점점 강퍅하게 되는 것입니까? 장자가 죽는 재앙 때문에 꼼짝 못하고 이스라엘을 놓아 보냈지마는, 보낸 다음에도 또 바로의 마음은 강퍅해집니다. 성경은 이렇게 말씀합니다. '하나님께서 그 마음을 강퍅케 하시니라.' 그 강퍅함이라는 것이 참 묘한 것입니다. 하나님의 심판입니다. 그래서 바로가 강퍅해집니다. 이 많은 노예를 내보내다니 말이 안됩니다. 쫓아가서 다시 데리고 오든지, 죽여버리든지 할 것이라고 군사를 몰고 따라옵니다. 왜 이렇게 바로의 마음이 강퍅해집니까? 이스라엘의 구원을 위하여, 이스라엘의 온전한 구원을 위하여 이 사건도 거기 있어야 했다는 것입니다.

또 하나님께서 인도하실 때에 그 길은 아무리 보아도 지정학적으로 일단 북쪽으로 올라간 다음 동쪽으로 가야 됩니다. 그런데 이 사람들을 동쪽으로 바로 인도하시니까 앞에는 홍해가 있습니다. 왜 이 홍해의 광야 길로 인도하셨습니까? 왜 막다른 길로 인도하셨습니까? 길도 없는데 홍해 길로 인도하신 하나님의 뜻을 이해 못하면 말이 안됩니다. 하나님께서는 어째서 우리를 이리로 인도하시어 여기서 죽게 하시느냐는 백성들의 말은 맞는 얘기입니다. 그러나 성경은 분명히 말씀합니다. 여호와의 구원을 보라— 이 사건을 통하여 위대한 구원의 역사를 거기서 이루어가시는 것 아니겠습니까. 하나님의 작품입니다. 서두를 문제가 아닙니다. 이스라엘 백성들은 열 가지 재앙을 통하여 애굽에서 그 긴 노예생활을 벗어났습니다. 그러나 분명히 잊지 말아야 합니다. 아직도 물리적으로는 출애굽을 했지마는, 정신적으로 또 영적으로는 이스라엘은 출애굽 한 것이 아닙니다. 그 마음속에는 여전히 애굽이 있고, 노예생활이 있고, 노예근성이 있고, 불신앙이 있습니다. 그런고로 물리적으로는 출애굽을 했지만 정신적으로는 아직도 노예생활을 하고 있다는 것입니다. 그래서 이 사건은 필요합니다. 이 굉장한 사건을 하나님께서 만드십니다. 앞에는 홍해가 있습니다. 뒤에는 분노한 애굽군대가 따라오고 있습니다. 위기요 절박한 시간입니다. 이 사람들이 원망을 합니다. 원망하는 가운데 하나님을 원망하고 또 모세를 원망합니다. 오늘본문은 말씀하지 않습니까. "우리를 버려 두라 우리가 애굽 사람을 섬길 것이라 하지 아니하더뇨 애굽 사람을 섬기는 것이 광야에서 죽는 것보다 낫겠노라(12절)." 이 원망에는 유머도 있습니다. "애굽에 매장지가 없으므로 당신이 우리를 이끌어 내어 이 광야에서 죽게 하느뇨……(11절)" 합리적인 원망입니다. 알고 보면 인간적으로는 맞는 이야기입니다. 그러나 초점을 어디에 맞춰야 합니까? 무슨 생각을 해야 합니까? 하나님의 은혜, 열 가지 재앙을 통해서 이루신 은혜, 모세와 함께하시는 하나님, 그리고 하나님의 말씀이 우리와 함께하시고, 저 가나안 땅을 우리에게 약속해주셨다고 하는 하나님의 은혜에 초점을 맞춰야 합니다. 도대체 왜 원망을 해야 합니까. 세상을 생각하고, 나를 생각하고, 인간적인 머리를 굴리면 이것은 원망할 수밖에 없습니다. 백 퍼센트 원망할 수밖에 없는 사건입니다. 그러나 인간의 지혜와 판단을 떠나서 하나님의 세계를 생각합니다. 그래서 오늘본문은 말씀합니다. '두려워하지 말라. 믿음을 가지라. 여기까지 인도하신 하나님, 약속의 땅을 우리에게 허락하신 하나님께서 우리와 함께하신다. 두려워하지 말라.' 이것이 말씀입니다.

오늘도 우리가 여러 가지 사건을 당합니다. 마음이 좋지 않습니다. 정말이지 요즘은 신문 보는 일이 기분나쁠 때가 있습니다. 방송도 듣고 싶지 않을 때가 있습니다. 그래서 저는 설교준비 하는 토요일 아침에는 절대로 텔레비전을 안봅니다. 그것을 보면 마음이 어지러워집니다. 우리가 이런 세상에 살고 있습니다. 그러나 우리의 생각의 초점을 하나님께로 향하게 합니다. 그럴 때에 놀라운 역사가 일어납니다. 말씀하십니다. '두려워하지 말라.' 두 번째는 '조용하라' 입니다. 유명한 말씀 아닙니까. 조용히 하나님 됨을 알라고 하십니다. 마음이 고요해야 합니다. 그래야 생각할 수 있고, 초점을 하나님께 맞출 수 있고, 그래야 하나님의 음성을 들을 수 있습니다. 우스운 이야기지만, 여러분 혹 부부싸움을 합니까? 제가 여기서 집단 상담 해드리겠습니다. 부부싸움이라는 것은 똑같습니다. 왜냐하면 말하는 자가 있고, 듣는 자가 없습니다. 듣지 않습니다. 안듣기로 결심했습니다. 한 사람이 말을 하면 나머지 한 사람은 그 말을 들어야 하지 않습니까. 그런데 안듣습니다. 말하는 동안에 두 사람이 각기 열심히 자기 얘기만 합니다. 아무도 듣는 사람이 없습니다. 이것이 문제의 원인입니다. 어떻게 해결하면 좋겠습니까? 만약 남편이 뭐라고 하면 '저녁식사 한 다음에 시간을 드릴 테니까 그때 가서 말합시다' 하고 일단 지연시켜놓고 식사가 다 끝난 다음에 형광등은 끄고 촛불을 켜놓으십시오. 불그스레한 촛불 하나 켜놓고 마주 앉은 다음, 거기에 성경책을 펴놓고 한번 쳐다보십시오. 웬만한 여자는 다 예쁘게 보입니다. 이렇게 분위기를 만들어놓고 이야기를 시작합니다. 한 사람이 말하고 상대방이 듣고, 이렇게 세 번만 하면 싸움은 끝납니다. 문제는 듣지 않기 때문입니다. 조용히 들어라, 하나님의 말씀을 들어라……

열왕기상 19장 12절에서 엘리야가 하나님의 음성을 듣습니다. 광야에서 듣습니다. 큰 실패와 낙담 속에서 하나님의 음성을 듣는데, 아합과 이세벨이 그 엘리야를 죽이겠다고 지금 쫓아다닙니다. 다 죽었고 나만 남았노라고 울부짖습니다. 그때 강한 바람이 이르는데, 하나님의 음성이 들리지 않습니다. 지진이 났습니다. 그 속에도 하나님의 음성이 없습니다. 세미한 소리가 들립니다. 거기서 하나님의 음성이 들립니다. 세미한 소리를 들을 만큼 우리 마음이 고요해져야 됩니다. 이것이 중요한 것입니다. 하나님께 초점을 맞추고, 두려워하지 말고, 마음을 고요하게 하기 바랍니다. 그러면 주께서 말씀하실 것입니다. 왜 이런 일이 있어야 하는지, 이것을 통해 하나님께서는 무슨 역사를 이루려고 하시는지 환하게 보일 것입니다. 확실하게 들릴 것입니다. 출애굽기 13장 17절에는 왜 홍해로 인도하셨는가에 대한 해답이 있습니다. 이 사람들이 다 오합지졸이라서 이 광야를 지나가다가 블레셋 사람들을 만나면 애굽으로 되돌아가자고 할 것이라는 것입니다. 그런고로 돌아가지 못하고 돌아갈 생각을 못하게 하시기 위해서 홍해의 길로 인도하시고, 홍해를 열어서 육지같이 건너가게 하시고, 다시 홍해를 닫아버리셨습니다. 이제는 돌아갈 수 없습니다. 다시는 옛날로 돌아가지 못하게 하시기 위해서 엄청난 추억을 만드십니다. 크나큰 체험을 하게 하십니다. 그것이 바로 홍해의 광야 길로 인도하신 이유라고 말씀합니다. 하나님의 방법, 하나님의 구원, 하나님의 능력을 조용히 들어야 하겠습니다. 들을 수 있는 마음의 귀가 있어야 하겠습니다. 듣고 나면 보입니다. 그리고 기다립시다. 하나님의 구원을 보라— 신비로운 말씀입니다. 우리의 복잡한 사건 속에서도 하나님의 역사가 보이고, 하나님의 음성이 들리고, 하나님께서 나와 함께하시는 것이 확증될 때 새로운 미래를 향해서 창조적인 역사를 이루게 될 것입니다. △

말씀을 말씀으로

이러므로 우리가 하나님께 쉬지 않고 감사함은 너희가 우리에게 들은 바 하나님의 말씀을 받을 때에 사람의 말로 아니하고 하나님의 말씀으로 받음이니 진실로 그러하다 이 말씀이 또한 너희 믿는 자 속에서 역사하느니라 형제들아 너희가 그리스도 예수 안에서 유대에 있는 하나님의 교회들을 본받은 자 되었으니 저희가 유대인들에게 고난을 받음과 같이 너희도 너희 나라 사람들에게 동일한 것을 받았느니라 유대인은 주 예수와 선지자들을 죽이고 우리를 쫓아내고 하나님을 기쁘시게 아니하고 모든 사람에게 대적이 되어 우리가 이방인에게 말하여 구원 얻게 함을 저희가 금하여 자기 죄를 항상 채우매 노하심이 끝까지 저희에게 임하였느니라 형제들아 우리가 잠시 너희를 떠난 것은 얼굴이요 마음은 아니니 너희 얼굴 보기를 열정으로 더욱 힘썼노라 그러므로 나 바울은 한 번 두 번 너희에게 가고자 하였으나 사단이 우리를 막았도다 우리의 소망이나 기쁨이나 자랑의 면류관이 무엇이냐 그의 강림하실 때 우리 주 예수 앞에 너희가 아니냐 너희는 우리의 영광이요 기쁨이니라

(데살로니가전서 2 : 13 - 20)

말씀을 말씀으로

조지 버나드 쇼(George Bernard Shaw)의 작품들 가운데 「St. Joan」이라는 희곡이 있습니다. 프랑스의 성녀 잔 다르크의 이야기를 각색한 것입니다. 여기에 이런 대사가 나옵니다. 찰스 왕이 잔 다르크를 재판하는 시간입니다. 그가 잔 다르크의 운명을 손아귀에 쥐고 있습니다. 그 찰스 왕이 "사형!" 하면 잔 다르크를 그대로 불에 태워 화형으로 죽이게 되는 엄중한 시간입니다. 이 재판하는 자리에서 찰스 왕이 이렇게 말합니다. "그 소리가 어째서 나한테는 들리지 않는고? 임금은 나지, 네가 아니다. 임금인 나한테 하늘의 소리가 들리지 않는데, 어째서 너같은 사람한테만 들린단 말이냐?" 그때 잔 다르크는 이렇게 대답합니다. "왕이시여! 들리지 않는 것이 아니라 듣지 않는 것뿐입니다." 마음의 귀를 열고 있으면 들립니다. 들리지 않을 때마다 생각해야 합니다. 하나님께서 말씀하지 않으시는 것이 아니고, 내가 듣지 않는 것입니다. 아니, 이미 들렸습니다. 들었습니다. 그러나 순종하지 않고 거역하니까 마지막에는 들리지 않는 것입니다. 이 들리지 않는다는 것은 무서운 심판입니다. 양심의 소리가 들리지 않습니다. 진리의 소리가 들리지 않습니다. 하나님의 그 오묘하신 말씀이 들리지 않습니다. 기도를 해도, 성경을 읽어도, 우리가 이렇게 모여 예배를 드려도 하나님의 말씀이 들리지 않습니다. 이것처럼 답답하고 고통스러운 일이 없습니다.

혹 어떤 때 사업 때문에, 혹은 인간관계 때문에 마음이 상한 적이 있습니까? 마음속에 고통이 오고, 심지어는 남을 미워하는 참을 수 없는 고통 속에 살다보면 어느 사이에 내 마음의 문이 닫힙니다. 기도를 해도 응답이 없고, 말씀을 읽어도 응답이 없고, 하늘로부터 주시는 응답이 끊어질 때 이것이야말로 영적으로 가장 큰 고통이요 심판이요 저주일 것입니다. 하나님의 말씀이 들리지 않을 바로 그런 상황입니다. 예수님께서도 설교하실 때마다 말씀하십니다. 설교 끝에 결론은 언제나 이렇습니다. '들을 귀 있는 자는 들을지어다.' 귀한 말씀이지마는, 듣는 자는 듣고, 안듣는 자는 안듣습니다. 서기관과 바리새인 교인과 제사장들은 더 강퍅해졌습니다. 말씀을 들으면서 더 완악해지는 것을 볼 수 있지 않습니까. 이것이 말씀이 주는 구원과 심판의 역동적 사건입니다. 하나님께서는 말씀하십니다. 말씀하시는 하나님이십니다. 이것을 신학적으로는 '계시하시는 하나님'이라고 합니다. 그는 말씀만 하시는 것이 아니고, 말씀으로 역사하십니다. 창조도 말씀으로 이루어졌습니다. 그리고 개인적으로 말씀하십니다. 에덴동산에서 "아담아!" 하고 부르십니다. 가인이 잘못된 길을 갈 때 "가인아!" 하고 부르셨습니다. 고독에 떠는 아브라함을 향해 "아브라함아!" 하고 부르셨습니다. "야곱아!", "모세야!", "사무엘아!"…… 성경 여러 곳에서 때마다 하나님께서는 부르십니다. 말씀으로 다가오십니다. 문제는 듣는 자세입니다. 로마서 10장 17절에 유명한 말씀이 있지 않습니까. "믿음은 들음에서 나며 들음은 그리스도의 말씀으로 말미암았느니라." 믿음은 바로 듣는 마음, 듣는 귀에 있는 것입니다.

언젠가 스티븐 코비의 「성공하는 사람들의 7가지 습관」 이라는 책을 탐독했던 적이 있습니다. 자세히 읽어나가다가 제일 큰 감동을 받은 말이 이것입니다. '사람의 운명은 습관이다.' 우리가 같은 행동을 반복하다보면 습관이 됩니다. 습관 가운데 제일 좋은 것 7가지를 말합니다마는, 제일 중요하게 저한테 충격을 준 것은 '듣는 습관'입니다. 성공하는 사람들은 듣는 습관이 있습니다. 잘 듣습니다. 겸손하게 듣고, 믿음으로 듣고, 의심하지 않습니다. 그리고 순종하면서 듣습니다. 마음을 열고 듣는 것이 성공의 비결이라고 그는 역설하고 있습니다. 듣는 자세, 그리고 듣는 자의 마음에 있는 믿음— 어느 정도의 믿음을 가지느냐가 중요합니다. 알 수 있는 것은 알고, 모르는 것은 믿어야 합니다. 내가 경험한 것은 내가 알고, 내가 경험하지 못한 것은 다른 사람의 경험을 믿어야 합니다. 이 믿음 없이는 살 수가 없습니다. 어차피 우리는 다른 사람의 말을 믿고 사는 것입니다. 자동차를 타고 시속 100킬로미터로 달릴 때를 상상해보십시오. 저는 가끔 그런 생각하면서 웃을 때가 있습니다. 이 자동차가 이렇게 빨리 달리기 위해서 그 바퀴가 어떻게 되어 있는지 아십니까? 큰 바퀴가 돌아가고 있는데, 샤우드가 꼭 손가락만 합니다. 그 작은 것에 바퀴가 걸려서 돌아가고 있는 것입니다. 이것 하나 부러지면 죽습니다. 그러나 우리는 믿습니다. 자동차를 믿는 것이 아니라, 자동차를 만든 사람의 기술을 믿고 있지 않습니까. 그것을 믿고, 거기에 목숨을 걸고 달리는 것 아니겠습니까.

알고 보면 전부가 믿음입니다. 믿음이 아니면 안되는 것입니다. 출애굽기 20장과 신명기 5장에 나옵니다. 하나님께서 시내산에 있는 이스라엘 백성들에게 직접 말씀하셨습니다. 아주 우레 같고 지진 같은 소리로 하나님께서 크게 말씀하실 때 백성들이 전부 죽은 것처럼 되었습니다. 벌벌 떨게 됩니다. 마침내 저들이 하나님 앞에 소리 질렀습니다. '우리에게 말씀하지 마소서. 우리가 죽겠나이다.' 그리고

'모세를 통해 듣겠나이다. 모세에게 말씀하소서. 모세를 통해 듣겠나이다' 하고 말하는 아주 재미있는 이야기가 있습니다. 가끔 보면 직접 듣기를 좋아하는 사람이 있습니다. 일명 직통파입니다. 이 사람들은 기도하면서 직통하고, 꿈과 환상으로 직통합니다. 하나님과 직통하면 죽습니다. 이것을 알아야 됩니다. 그런고로 이스라엘 백성은 말합니다. '하나님이여, 말씀하지 말아주세요. 우리가 죽겠나이다. 모세에게 말씀해주세요. 모세를 통해 듣겠나이다.' 여기에 문제가 있습니다. 그 다음부터는 모세의 말을 하나님의 말씀으로 들어야 할 것 아니겠습니까. 그런데 그렇지 않았습니다. 모세의 말을 하나님의 말씀으로 들었으면 이스라엘은 구원을 받는데, 어느 순간부터 하나님의 말씀으로 듣지 않고 사람의 말로 듣고, 모세를 비판하고, 모세한테 반항했더라는 이야기입니다. 말씀이 육신이 되어 우리 가운데 거하십니다. 창조가 말씀이요, 역사가 말씀이요, 말씀 가운데 가장 중요한 것은 귀에 들리는 말씀이 아니라, 예수 그리스도로 나타난 말씀입니다. 말씀이 육신이 되었습니다. 사람의 모양으로 이 땅의 역사 안에 오셨습니다. 예수 그리스도가 말씀 그 자체입니다. 이것을 알아야 합니다. 그런고로 요한복음은 말씀합니다. '말씀이 육신이 되어 우리 가운데 거하시는 그 예수를 믿는 자에게 하나님의 자녀가 되는 권세를 주셨다.' 아주 중요한 말씀입니다. 말씀이 그리스도를 통해서 나한테 오신 바를 믿는 그 순간 내가 하나님의 자녀가 됩니다.

오늘본문에 나타난 말씀이 또한 중요합니다. 주제는 '설교가 말씀'이라는 것입니다. 데살로니가전서 1장 5절은 말씀합니다. "복음이 말로만 너희에게 이른 것이 아니라 오직 능력과 성령과 큰 확신으로 된 것이니……" 복음은 말이 아닙니다. 말만이 아닙니다. 말 속에 능력이 있습니다. 그리고 말 속에 성령께서 계십니다. 말씀으로 오는 것을 객관적 계시라고 하고, 성령으로 오는 것을 주관적 계시라고 합니다. 객관적으로, 말씀으로 내게 다가올 뿐더러, 성령으로 오셔서 내 마음을 움직여 이 말씀을 깨닫고 알고 받아들이도록 역사합니다. 객관적으로, 주관적으로 동시에, 함께 역사하는 그것이 바로 설교입니다. 지금 하나님의 말씀이 설교를 통해서 전해지고 있습니다. 하나님께서 말씀으로 내게 다가오십니다. 동시에 내 마음 속에 성령께서 임하시고, 감화 감동하시어 이 말씀을 믿고 받아들이도록 역사하십니다. 바로 이 순간이 '말씀이 육신이 되어 우리 가운데 함께하시는 시간'입니다. 오늘본문 13절에서 사도 바울은 깊이 하나님께 감사하고 있습니다. 목회자적인 감사라고 저는 생각합니다. 왜냐하면 저도 목회자로서 같은 마음을 가지고 있기 때문입니다. "이러므로 우리가 하나님께 쉬지 않고 감사함은 너희가 우리에게 들은 바 하나님의 말씀을 받을 때에 사람의 말로 아니하고 하나님의 말씀으로 받음이니 진실로 그러하다……" 사도 바울의 목회자적 심정이 나타나 있습니다. 지금 바울이 온 세계를 다니면서 복음을 전하려 애쓰고 있습니다. 전하되 어디까지나 하나님의 말씀으로 전하고, 기도하며 전하고, 영감을 받아서 전합니다마는, 듣는 자가 어떻게 듣느냐가 문제입니다. 그래서 오늘본문에는 데살로니가교회를 가리켜 '너희는 모범적인 교회'라고 전하고 있습니다. 왜냐하면 사람의 말로 듣지 않고, 하나님의 말씀으로 들었기 때문입니다. 저도 목사로서 할 말이 있습니다. 오십년 동안 설교했습니다마는, 많은 사람들이 설교 듣는 것을 봅니다. 중요한 것은 하나님의 말씀으로 받아들이는 자는 구원을 얻는다는 것입니다. 성화되고 새 사람이 됩니다. 새로운 역사가 창조됩니다마는, 어떤 사람은 사람의 말로만 듣습니다. 그래서 제가 무슨 말을 하면 어느 책 몇 페이지에서 나온 것인가, 이것은 누구의 이야기인가에만 관심이 있는 사람이 있습니다. 제가 설교할 때 이렇게 꼭 책 이름을 대는 까닭이 있습니다. 그냥 슬쩍 얘기하고 넘어가도 되는데, 꼭 전화로 물어봅니다. "그것이 어느 책입니까? 그 저자가 누구입니까?" 고맙기는 합니다마는, 좋은 자세는 아닙니다. 제가 말하려 하는 것은 하나님의 말씀이지, 버나드 쇼가 아닙니다. 이것을 알아야 됩니다. 무슨 말씀을 듣든지 그 속에서 하나님과 나와의 관계에 주시는 말씀을 받아들일 때 구원에 이르는 것입니다. 심지어 어떤 사람들은 제 설교를 다 듣고 난 뒤에 '누가 목사님한테 고자질했나? 내 비밀을 목사님한테 가서 얘기해서 목사님이 나 들으라고 그러시는 것 아니냐?' 하고 생각하는 사람들이 있습니다. 그 사람이 누구인지 제가 어떻게 압니까. 또 어떤 분은 부부싸움을 심하게 했는가본데, 남편이 저한테 고자질을 해서 제가 그 부인 들으라고 설교한다는 경우도 있습니다. 이 정도로 생각하고 있으니, 은혜가 되겠습니까. 사도 바울의 말씀이 얼마나 귀합니까. '사람의 말로 받지 아니하고, 하나님의 말씀으로 들은 것을 감사하노라.' 거기에 생명의 역사가 있기 때문입니다.

한 여전도사의 외아들이 있었습니다. 잘 아는 분입니다. 아들 하나 버릇없이 키웠더니 마지막에 아주 망나니가 되었습니다. 어떤 권면도 거부합니다. 저도 몇 번 만나 보았습니다마는, 어림도 없었습니다. 아주 세상으로 나가서 못되게 살았는데, 그러다가 중한 병에 걸렸습니다. 폐결핵이 걸려서 지금 병원에 입원했습니다. 그때 찾아가니까 그 어머니 전도사가 울면서 아들을 붙들고 얘기합니다. 그때 이 아들 하는 말을 보십시오. "왜 내가 병들어야 하죠? 우리 어머니가 전도사인데, 내가 왜 병들어야 하는지, 하나님께서 내게 왜 이렇게 하십니까?" 그러면서 난리를 칩니다. 그 어머니가 하는 말씀을 들어보았습니다. "이놈아! 네가 하도 완악해서 하나님께서도 이 방법밖에 없으셨다. 네가 이렇게 되고야 비로소 어머니 앞에 돌아오지 않았느냐. 이 중요한 사건이 하나님께서 너를 사랑하신다는 말씀이 아니겠느냐." 그가 그 말씀을 듣고 회개하고 새 사람이 되는 모습을 보았습니다. 말씀은 들어야 합니다. 말씀은 찾아오십니다. 찾아오시는 말씀은 귀중한 기회입니다. 기회를 놓치지 말고 말씀을 잘 들어야 됩니다. 그 다음에는 말씀을 받아야 합니다. 영어로 말하면 receive입니다. 받아들이는 것입니다. 듣기만 해서는 안됩니다. 믿음으로 받아들여야 됩니다. 셋째는 믿는 자가 되어야 됩니다. 전적으로 믿어야 됩니다. 그럴 때에 그 속에 말씀이 역사합니다. 내가 말씀을 믿는 것이 아니라 말씀이 나를 주관합니다. 내가 말씀을 따라가는 것이 아니라, 말씀이 나를 주장합니다. 바로 그 시간 구원의 역사가 나타나는 것입니다. 역사라는 말은 '에네르기'라는 말입니다. 우리가 '에너지'라고 하지 않습니까. 보이지 않는 에너지가 그 속에 있는 것입니다. 말씀이 속에서 에네르기, 곧 역사되는 것입니다.

그런고로 말씀을 들을 때마다 생각해야 합니다. 들을 수 있는 기회가 얼마나 귀중한 것입니까. 저는 할 수 있는 데 까지 북한선교를 위해서 애쓰려고 수십 년 동안 노력해왔습니다. 그 시작은 이렇습니다. 여러 가지 이유가 있지마는, 제가 맨 처음 이십오 년 전에 평양에 갔을 때 강에서 낚시질 하는 사람을 아침에 산책하다가 만났습니다. 안개가 뽀얀데 낚시질을 하고 있는 사람한테 지나가다가 제가 한마디 했습니다. "뭐 좀 잡힙니까?" 그랬더니 그가 저를 쳐다보면서 "곽 목사님이시군요" 하고 말했습니다. 제가 너무나 깜짝 놀라서 "어떻게 저를 아십니까?" 하고 물었더니 그가 하는 말입니다. "제가 새벽마다 목사님의 설교를 방송으로 듣고 있지 않습니까." 그 딱 한마디 하고는 "빨리 지나가세요. 뒤에 감시자가 있습니다" 하는 것이었습니다. 신비로운 시간입니다. 돌아와서 얼마나 울었는지 모릅니다. 이분들, 새벽에만 방송이 들립니다. 해가 뜨면 전파가 잡히지 않습니다. 새벽 다섯 시, 여섯 시까지 방송을 통해서 하나님 말씀을 듣고, 거기에 목숨을 겁니다. 말씀이 생명줄이다, 이것입니다. 그 말씀을 들어가며 사는 갈급한 심령들입니다. '우리가 언제 저들에게 하나님의 말씀을 자유롭게 들려줄 수 있을까?' 늘 생각합니다. 들리는 말씀이 성경입니다. 믿어지는 말씀이 하나님의 말씀입니다. 믿어지는 것은 선택받은 자의 축복입니다. 말씀이 능력으로 우리에게 나타날 때 중생합니다. 말씀이 나를 통해서 사역합니다. 내가 말씀을 듣는 것이 아니라 말씀이 나를 지배할 때 거기에 기적이 있습니다. 놀라운 창조의 역사가 나타나는 것입니다. 하나님께서 그 귀한 섭리 가운데 나한테 말씀을 보내셨고, 나한테 역사하시어 성령으로 내 마음을 열어주셨습니다.

사도행전 16장 14절에 유명한 말씀이 있습니다. "주께서 그 마음을 열어……" 사도 바울이 빌립보에 갔을 때 처음으로 만난 사람입니다. 일생에 처음으로 딱 한 번 만났는데, 주께서 그 마음을 여시어 바울의 말을 듣게 하셨습니다. 주께서 루디아의 마음을 여시어 사도 바울을 영접하게 하시고, 그 집이 빌립보교회가 됩니다. 이 단한 번의 사건은 무엇을 뜻합니까? 주께서 그 마음을 열어— 참 귀하지 않습니까. 마음을 열어주실 때에만 이것이 가능한 것입니다. 놀라운 역사입니다. 같은 일 같습니다마는, 제가 지난 며칠 전에 양산이라는 곳에 가서 부흥회를 인도했습니다. 그곳 양산교회에 갔을 때 거기 목사님이 제게 해준 아주 충격적인 이야기가 있습니다. "제가 여러 책을 보고 탐독합니다마는, 요 몇 달 전에 목사님께서 쓰신 「교회의 권세」라는 사도행전강해를 어쩌다가 보기 시작했습니다." 그 책이 두 권인데, 꽤 두껍습니다. 그것을 손에 들고 놓지 못하고 세 번이나 읽었다고 하는 것입니다. 그러면서 읽고 또 읽고 나서 모름지기 자신의 생각과 신학과 목회가 완전히 사도행전적 스타일로 바뀌었다는 것입니다. 놀랍게도 그분은 지금까지 이렇게 책을 탐독해 본 일이 없었다는 것입니다. 그런데 그 책을 세 번이나 통독했노라고 간증하는 것을 들었습니다.

하나님의 말씀에 심취해야 합니다. 저는 늘 생각합니다. 유명한 맥아더 장군은 일선에서도 성경 한 장을 읽지 않고는 잠든 일이 없었다고 합니다. 그는 날마다 성경을 묵상하는 사람이었습니다. 그래서 그에게 지혜와 용기가 있었습니다. 말씀을 받을 때 사람의 말로 받지 아니하고 하나님의 말씀으로, 설교를 들을 때마다 사람의 말로 듣지 아니하고 하나님의 말씀으로 듣는 것— 그래서 저는 이렇게 생각합니다. '교인이 누구냐? 기도하는 자가 교인이다. 그 교회 교인은 누구냐? 그 교회에서 하나님의 말씀을 듣는 사람이다. 그 사람이 그 교회 교인이다.' 말씀의 신비로운 능력을 우리가 체험하게 됩니다. 왜 그렇습니까? 모든 시험을 이길 수 있으니까 그렇습니다. 마음을 열어주시고, 우리에게 믿음을 주시고, 감동을 주십니다. 바로 여기에 말씀의 역사가 있는 것입니다. 조금 전에 제가 성경을 같이 읽자고 했던 이유가 여기에 있습니다. 요한계시록 1장 3절은 말씀합니다. "이 예언의 말씀을 읽는 자와 듣는 자들과 그 가운데 기록한 것을 지키는 자들이 복이 있나니 때가 가까움이라." 요한계시록의 서론입니다. 먼저 읽는 자— 그래서 같이 읽은 것입니다. 읽는 자, 듣는 자, 행하는 자, 그에게 복이 있다고 말씀하십니다. 말씀으로 말씀되게 할 때 말씀의 위대한 능력이 바로 여기에, 우리 속에 나타나는 것입니다. △

주의 길을 예비하라

디베료 가이사가 위에 있은 지 열 다섯 해 곧 본디오 빌라도가 유대의 총독으로, 헤롯이 갈릴리의 분봉왕으로, 그 동생 빌립이 이두래와 드라고닛 지방의 분봉왕으로, 루사니아가 아빌레네의 분봉왕으로, 안나스와 가야바가 대제사장으로 있을 때에 하나님의 말씀이 빈 들에서 사가랴의 아들 요한에게 임한지라 요한이 요단 강 부근 각처에 와서 죄사함을 얻게 하는 회개의 세례를 전파하니 선지자 이사야의 책에 쓴 바 광야에 외치는 자의 소리가 있어 가로되 너희는 주의 길을 예비하라 그의 첩경을 평탄케 하라 모든 골짜기가 메워지고 모든 산과 작은 산이 낮아지고 굽은 것이 곧아지고 험한 길이 평탄하여질 것이요 모든 육체가 하나님의 구원하심을 보리라 함과 같으니라 요한이 세례 받으러 나오는 무리에게 이르되 독사의 자식들아 누가 너희를 가르쳐 장차 올 진노를 피하라 하더냐 그러므로 회개에 합당한 열매를 맺고 속으로 아브라함이 우리 조상이라 말하지 말라 내가 너희에게 이르노니 하나님이 능히 이 돌들로도 아브라함의 자손이 되게 하시리라

(누가복음 3 : 1 - 8)

주의 길을 예비하라

서울역 근처에 가면 한맹교회라는 특별한 교회가 하나 있습니다. 이 교회는 한국맹인교회입니다. 역사가 오래되고 아주 건실한 교회입니다. 전교인의 70퍼센트가 시각장애인이고, 30퍼센트가 그 가정으로 구성되어 있습니다. 그 교회에 가서 제가 몇 년 전에 부흥회를 인도한 일이 있었습니다. 아시는 바와 같이 제가 오십 년 동안 여러 교회와 장소에서 설교를 했지마는, 그 교회에 갔을 때처럼 설교하면서 저 자신이 크게 은혜 받은 일이 없었습니다. 온 교인이 열심히 들었습니다. 이렇게 심취해서 설교를 듣는 일이 많지 않습니다. 그런데 온 교인이 얼마나 집중해서 듣는지, 조금 우스운 이야기를 하면, 너무나 소리를 내어 웃어서 제가 설교를 잠시 중단해야 될 정도였습니다. 또 조금 슬픈 이야기를 하면 그렇게 소리를 내어 웁니다. 그러니까 또 잠시 설교를 중단해야 할 정도로 감수성이 다들 예민합니다. 그렇게 성도들이 너무나 집중해서 말씀을 받아들이는 경험을 했습니다. 그리고 그 교회 박목사님께 제가 물었습니다. 그분은 신학대학에서 제가 가르친 제자입니다. "내가 이렇게 여러 해 동안 설교 다니면서 해보았지만, 이 교회 교인처럼 집중적으로 듣고, 수용성이 좋고, 말씀을 잘 받아들이는 교인을 본 일이 없거든. 그 비결이 대체 무엇인가?" 그 박목사님, 그 교회에 오래 있었는데, 대답은 간단하게 합니다. "보이는 게 없거든요."

보는 것이 없으니까 듣는 데 집중합니다. 의학적으로 보통사람보다 청각이 20배가 발달되어 있습니다. 청각만 밝은 것이 아니라 청각에 대한 기억이 아주 놀랍습니다. 한 번 들은 것을 절대 잊어버리지 않습니다. 우리가 생각해야 됩니다. 우리가 바로 못듣는 것이 보이는 것이 많기 때문이고, 생각이 너무나 산만하기 때문입니다. 말씀을 말씀으로 바로 받아들이지 못하기에 그 말씀의 역사가 우리 속에 와서 그 생명력을 바로 나타낼 수가 없다는 말씀입니다. 예수님께서 오시기 육백 년 전에 있었던 선지자 예레미야는 하나님의 음성을 듣고 이렇게 외치고 있습니다. 예레미야 4장 3절입니다. "너희 묵은 땅을 갈고 가시덤불 속에 파종하지 말라." 얼마나 간단하고 얼마나 확실한 진리입니까. 이것은 농사의 상식입니다. 씨 뿌리는 것이 먼저가 아닙니다. 그 씨가 무엇인가 하는 것도 문제가 아닙니다. 가장 중요한 것은 밭을 준비해야 된다는 것입니다. 개간을 할 때 어려운 점이 이것입니다. 씨 뿌리기 전에 묵은 땅을 갈아야 하고, 돌을 제거해야 되고, 가시덤불을 불태워야 되고, 굳은 땅을 갈아서 부드럽게 만들어야 합니다. 먼저 옥토가 준비되어야 하는 것입니다. 마음의 옥토— 오늘 우리가 다 같이 교회에 나와서 말씀을 듣고 있습니다마는, 말씀을 전하는 저는 한 사람이요, 한 가지 음성을 들으나, 듣는 사람은 다 다릅니다. 나름대로 자기생각을 하고 있습니다. 여러 가지 복잡한 생각을 합니다.

우스운 이야기입니다마는, 여러분도 집에서 부부싸움을 하십니까? 저희도 가끔 합니다. 주로 텔레비전 보다가 합니다. 나는 열심히 보고 있는데, 집사람이 "재 코가 가짜예요. 재 눈이 있잖아요……" 자꾸만 옆에서 이런 말을 합니다. 그래 "입 다물어" 하고 소리 지르면 섭섭하다고 삐칩니다. 아니, 텔레비전을 보면 거기 주제가 중요한 것이지, 그 탤런트가 얼굴이 어떻고, 이혼을 했느니 말았느니 하는 것을 왜 이 시간에 와서 생각합니까. 그 생각하는 동안 주제를 놓치고 맙니다. 설교도 마찬가지입니다. 여러분이 설교를 들으면서 '아, 목사님 머리 많이 빠졌다' 하는 생각 하면 안됩니다. 제가 예배 마친 다음에 나갈 때 여러분들이 저에게 인사를 합니다. "은혜 많이 받았습니다. 감사합니다." 그러기도 하지마는 가끔 이런 인사하는 분들이 있습니다. "감기 걸리셨어요?" 저는 아무 말도 안하고 "예" 하고 대답합니다마는, 속으로는 '그런데요?' 합니다. 아니, 감기가 무슨 상관입니까. 그런 쓸데없는 생각들을 하고 있으니까 들어야 할 말을 못 듣는 것입니다. 그냥 들어야 합니다. 순수한 마음으로 하나님의 말씀에 집중해야 합니다. 눈에 보이는 것에 마음을 쓰고, 어디서 이미 들었던 것을 떠올리고, 다른 잡다한 선입관에 자기 옛날 경험들을 연상하는 동안은 진리가 진리 될 수 없습니다. 이것을 잊지 말아야 합니다. 그러니까 부드러운 옥토를 먼저 만들어야 한다는 것입니다. 얼마나 단순한 마음으로, 깨끗한 마음으로 하나님의 말씀을 들을 수 있는가? 이것이 문제입니다. 그래서 성경은 말씀합니다. '회개하라. 그리고 주 예수를 믿으라.' 회개가 먼저입니다. 회개하고야 예수를 믿을 수 있고, 자기 십자가를 지고 주를 따를 수 있습니다. 자기를 죽이고, 자기를 부인하고, 그 다음에야 주님을 좇을 수 있고, 주의 말씀을 바로 들을 수 있습니다. 사람들은 현재에 안주하기를 원하는 타성을 지니고 있습니다. 현재에 아주 불만입니다. 그러면서도 현재를 포기하지 못합니다. 변화를 원하면서도 나의 나됨의 현재 상황을 극복하지 못합니다. 이 때문에 새로운 일을 경험할 수 없고, 새로운 생명력을 받아들일 수 없다는 말씀입니다.

제임스 오툴은 그의 저서 「변화를 이끌어가기」에서 인간이 변화에 저항하는 이유 33가지를 지적하고 있습니다. 그 가운데서 몇 가지만 말씀을 드리면, 먼저, 변화가 가져올 수 있는 그 무엇인가 불이익이 있다는 데 대한 두려움입니다. 변화해야 될 줄 압니다. 그러나 변화에 따르는 불이익도 있는 것입니다. 하나를 얻으면 하나를 잃습니다. 둘 다 얻을 수 있는 것이 아닙니다. 하나를 버리고야 하나를 얻을 수 있는데, 버리지를 못합니다. 버리는 것에 대한 두려움 때문에 새로운 진리를 수용할 수도 없고, 새 길을 갈 수도 없다는 말씀입니다. 변화라는 것이 습관의 일부를 깨트리고 불균형을 가져올 수 있다는 두려움 때문입니다. 변화라는 것은 반드시 내 생활의 균형에 큰 파괴적 역사가 이루어지는 것입니다. 끊을 것을 끊어야 새것을 얻을 수가 있지, 끊지 못하고는 안되는 것입니다. 이보다 더 중요한 것이 있습니다. 변화로 미래에 있을 사건에 대한 확실한 설득이 없기 때문이라는 것입니다. 앞에 있을 세상에 대해서 확실하게 알고 깨닫고 믿을 수 있다면 그까짓 너절한 과거 따위 버리는 것은 어렵지 않습니다. 소망이 분명하다면 과거는 안개처럼 지워버릴 수 있습니다. 이것을 우리가 생각해야 합니다. 앞에 다가오는 약속의 땅, 앞에 다가오는 미래에 대한 확실한 소망과 믿음이 있다면 우리의 어두운 과거를 지워버린다는 것은 그렇게 어려운 일이 아니라고 설명하고 있습니다.

오늘본문에서 세례 요한은 광야에서 외칩니다. "주의 길을 예비하라 그의 첩경을 평탄케 하라(4절)." 우스운 이야기입니다마는, 지나가면서 말씀드립니다. 설교하는 사람의 설교내용과 성가대의 찬양과는 서로 매칭이 잘 되어야 합니다. 서로가 좀 어렵습니다. 그런데 오늘은 아주 잘 맞아떨어졌습니다. 오늘본문의 주제와 성가대의 찬양이 아주 잘 맞았습니다. 사실 이런 날이 많지 않은데, 오늘 참 잘했습니다. 좋은 선택이었습니다. 그런데 여러분, '주의 길을 예비하라. 첩경을 평탄케 하라'에서 예비한다는 말이 무엇입니까? 생각이 먼저 간다는 것입니다. 꼭 이것을 잊지 말아야 합니다. 생각이 먼저 가야 됩니다. 요새도 가정에 문제가 되어 이혼한다, 부부간에 싸운다, 재판한다고 난리를 치는데, 그런 가운데서 가만히 보니 어떤 때는 재판장이 물어봅니다. "당신은 결혼이 무엇인 줄 알고 결혼했습니까?" 그러니까 "잘 몰랐습니다"가 대답입니다. 이것이 문제입니다. 공부가 먼저입니다. 도대체 남자라는 것이 무엇인지를 공부하고 출발해야지요. 여자라는 것이 무엇인지를 알고 시작을 해야지요. 제가 결혼주례 할 때마다 늘 이야기합니다마는, 여자들이 제일 좋아하는 말이 예쁘다는 말입니다. 적어도 이것은 알고 장가가야 됩니다. 결혼식장에서 아주 예쁘던 여자, 하룻밤 자고 나면, 화장 지우고 나면 엉망입니다. 어떡하면 좋겠습니까? 그래도 이것을 꾹 참고 예쁘다고 해야 됩니다. 그것 못하려면 그만둬야 됩니다. 여자는 그저 자나 깨나, 나이가 많으나 적으나 예쁘다고 해야 됩니다. 여자 아닙니까. 그것을 알고 살아야지, 어쩌다가 말이 새어나와 가지고 "당신 원판불변의 법칙 알아?" 하고 나오면 이것은 끝난 것입니다. 안되는 것입니다. 그 사람은 여자하고 못삽니다. 살 자격이 없습니다. 여자하고 살려면 여자를 공부해야 되고, 남자랑 살려면 남자, 남자의 고집, 남자다운 것을 알고 출발을 해야지, 생판 아무것도 모르고 출발했다가 돌아가면 그것이 뭐하는 짓입니까. 공부가 먼저입니다. 모든 일에 공부가 먼저입니다.

제가 몇 년 전까지만 해도 볼링이라는 운동을 많이 했습니다.

무려 삼백 점, 퍼펙트게임을 열두 번이나 했습니다. 제가 생각해봐도 깜짝 놀랄 만큼 볼링을 잘했습니다. 우리 부목사님들이 가끔 와서 볼링을 하는데, 잘 안됩니다. 그래서 저한테 "우리는 왜 잘 안되지요? 젊고 힘도 있는데, 왜 안 되지요?" 하고 묻습니다. 그때마다 제가 한마디씩 합니다. 공부하라고 말입니다. 책을 사다 공부하고, 읽어보라고 대답해줍니다. 책 사다가 보면 첫 페이지가 아주 재미있습니다. 볼링을 마르틴 루터가 시작했다고 되어 있습니다. 공부해야 합니다. 코치한테서 배우고, 공부하고 시작을 해야지, 무턱대고 흉내를 내면서 하는데, 그것은 십 년을 해도 잘 되지 않습니다. 공부가 먼저입니다. 모든 일이 정도를 따라서 가야 합니다. 신학자들의 말에 따르면 예수님 오시기 전에 하나님께서 미리 준비하신 바가 있습니다. 로마의 정치, 여기서 질서와 길을 열어놓았습니다. 사통오달로 길을 열어놓으시고, 그 다음에 헬라철학, 이것은 언어와 사고력을 준비해놓으셨습니다. 그 다음에 히브리 종교, 예언과 상징의 방법을 마련해놓으셨습니다. 이렇게 로마 정치, 헬라 철학, 히브리 종교를 다 준비해놓으시고, 그 다음에야 예수께서 오신 것입니다. 그냥 오신 것이 아닙니다. 그리고 다시 오늘본문에서 보는 바와 같이 세례 요한을 먼저 보내 준비를 해두셨습니다. 그 다음에 예수님께서 나타나십니다. 하지만 아시다시피 헤롯의 정치적인 고집, 바리새인들의 위선, 제사장들의 기득권 때문에 저들은 예수님을 영접할 수 없었습니다. 종교전문가와 서기관이 예수를 영접할 수 없었습니다. 종교를 위해서 일생을 사는 이 모든 사람들이 예수를 바로 영접할 수 없었습니다. 왜냐하면 그들이 이미 가지고 있던 전 이해와 경험을 버리지 못했기 때문입니다. 마태복음 2장을 보면 헤롯왕은 동방

박사들을 베들레헴에 보내며 메시야에 대해서 자세히 알아보고 다시 돌아와 이야기해달라고 합니다. 그렇게 해놓고 사람을 보내어 예수를 죽일 생각부터 먼저 했습니다. 예수님께 왕권을 넘겨드려야 되는데, 자기의 왕권을 버릴 수가 없습니다. 이 기득권이라는 것이 이렇게 문제입니다. 이미 가지고 있던 고정관념이 이렇게 무서운 것입니다.

그러므로 오늘본문은 말씀합니다. '너희는 주의 길을 준비하라. 그의 오실 길을 곧게 하라.' 이것이 무엇입니까? '마음을 비워라. 지금까지 소중히 여기던 것 다 버려라. 지금까지 따라가던 것을 깨끗이 포기하라. 마음을 깨끗이 비워서 막힐 것 없이 복음이 우리에게 들어오도록 하라'는 뜻입니다. 두 번째로, 곧게 하라는 것입니다. 정직해야 합니다. 진실해야 합니다. 진실과 정직함으로 주님을 맞아야 합니다. 그래서 빨리 오실 수 있도록— 그보다 더 중요한 것은 겸손입니다. 이것이 가장 중요합니다. 인간관계에서 제일 중요한 것이 겸손입니다. 우리가 사람을 대할 때 겸손한 사람을 대하면 얼마나 편합니까마는, 반대로 교만한 사람을 대하면 잠시도 가까이 있고 싶지 않지 않습니까. 아주 가시밭에 있는 것같아서 마음이 불편합니다. 그래서 가장 귀한 덕은 겸손입니다. 유명한 이야기가 있지 않습니까. 아우구스티누스의 말입니다. '기독교인의 최고의 덕은 겸손입니다. 둘째 덕도 겸손입니다. 셋째도 겸손입니다.' 기독교인의 덕성이란 딱 한마디로 겸손입니다. 겸손한 마음으로 말씀을 받아들일 때 말씀이 과감 없이 우리 마음에 와서 심어진다는 말입니다. 그리고 또 한 가지는 단순한 마음입니다. 예수님께서 친히 말씀하셨습니다. 길가와 같은 마음, 가시덤불과 같은 마음, 돌밭과 같은 마음에는 말씀의 씨가 열매를 맺을 수 없다— 그런고로 단순한 마음, 말씀을 들을 때는 말씀만, 오늘 들을 때는 오늘말씀만— 이것이 중요합니다. 또 하나는 순종하는 마음과 충성된 마음입니다. 말씀을 듣는 순간 거기에 온 정성을 다 모아서 순종하는 것입니다. 헌신하고 순종하는 것입니다. 마치 마태복음 8장에 나오는 백부장처럼 '말씀만 하소서. 내가 순종할 것입니다. 가라면 가고 오라면 오겠습니다. 말씀만 해 주시면 됩니다' 하는 바로 그 순간, 바로 그에게 생명적인 기적이 나타났던 것입니다.

유대사람들은 예수님을 기다렸습니다. 이른 바 '메시야 대망사상', 곧 메시야를 기다리는 것으로 충만했습니다. 그러나 예수님을 영접하지 못했습니다. 그리고 십자가에 못박았습니다. 왜요? 내 과거를 버리지 못했습니다. 내 현재를 버리지 못했습니다. 아니, 예비함이 없었습니다. 오늘본문은 이렇게 우리에게 상징적으로 말씀해 줍니다. 골짜기가 매워져야 한다— 깊은 탄식, 원망과 불평, 갈등, 열등의식, 우리 마음에 속 깊이 파인 곳…… 무엇인가 메워져야 합니다. 높은 산은 낮아져야 합니다. 산과 같이 높은 교만과 허세를 다 버려야 합니다. 저는 아주 여러 해 전에 참 특별한 경험을 한 번 할 수 있었습니다. 이것은 정말 제가 원해도 할 수 없는 우연한 기회에 제임스 어윈 대령을 만났습니다. 그가 마침 누구를 기다린다고 해서 호텔 라운지에서 무려 한 시간 동안이나 어윈 대령, 달나라에 맨 처음에 갔다 온 그분을 만나서 한 시간 동안 다정하게 얘기할 수 있는 기회가 있었습니다. 제가 면회신청 한다고 될 수 있는 일이 아닌데, 마침 그 어윈 대령이 기다리는 사람이 빨리 오지 않았습니다. 그래서 저와 더불어 앉아서 얘기하는데, 참 재미있는 내용이 많았습니다. 달나라에 가서 구경한 이야기를 비롯하여 그가 경험한 모든 이야기를 들려주는데, 가장 놀라웠던 것은 달나라에 한 번 가기 위해서 삼 년 동안이나 준비를 했다는 사실이었습니다. 몸도 마음도 정신도 삼 년 동안을 준비했답니다. 물론 술과 담배는 안되고, 자는 시간, 깨는 시간, 먹는 것까지 전부 정해진 규칙 속에서 삼 년 동안을 준비하고 달나라에 한 번 갔다 왔다는 것입니다.

우리는 주님을 만나기 위해서 어느 정도 준비해야 될 것 같습니까. 예수 그리스도를 준비하고, 주의 오심을 맞이할 수 있는 아주 새 마음으로 성탄을 맞습니다마는, 금년 성탄은 특별해야 되겠습니다. 왜냐하면 세상이 어수선하기 때문입니다. 우리의 날이 멀지 않기 때문입니다. 해마다 맞는 성탄이지만, 오늘은 우리가 주의 길을 예비하고, 첩경을 곧게 해야 합니다. 이 첩경이라는 말은 영어로 highway라고 합니다. 옛날의 군사도로를 뜻합니다. 마차가 달려가던 군사도로입니다. 지금도 있습니다. 내 마음에 첩경이 있어서 거침없이 주님께서 내게 오실 수 있고, 내가 깨끗한 마음으로 주의 음성을 들을 수 있는 것입니다. 해마다 맞는 성탄이지마는, 금년 성탄은 특별하게 주님과 만나는 성탄으로 예비할 수 있기를 바랍니다. △

하나님의 자녀 되는 권세

참빛 곧 세상에 와서 각 사람에게 비취는 빛이 있었나니 그가 세상에 계셨으며 세상은 그로 말미암아 지은바 되었으되 세상이 그를 알지 못하였고 자기 땅에 오매 자기 백성이 영접지 아니하였으나 영접하는 자 곧 그 이름을 믿는 자들에게는 하나님의 자녀가 되는 권세를 주셨으니 이는 혈통으로나 육정으로나 사람의 뜻으로 나지 아니하고 오직 하나님께로서 난 자들이니라 말씀이 육신이 되어 우리 가운데 거하시매 우리가 그 영광을 보니 아버지의 독생자의 영광이요 은혜와 진리가 충만하더라 요한이 그에 대하여 증거하여 외쳐 가로되 내가 전에 말하기를 내 뒤에 오시는 이가 나보다 앞선 것은 나보다 먼저 계심이니라 한 것이 이 사람을 가리킴이라 하니라 우리가 다 그의 충만한 데서 받으니 은혜 위에 은혜러라

(요한복음 1 : 9 - 16)

하나님의 자녀 되는 권세

어느 날 밤 아주 늦은 시간에 외판원 한 사람이 자동차를 몰고 호텔에 들어왔습니다. 호텔은 이미 만원이었습니다. 직원이 "방이 없습니다" 하고 이 손님에게 대답하자 피곤에 지친 외판원은 몹시 실망했습니다. 지친 모습으로 급히 호텔 문을 나가려했습니다. 다른 호텔을 알아보기 위해서입니다. 그때 한 점잖은 신사가 가까이 와서 이렇게 말하는 것이었습니다. "저는 윌리엄입니다." 그렇게 자기소개를 하더니 이런 말을 하는 것입니다. "제가 묵고 있는 방이 트윈이라서 침대가 하나 더 있어 여유가 있는데, 하룻밤 저와 같이 자면 안 되겠습니까?" 갑작스러운 친절에 외판원은 깜짝 놀랐습니다. 거절할 이유가 없었던 그는 그 신사의 방에 들어가서 하룻밤 신세를 지게 되었습니다. 그런데 이 신사는 이튿날 새벽에 일어나 외판원에게 양해를 구했습니다. "대단히 미안합니다. 저는 습관적으로 아침 일찍 일어나서 성경을 읽고 기도하는 오래된 습관이 있는데, 오늘도 당신이 자는 가운데 미안하지만 제가 이렇게 일어나서 성경을 읽고 기도하려고 합니다. 혹 저와 같이 기도하면 안되겠습니까?" 외판원은 하룻밤 신세도 졌는데 이것을 거절할 수가 없었습니다. 그래 일어나서 같이 앉았습니다. 두 손을 잡고 간절하게 이 신사가 이 외판원을 위해서 기도하고, 그 가정을 위해서 기도하고, 그 다음에는 나라를 위해서 기도하고, 대통령을 위해서도 기도하고, 모든 사람의 평화를 위해서 간절히 기도했습니다. 기도를 하고 나서 아멘을 할 때 이 외판원도 예수를 믿지 않지마는 그 경건한 모습에 감동을 받고 "아멘!" 했더랍니다. 그때에 이 신사가 하는 말입니다. "저와 같이 예수를 믿을 마음 없습니까?" 그 외판원이 "저는 교회에 대해서 흥미가 없었지만, 선생님을 보니 예수 믿을 마음이 있습니다. 오늘부터 선생님의 본을 따라 저도 예수를 믿고 아침에 일어나서 성경을 읽고 기도하는 사람으로 살고 싶습니다" 하고 말했답니다. 이 신사가 윌리엄 제임스 브라이언스라고 하는 당시 국무장관이었습니다. 뒤늦게 이 사실을 알고 이 외판원은 깜짝 놀랐고, 그런 인연으로 해서 일생동안 이 윌리엄의 아주 가까운 친구로 살아갔다고 합니다.

나의 나 됨은 나 자신을 아는 데서부터 비롯됩니다. 그러나 이보다 더 중요한 것은 내 주변에 있는 관계입니다. 이 관계라고 하는 것은 나보다 우선하는 것입니다. 내가 있기 전부터 있던 것입니다. 여러분은 가장 중요한 사랑을 언제 받았습니까? 발달심리학에서 말하는 대로 보면 한 살에서 네 살까지입니다. 내가 모를 때 가장 많은 사랑을 받았습니다. 내 기억에는 없습니다. 그러나 이제는 알아야 합니다. 내가 모르는 가운데 많은 사랑을 받았습니다. 분에 넘치는 사랑을 받았습니다. 소중한 사람들이 내 주변에 있었습니다. 그분들이 있어서 오늘 내가 있는 것입니다. 잊어서는 절대 안됩니다. 하나님의 큰 은혜 가운데 오늘 내가 있음을 분명히 알아야 합니다. 오늘 본문에 나타난 이 말씀은 아주 신비롭고 귀중한 말씀이라고 저는 생각합니다. '하나님의 자녀가 되는 권세를 주셨다.' 제가 이 설교를 준비하면서 성경을 읽고 아무래도 좀 이상했습니다. 제가 어렸을 때 보고 외우던 성경말씀과는 좀 달라서 제가 아주 소중하게 보관해두고 있는, 피난 나올 때 가지고 온 성경을 찾아보았습니다. 우리 아버지께서 보시던 성경책인데, 그것 하나 손에 들고 피란을 왔습니다.

마치 가보처럼 여기는 그 낡은 성경책을 꺼내서 다시 읽어보았습니다. 그래 같은 본문을 읽어보았는데, 그것이 마음에 듭니다. 옛날 번역에는 '하나님께서 권세를 주셔서 하나님의 자녀가 되게 하셨느니라'라고 되어 있습니다. '자녀가 되는 권세를 주셨다'가 아니고 '권세를 주셔서 하나님의 자녀 되게 하셨다'는 것입니다. 하나님의 자녀 되는 권세— 여기에는 아주 귀중한 신비가 있습니다. 자녀라고 하는 것은 태어나서 자녀이지, 자녀다워서 자녀 되는 것은 결코 아닙니다. 우리가 가끔 말을 안들으면 '너 내 말 안들으면 내 자식 아니다' 합니다마는, 그런다고 자식이 아닙니까? 못된 것도 자식은 자식이고요, 아무리 잘나도 내 자식 아닌 것은 아닙니다. 이것을 알아야 됩니다. 자식 된다고 하는 것은 본래적인 것입니다. 그것은 본질적인 것입니다. 나의 의식과는 관계가 없습니다. 다만 자라나면서 내가 얼마나 소중한 존재라는 것, 자녀 된 권세를 내가 계속 깨달아가는 것이 관건입니다. 그것이 바로 신비로운 것입니다. 자녀는 태어나는 것입니다. 출생하는 것입니다.

오늘본문 13절 말씀을 보면 더 확실합니다. "이는 혈통으로나 육정으로나 사람의 뜻으로 나지 아니하고 오직 하나님께로서 난 자들이니라." 얼마나 귀중하고 오묘한 말씀입니까. 바로 여기에 우리 신앙의 간증이 있고, 본질이 있는 것입니다. 생명의 신비입니다. '겟네데'라는 말은 출생을 뜻하는 것이고, 생명의 신기원을 말하는 것입니다. 이것은 하나의 창조입니다. 없던 것이 있는 것, 곧 창조를 말씀합니다. 무에서 유가 나타나는 시간입니다. 그런 창조적 신비를 말씀합니다. 하나님의 자녀, 신비로운 것입니다. 그런데 그 신비로운 생명은 자라면서 하나님의 자녀 된 모습으로 그 모양이 나타납니다. 그 역할이 나타납니다. 그의 사역이 나타납니다. 이 귀중한 신비를 오늘본문에서 생각합니다. 하나님께서 자녀 되는 권세를 주셨다— 권세를 주셔서 자녀 되게 하셨다는 것입니다. 위로부터 오는 것입니다. 크리스마스는 사람이 만든 것이 아닙니다. 하나님께서 우리 가운데 오심으로 말씀이 육신이 되어 역사 가운데 들어오십니다. 마태의 이론대로 말하면 'in breaking' 하는 것입니다. break라는 말은 파괴한다는 말이고 in은 들어온다는 말입니다. 아주 파괴하면서 역사 안에 들어오셨습니다. 곧 우리 생애 안에 들어오신 것입니다. 우리 존재 안에 들어오셔서 이루어지는 것이 성탄의 본질입니다. 그래서 이제 오심으로 인해서 그 다음 하나님의 자녀 된 모습은 이러합니다. 첫째, 믿는 자, 곧 영접하는 자에게 하나님의 권세를 주신다는 것입니다. 자녀 된 권세를 주신다고 성경은 말씀합니다. 믿는 자— 저는 이것을 이렇게 의역하고 싶습니다. 믿어지는 자— 문맥상으로 보면 믿는 자가 아니요, 믿어지는 자입니다. 권세가 주어진 자는 믿어지는 것입니다. 믿어지는 자, 그리고 영접하는 자, 이것은 좀 더 깊은 것입니다. 믿고 영접하고 이것은 완전한 수용을 말씀하는 것입니다. 믿는 순간 전적으로 수용합니다. 이것은 가슴을 열고 받아들이는 것을 뜻합니다.

사랑이라는 것은 사랑을 받아야 사랑이고, 그 다음에는 사랑을 깨달아야 사랑이고, 그 다음에는 사랑을 느껴야 사랑입니다. 느끼지 못하면 소용이 없습니다. 그래서 여러분 가정에 어려움이 있지 않습니까. 자녀들을 사랑합니다. 정성을 다합니다. 아니, 희생도 합니다. 애썼는데, 자녀들은 '언제 부모님이 나를 사랑했습니까?' 하고 생각합니다. 세상에 이런 답답한 일이 어디 있겠습니까. 이것이 문제입니다. 언제 사랑한 일이 있었느냐는 것입니다. 우리는 사랑했는데 저들은 사랑을 느끼지 못했습니다. 여기에 신비가 있습니다. 어떤 사람이 사랑을 느낍니까. 어떤 때에 느낍니까. 죄송하지만 부잣집 아이들의 고민이 있습니다. 아무리 좋은 선물을 자식에게 주어도 얘들은 그 선물을 들고 봅니다. 어머니가 입은 밍크코트하고 비교하니까 아무것도 아닙니다. 또 아버지 쓰는 하루 용돈하고 비교하니까 이것은 세발의 피도 안됩니다. 그것 받아 가지고 나갈 때 고맙다고 안합니다. 이것을 아셔야 됩니다. 그러면 어떡하면 좋겠습니까. 아무리 사랑을 주려고 하고 베풀어도 사랑을 느껴야 됩니다. 그 느낀다는 것이 바로 영접한다는 것입니다. 영접해야 되는데 여기에 고민이 있습니다. 그것이 바로 엄청난 자기희생입니다. 그래서 잘 알려진 이스라엘 사람들의 명언이 있습니다. 그들의「탈무드」속에 있는 이야기입니다. '부잣집 자녀는 상속인은 있어도 자식은 없다. 가난한 집 자식은 상속은 없는데 효자는 있다.' 가난한 집 아이들은 고생을 했고, 부모도 미안해합니다. 공부도 못시켰고, 밥도 제대로 못줬고, 그저 미안하다 하면서 키우지마는, 뒤에 보면 효자입니다. 가난한 집 자식이 효자입니다. 부모의 눈물을 보았고, 부모의 희생을 알고 있습니다. 그 뜨거운 마음을 보았습니다. 그러나 이 부잣집 아이들은 가슴을 울리는 사랑을 느껴본 일이 없습니다. 그래서 문제라는 것입니다. 그래서 믿는 자, 영접하는 자, 느끼는 자— 그리스도를 느끼는 것입니다. 하나님의 아들 됨과 그 사랑을 느끼는 것입니다. 그 사람은 하나님의 자녀가 되는 권세를 주신다— 얼마나 귀한 말씀입니까. 느껴야 되는 것입니다. 하나님의 사랑을 느껴야 됩니다. 하나님의 희생이 믿어져야 되는 것입니다. 그 속에서 나의 나 됨을 찾아야 됩니다.

확실히 에베소서에서 말씀한 바와 같이 믿음은 하나님의 선물입니다. 참 선물입니다. 저는 오십여 년 동안 목회하면서 많이 보았습니다. 수없이 보는 것입니다. 왜요? 믿는 것 같은데 안믿습니다. 어떤 사람은 믿습니다. 믿어지는 것, 선물입니다. 심지어는 수십 년 동안 교회를 다녀도 아직도 안 믿어진다는 것, 불행입니다. 믿어져야 믿는 것이지, 믿게 할 수 있는 다른 증거는 없습니다. 십자가 외에 다른 증거는 없고, 베들레헴의 사건 이상의 사건은 없는 것입니다. 그러니까 믿어지고 영접하고 느껴지고 감격하는 이것이 하나님의 자녀 된 모습이라는 말씀입니다. 아주 귀한 선물입니다. 그런고로 베들레헴에 오신 것이 선물이요, 객관적 선물입니다. 내가 그를 믿고, 그 사랑에 감격하게 될 때 그것이 바로 주관적 성령 안에 있는 크리스마스라는 것입니다. 매우 중요한 말씀입니다.

그리고 오늘본문 14절 말씀이 여기에 있습니다. "말씀이 육신이 되어 우리 가운데 거하시매 우리가 그 영광을 보니 아버지의 독생자의 영광이요 은혜와 진리가 충만하더라." 제가 젊었을 때 조직신학을 공부하면서 제일 흥미 있게 공부한 것이 칼 바르트였습니다. 그의 책들을 읽어보면 요한복음 1장 14절에 있는 이 말씀을 굉장히 많이 인용합니다. 말씀이 육신이 되어 우리 가운데 거하신다— 말씀이 육신이 되었다는 자체가 중요하고, 또 여기에 보니 "독생자의 영광이요 은혜와 진리가 충만하더라"고 말씀하고 있습니다. 은혜와 진리가 충만합니다. 은혜는 하나님께로부터 오는 선물입니다. 진리는 이성적 욕구에서 채워지는 것입니다. 이런 은혜와 진리, 종교적 감성과 철학적 욕구, 다 채워지는 것입니다. 은혜와 진리가 충만하더라— 요한의 고백처럼 그리스도 안에서 은혜와 진리가 충만함을 느낍니다. 그것을 체험합니다. 그것이 바로 예수 믿는 사람입니다. 하나님의 자녀의 모습니다. 그런가하면 베들레헴의 사건 속에서 은혜와 진리가 충만하고, 예수님의 사역 속에서, 그 병 고침과 그 가난한 사람들을 돌보시는 모든 모습 속에서, 특별히 십자가 사건 속에서 은혜와 진리가 충만함을 깨닫습니다. 십자가를 쳐다볼 때 그것이 은혜요, 그것이 진리요, 더는 바랄 것이 없습니다. 은혜와 진리가 충만하다는 이것이 자녀 된 권세의 모습입니다. 이 충만이라는 말씀이 16절에 가면 다시 나옵니다. "우리가 다 그의 충만한 데서 받으니 은혜 위에 은혜러라." 아주 귀중한 고백입니다. 충만하다— 우리의 생활 속에서 우리의 과거도 현재도 약속된 미래도 은혜와 진리가 충만합니다. 베들레헴에 나신 예수 그리스도 사건 안에서 내 모든 욕구가 다 채워지는 만족하고 충만한 이것이 바로 그리스도인의 모습입니다. 이에 대하여 사도 바울은 보다 더 신학적으로 잘 정리해줍니다. 본래는 우리가 하나님의 자녀가 되지 못하는데 이제 자녀가 되었다는 것입니다. 자녀 될 자격이 없는데 자녀가 되었습니다. 도덕적으로나 윤리적으로나 종교적으로 이방인이요, 도대체가 하나님의 사람답지 못한데, 이제 자녀가 되었습니다. 이 사건을 사도 바울은 양자로 설명합니다. 원래 양자란 그렇습니다. 아무 자격 없어도 양자가 되면 그 순간부터 자격이 있는 것입니다. 저 유명한 로마의 황제 네로가 본래는 노예입니다. 그런데 그가 왕자가 되니까 왕이 됩니다. 여기서 큰 차이가 있습니다.

우리나라의 역사를 보면 많은 경우 후계자 문제 때문에 복잡합니다. 지금도 그렇습니다. 후계자 문제를 놓고 따집니다. 아들이냐 아니냐, 둘째 아들이냐 첫째아들이냐, 첩이냐 본처냐, 상골이냐 하골이냐…… 씨족 때문에 복잡합니다. 이것이 그렇게 중요합니까? 그래서 저는 사극을 볼 때마다 그것 때문에 제 마음에 안드는 구석이 있습니다. 그런데 로마는 다릅니다. 로마 천 년이 있었던 이유 가운데 하나는 양자입니다. 왕을 이어갈 때 그 종자로 이어가는 것이 아니고 자식이 합당치 않으면 누구보다도 양자를 삼습니다. 양자, 양자로 이어진 것이 로마 황제의 계보입니다. 그래서 로마가 건강했던 것입니다. 오늘 예수 믿는 사람들, 내가 원래 예수 믿는 사람답지 못합니다. 그러나 하나님의 자녀가 되면 그 순간부터 하나님의 자녀입니다. 그러면 자녀로 살아가야 됩니다. 자녀가 되는 권세를 주셨다— 이것은 왕권입니다. 자녀 된 권세, 얼마나 굉장한 것입니까. 로마 황제가 어느 날 개선을 하고 있었습니다. 피비린내 나는 전쟁에서 이기고 말을 타고 돌아오는데, 거기 어린아이 하나가 막 뛰어들어옵니다. 군사들이 말리니까 말리지 말라고 하며 막 뛰어 들어옵니다. "도대체 네가 누구냐?" 그러니까 "저 장군이 제 아버지세요!" 합니다. 이 얼마나 큰 권세입니까. 누가 말립니까. 하나님의 자녀 된 권세, 굉장한 것입니다.

홀맨 헌트가 그린 성화 '세상의 빛'이라는 그림을 어떤 사람들은 집 안에 걸어놓았을 것이라고 생각합니다. 여기에 문이 하나 있습니다. 오래 전에 닫힌 문이라서 거기에 풀이다 엉켰습니다. 그런데 밖에서 등불을 들고 문을 두드리고 있는 분이 있습니다. 이것이 세상의 빛이라는 것입니다. 문은 오래 전에 닫혔습니다. 그런데 손잡이가 밖에는 없습니다. 안에만 있습니다. 안에서 열어야만 열릴 수 있는 것입니다. 이것을 깊이 생각해야 합니다. 믿는 자, 그리스도를 영접하는 자, 말씀이 육신이 되어 우리 가운데 계심을 믿는 자, 하나님께서 그 독생자를 우리에게 주셨다는 이 엄청난 사랑을 믿는 자에게 하나님의 자녀가 되는 권세를 주셨습니다. 오늘도 내일도 복음 중의 복음은 이것입니다. "말씀이 육신이 되어 우리 가운데 거하시매 우리가 그 영광을 보니 아버지의 독생자의 영광이요 은혜와 진리가 충만하더라(14절)." 이것이 성탄의 메시지입니다. △

보라 새것이 되었도다

저가 모든 사람을 대신하여 죽으심은 산 자들로 하여금 다시는 저희 자신을 위하여 살지 않고 오직 저희를 대신하여 죽었다가 다시 사신 자를 위하여 살게 하려 함이니라 그러므로 우리가 이제부터는 아무 사람도 육체대로 알지 아니하노라 비록 우리가 그리스도도 육체대로 알았으나 이제부터는 이같이 알지 아니하노라 그런즉 누구든지 그리스도 안에 있으면 새로운 피조물이라 이전 것은 지나갔으니 보라 새것이 되었도다 모든 것이 하나님께로 났나니 저가 그리스도로 말미암아 우리를 자기와 화목하게 하시고 또 우리에게 화목하게 하는 직책을 주셨으니 이는 하나님께 그리스도 안에 계시사 세상을 자기와 화목하게 하시며 저희의 죄를 저희에게 돌리지 아니하시고 화목하게 하는 말씀을 우리에게 부탁하셨느니라

(고린도후서 5 : 15 - 19)

보라 새것이 되었도다

앤소니 드 멜로의 「종교 박람회」라는 책이 있습니다. 이 책에 나오는 이야기인데, 평범한 얘기 같지마는, 한번 잘 들어보시면 아주 놀라운 진리를 발견할 수 있을 것입니다. 아주 신경질적이고 불안에 떨고, 우울증 증세도 있고, 의기소침한 한 남자가 있었습니다. 좌충우돌이고, 모든 사람을 불편하게 합니다. 이 사람만 만나면 기분이 나빠져서 그 누구도 이 사람 만나기를 싫어합니다. 그래서 이 사람에게 모든 사람이 충고를 합니다. '이 사람아, 이대로는 안돼. 성격 좀 고쳐! 인생 그렇게 살면 안되지!' 사람들은 좀 사람답게 살도록 생활에 변화를 일으켜야겠다고 충고했습니다. 아주 가까운 친구마저도 진지하게 충고했습니다. '이대로는 안되니까 생각을 바꾸고, 생활 자세를 바꾸고, 성격을 바꾸라'고 충고하곤 했습니다. 이 남자 자신도 노력을 했습니다. '이대로는 안된다. 뭔가 많이 잘못됐어!' 그래 심지어는 벽에다가 '이러지 말자. 저러지 말자. 이렇게 하자. 저렇게 하자'라고 써놓고, 구호를 외쳐가면서 노력해봤지마는, 별 소용이 없었습니다. 스스로 자기변화를 일으킬 수가 없었습니다. 그리고 마침내 '아, 나는 구제불능이다. 아, 나는 소용없는, 아주 쓸모없는 인간이다' 하고 절망하게까지 되었습니다. 그러면서도 또 주변사람들에 대해서는 원망을 했습니다. '내가 이렇게 정신적으로 고생하고 있는데, 조금 너그럽게 대해주면 안되나? 좀 이해해주면 안되나? 왜 내 깊은 고민을 이해하지 못할까?' 이렇듯 주변사람들에 대해서도 원망하는 생을 살아가고 있었습니다. 그러는 중에 우연히 어떤 새로운 친구를 하나 만났습니다. 이 사람은 아주 여유가 있는 분이었습니다. 성격도 좋고 인간됨이 아주 출중한 사람이었습니다. 이분에게 고민을 털어놓았습니다. “내가 이렇게 못된 놈이라서 이걸 고쳐보려고 애쓰는데, 고칠 수가 없습니다. 좀 변화를 일으켜야겠는데 변화가 되지 않습니다.” 그 친구 되는 어른이 하는 말입니다. “고치려고 하지 마. 그대로 좋은데. 뭐 신경질적인 것 괜찮은데. 세상 걱정 좀 하면서 사는 게 뭐 그렇게 잘못된 건가! 화도 내면서 사는 것이지, 뭘 그렇게 잘못된 것처럼 생각하나! 고치려고 하지 마. 내가 보기에는 자네는 그대로가 좋아. 그대로가 아주 마음에 들어!” 이렇게 얘기해줬더랍니다. 어찌나 이 말이 고마운지, 이 남자의 생각에는 마치 감미로운 음악을 듣는 것처럼 기분이 좋았습니다. 이분하고 만나서 친구하는 동안에 희한한 것은 이 남자가 변화가 되었다는 것입니다. 중요한 것은 자기도 모르게 성격도 변하고, 가치관도 변하고, 생활도 변하고, 참변화가 오더라는 것입니다. 자기 자신이 깜짝 놀랐습니다. 달라져버린 자신을 보면서 말입니다.

우리는 새해를 맞이해서 자신을 변화시켜보려고 애씁니다. 세상 탓할 것 없고, 자기 자신부터 고쳐야겠고, 게으름도 고치고, 성격도 고치고, 버릇도 고치고, 자기가 아는 선에서 고쳐보겠다고 결심도 합니다. 맹세도 합니다. 그렇게 결단을 합니다마는, 이런 말이 있지 않습니까. 작심사흘이라고요. 사흘을 가기 힘들다는 것이지요. 나의 나됨은 내가 잘 알고 있습니다. 변화되어야 하겠다는 것 알고 있습니다. 그런데 죄송하지만 너무 애쓰지 마십시오. 지금까지 안됐는데 뭐 되겠습니까. 문제는 누구와 사귀느냐가 중요합니다. 누구를 만나느냐가 중요합니다. 여기에 초점을 맞춰야 합니다. 나를 이해하고 나를 사랑하는 분을 만날 때 내게 변화가 오는 것입니다. 내 사랑하는 사람을 만날 때 그 사람으로 인해서 내가 나를 소중하게 여기게 됩니다. 내가 나를 사랑하게 될 때 변화가 오는 것입니다. 내가 나를 미워하고 구제불능이라고 자학하고 꾸짖고 야단을 쳐봐도 절대 변화가 이루어지지 않습니다. 이 점을 잊지 말아야 합니다. 하나님의 큰 사랑에 감격하게 될 때 중요한 것은 이것입니다. 나도 모르게 얼굴이 변하고, 몸이 변하고, 성격이 변하고, 생활에 변화가 오는 것입니다. 세리가 예수 그리스도를 만나서 마태가 되었습니다. 시몬이 예수를 만나서 베드로가 되었고, 사울이라는 극악한 사람이 예수를 만날 때 위대한 사도 바울이 되었습니다. 이것이 자기 노력이었습니까. 자기 결단이었습니까. 그런고로 그리스도를 만나고, 하나님의 말씀을 묵상하고, 기도하는 시간을 늘리고, 좀 더 기도하십시오. 좀 더 성경을 묵상하고, 좀 더 하나님의 말씀과 가까이하면 그 말씀 속에서 그리스도와 나와의 소중한 만남의 관계로 이루어집니다. 그리고 그때 나도 모르게, 나도 깜짝 놀랄 만큼 어느 사이에 새사람이 되어 있는 것을 보게 될 것입니다.

창조적 변화라는 것은 낡은 것에서 나오는 진화가 아닙니다. 환경에 적응하도록, 형편에 맞도록 자기를 변형시켜나가는 진화입니다. 진화의 변화는 창조가 아닙니다. 또 하나 생각할 것은 옛사람의 최선에서 나오는 개선도 아닙니다. 깊이 생각하십시다. 우리는 흔히 최선을 말합니다. 때로 최선이라는 그 자체가 죄악입니다. 죄악되는 중에서 최선을 골라봤댔자 그것은 뿌리가 선이 아닙니다. 우리는 종종 말합니다. 최선을 다했다고. 그래서 어떻게 되는 것입니까? 많은 사람들을 보니까 잘못된 가운데서 이렇게 변명합니다. '나는 최선을 다했다'고 말입니다. 최선을 다 했을 것입니다. 그러나 그 뿌리가 잘못됐으니까 그 뿌리에서 나오는 최선은 또 악일 수밖에 없습니다. 안타깝습니다. 최선이라는 것이 개선으로 통하는 것은 아닙니다. 창조적 변화란 옛사람의 죽음에서 나오는 것입니다. 옛사람이 죽을 때 비로소 새로운 역사는 이루어집니다. 그것이 바로 창조적 역사입니다. 그런데 이런 귀중한 창조적 변화가 이루어지려고 하는 순간에 방해요소가 있습니다. 이것을 우리가 알아야 됩니다. 이것은 지극히 심리학적인 이야기입니다마는, 첫째가 뭐냐 하면 허무주의입니다. 세상을 도대체가 어둡게 봅니다. 캄캄하게 봅니다. 다 망했다 생각하고 삽니다. 그 사람에게는 변화가 없습니다. 망한 세상과 함께 자기도 망할 수밖에 없습니다. 그러니까 신령한 세계를 보지 못하는 사람은 아무 변화도 기대할 수가 없습니다.

또 한 가지는 잠깐 미루는 경험입니다. 늘 내일부터입니다. 결심을 해놓고도 이것은 내일부터 일찍 일어나야겠다 하고도 내일부터, 아침부터 성경을 보아야겠다 하고도 그것도 내일부터, 뭐든지 '내일부터'라는 것입니다. 뒤로 미루는 거기에는 변화가 이루어지지 않습니다. 또 하나는 점진주의입니다. 너무 급하게 변화를 일으키지 말고 창조적이라든가, 그런 굉장한 변화가 아니라 조금씩, 조금씩 한 가지씩 점진적으로 고쳐보겠다는 것입니다. 그러다가 망합니다. 세월 다 가고 맙니다. 여기에 속지 마시기 바랍니다. 점진적 변화란 없습니다. 가장 큰 저해는 뭐냐 하면, 경험적 회의주의입니다. 다 해보았다는 것입니다. 저것은 해봤는데 안되더라— 그래서 "새해에 당신의 결심이 뭡니까?" 물으면 대답이 "없습니다. 해보니까 안되더라고요. 아예 결심 안하기로 했어요. 새로운 일 생각 안해보기로 했어요"입니다. 이것이 경험적 회의주의라는 것입니다. 다 해보았다고 생각하기에 새로운 변화가 없습니다. 이것이 변화에 대한 방해요소입니다.

오늘본문을 읽으면서 깊은 감동을 주는 부분이 있습니다. '누구든지'라고 하는 말씀입니다. 너무나 귀한 말씀이지 않습니까. 누구든지 그리스도 안에 있으면 새로운 피조물이라— '누구든지, 과거가 어쨌든지, 신분이 어쨌든지, 누구든지 그리스도 안에 있으면 새로운 피조물이라.' 아주 중요한 말씀입니다. 그러면서 그 현상을 이렇게 설명합니다. 고린도후서 5장 14절 말씀입니다. "그리스도의 사랑이 우리를 강권하시는도다 우리가 생각건대 한 사람이 모든 사람을 대신하여 죽었은즉 모든 사람이 죽은 것이라." 한 사람 그리스도가 죽었습니다. 한 사람 그리스도가 십자가에 돌아가셨습니다. 우리를 대신해서 죽으셨습니다. 대신 나를 위해서 죽으셨습니다. 그런고로 십자가를 쳐다보는 그 순간 나는 죽었습니다. 이것을 잊지 말아야 됩니다. 십자가란 항상 우리에게 이것을 말씀해주고 있습니다. '너는 죽었다. 너는 벌써 죽었다.' '내일 죽는다'가 아닙니다. 벌써 죽었습니다. 이것을 잊지 말아야 합니다.

유명한 이야기가 생각납니다. 김익두 목사님이 언젠가 설교하시면서 그런 말씀을 하시는 것을 제가 들은 적이 있습니다. 처음 예수를 믿고 중생을 한 다음 전도하고 싶은 열정으로 열심히 전도했습니다. 신천 장을 순회하며 부엌에서 일하는 사람들 앞에서 "예수 믿으세요" 하고 돌아다녔더니 어떤 아주머니가 김익두 목사님을 알아보더랍니다. 그분이 왕년에 신천 장에서 유명한 깡패였다는 사실을 알고 '저 사람이 예수 믿고 새사람 됐다는데, 얼마나 변화됐나 보자'

하고 그분이 가까이 올 때 설거지 하고 있던 구정물을 그 얼굴에다가 확 뿌렸습니다. 그 구정물이 얼굴에서 줄줄 흐를 때 김익두 목사님이 뭐라고 했는지 아십니까? “내가 죽었으니 네가 살지!”라고 김익두 목사님이 말했습니다. 그렇지 않습니까. 신천 장에서 유명한 깡패였는데 ‘내가 죽었으니 네가 살지. 나는 죽었다!’ 한 것입니다. 이런 상황에서도 그는 아무 미워할 마음도, 대항할 마음도 없었습니다. 왜냐하면 옛날의 그 김익두는 죽었기 때문입니다. 벌써 죽었습니다. 깊이 생각해야 됩니다. ‘예수께서 죽으셨다. 그런고로 너희는 죽었다!’ 이 진리를 잊지 말아야 합니다.

사도 바울은 이 귀중한 진리를 계속 외웁니다. ‘나는 그리스도와 함께 십자가에 못박혔다.’ 내가 그리스도와 함께 십자가에 벌써 죽었기에, 이제 나는 없습니다. 내 고집도 없고, 내 주장도 없고, 내 의도 없고, 내 선도 없습니다. 이미 죽었습니다. 이것은 전적인 생애, 그 목적의 변화를 말합니다. ‘저가 우리를 대신하여 죽었은즉, 이제는 나를 위하여 죽으신 바로 그분을 위하여 살게 하려 함이니라.’ 목적의 전환입니다. 예수를 믿는다는 것은 목적전환입니다. 방법의 전환이 아닙니다. 가끔 우리는 옛 방법이 다시 나올 때가 있습니다. 그러나 목적은 분명합니다. 그 목적, 오직 그리스도를 위하여, 나를 위해서 죽으신 그분을 위하여— 여기에 목적이 있습니다.

또 한 가지는 오늘본문에서 자세히 말씀합니다. ‘그렇게 알지 아니하노라.’ 신령한 세계를 말씀하는 것입니다. ‘나도 너도 그리스도도 육체대로 알지 아니하노라. 물질로 알지 아니하노라. 현재로 알지 아니하노라.’ 신령한 세계 곧 영원한 가치에 의해서 오늘을 아는 것입니다. 우리는 하루하루 세상을 살아가면서 자꾸 늙어가고 있지 않습니까. 옛 사람의 모습으로 돌아가지 마십시오. 더욱 더 신령하게, 더욱 더 밝은 미래를 바라보면서 해야 됩니다. '알지 아니하노라.' 그렇게 알지 않습니다. 젊은 사람처럼 물질주의로 화려한 것을 따라서, 세상의 인기를 따라서…… 그런 것 생각 안하기로 말입니다. '그렇게 알지 아니하노라.' 바른 가치관, 바른 세계관이 여기에 있습니다. 또한 더욱 중요한 것은 동력인입니다. 여기에 보면 그 삶의 힘이 어디에 있느냐? '그리스도의 사랑이 나를 강권하시는도다.' 사랑의 강권에 응답하며 사는 것입니다. 끌리며 사는 것입니다. 이것도 사랑, 저것도 사랑. 이 사랑에 미치고 사는 사람은 사랑 아닌 것이 없습니다. 조그마한 일을 보아도 사랑입니다. 이런 소리, 이런 사건, 얼마나 소중합니까. 우리가 사는 하루하루의 생이 얼마나 엄청난 하나님의 사랑을 누리고 있는 것입니까. 그런고로 이제는 욕심도 아니고, 질투도 아니고, 시기도 아닙니다. 내 삶의 힘은 오직 사랑입니다. 사랑을 느끼며 살고, 사랑을 베풀며 살고, 사랑을 보며 살고, 사랑을 확증하며 사는 것입니다. 모든것이 사랑으로 보입니다. 바로 거기에 새사람의 모습이 있는 것입니다. 새로운 가치관이 있습니다. 또한 끝에 가서 보면 사명이 있습니다. '화목하게 하는 직책을 우리에게 주셨다.' 우리가 거룩한 직책을 받았습니다. 화목을 위해서 존재하는 것입니다. 이제 불안은 없습니다.

아는 목사님 한 분이 있습니다. 우리 교회가 이렇게 여러 가지로 좀 혼란할 때 교파싸움에 많이 관여됐던 분입니다. 그분이 연세 구십 오세가 됐을 때입니다. 가끔 만나면 그런 이야기를 하십니다. "내게는 이제 미워하는 사람은 없다. 나는 모든 사람이 예쁘고, 모든 사람이 사랑스럽고, 모든 사람이 귀하다. 나도 그렇고……" 그래서 내가 농담 삼아, 진담 삼아 그랬습니다. "사람은 몇 살이 돼야 철이 납니까?" 그 분 대답입니다. "이제야 철이 났어요." 깊이 생각해보십시다. 이제는 미워하는 사람 없어야지, 이제는 쓸데없는 일에 걱정하지 말아야지, 이제쯤은 낙심하고 그런 게 없어야지요. 그런고로 새로운 사람, 오직 그 사랑으로 사는 것입니다. 여기에 화목의 사명이 있습니다. 내가 거기에 있음으로 화평이 이루어져야 되는 것입니다.

오늘본문에 있는 말씀을 깊이 읽고 새해를 출발하기 바랍니다. 오늘본문은 이렇게 말씀합니다. 새것이 되라고 말씀하지 않습니다. 새사람이 되라고 강요하지 않습니다. 보라 새것이 되었도다— 새것이 되었다고 선포합니다. 이것이 본문의 메시지입니다. 새것이 되라, 이것이 아닙니다. 새것이 이미 되었다고 하십니다. 새것이 된 것으로 알라는 것입니다. 새것이 된 것을 확증하는 것입니다. 내가 새것이 되겠다고 몸부림치는 것, 이제 그만해도 됩니다. 그 많은 날 했지만 된 일이 없습니다. 깨끗하게 선언합시다. 옛사람은 죽었습니다. 보라 새것이 되었도다— 그리고 새것이 된 그것으로 세상을 봅니다. 하나님을 봅니다. 나를 봅니다. 또 세상을 보고, 이웃을 봅니다. 보라 새것이 되었도다— 새로운 가치관, 새로운 세계관, 새로운 목적으로 세상을 보아야 합니다. 다시 말씀합니다. 새것이 되라고 외치지 않습니다. 새것이 되었다고 선포하십니다. 누구든지 그리스도 안에 있으면 새로운 피조물입니다. 나 자신이 새사람임을 인정하십시오.

오늘은 새날입니다. 새날임을 인정하십시오. 우리 앞에 있는 금년 한 해가 어떻게 되어갈 것인지 아무도 모릅니다마는, 분명한 것

은 하나님께서 다시 위대한 역사를 창조하시리라는 것입니다. 보라 새것이 되었도다— △

나의 잔이 넘치나이다

여호와는 나의 목자시니 내가 부족함이 없으리로다 그가 나를 푸른 초장에 누이시며 쉴 만한 물가으로 인도하시는도다 내 영혼을 소생시키시고 자기 이름을 위하여 의의 길로 인도하시는도다 내가 사망의 음침한 골짜기로 다닐지라도 해를 두려워하지 않을 것은 주께서 나와 함께 하심이라 주의 지팡이와 막대기가 나를 안위하시나이다 주께서 내 원수의 목전에서 내게 상을 베푸시고 기름으로 내 머리에 바르셨으니 내 잔이 넘치나이다 나의 평생에 선하심과 인자하심이 정녕 나를 따르리니 내가 여호와의 집에 영원히 거하리로다

(시편 23 : 1 - 6)

나의 잔이 넘치나이다

이스라엘 사람들에게 전해지는 전래동화가 있습니다. 할아버지 할머니들이 손자 손녀들에게 일러주는 동화입니다. 비록 동화이지만, 그 속에서 이스라엘 사람들은 그 자녀들을 가르치고 있습니다. 이야기 제목은 '하늘을 나는 말'입니다. 옛날에 어떤 사람이 실수로 인해서 왕의 노여움을 사 그만 사형선고를 받게 됩니다. 그래 당장 사형을 당하게 되었는데, 마지막으로 할 말이 없느냐고 했더니, 이 사람이 탄원을 했습니다. "예, 죽을죄를 지었으니까 죽어야지요. 그런데 한 가지 소원이 있습니다. 일 년의 유예기간을 주세요. 그러면 제가 그 일 년 동안에 임금님께서 가장 애지중지하시는 말에게 하늘을 나는 법을 가르쳐주어서 그 말이 하늘을 날도록 가르치겠습니다. 만일에 일 년이 지나도록 임금님의 말이 하늘을 날지 못하면 그때 저를 죽여주십시오. 제가 사형집행을 받겠습니다." 왕은 그 하는 말을 좀 특별하게 생각을 해서 이 탄원을 받아들이기로 했습니다. 일 년 동안 기한을 유예해준 것입니다. 이제 다른 사형수들이 이 사람을 붙들고 하는 말입니다. "이 어이없는 탄원으로 일 년 유예를 받았는데, 말이 어떻게 하늘을 날 수 있는가? 말도 안되는 소리 아닌가?" 이 청년이 빙그레 웃으면서 하는 말입니다. "일 년 내에 무슨 일이 일어날는지 누가 아나? 왕이 죽을는지도 모르고, 내가 죽을는지도 모르고, 저놈의 말이 죽을는지도 몰라. 어쩌면 말이 하늘로 날아 올라갈는지도 몰라." 무엇을 말하는 것입니까. 용기와 희망을 잃지 말 것이요, 언제나 지혜를 앞세워야 한다는 것입니다.

「아직도 가야 할 길」이라고 하는 책을 써서 세계적으로 알려진 M. 스캇 펙이라는 사람이 있습니다. 근자에 나온 스캇 펙의 새 책이 또 있습니다. 「And Beyond」라는 책인데, 「뉴욕 타임스」가 선정한 베스트셀러 가운데 하나입니다. 많은 사람들에게 감동을 주는 책으로, 그 내용은 우리가 다 아는 이야기입니다마는, 너무나 우리에게 도전적입니다. '인생은 선택이다. 선택의 기회가 없다는 말을 하지 마라. 이제는 끝났다고, 이것은 불가피한 것이라고 생각하지 마라. 어디나 기회는 있고, 어디도 살 길은 있고, 어디에도 행복은 있다. 내 선택이다.' 그리고 유명한 말을 합니다. '감사도 선택이다. 어떤 형편에도 감사를 선택할 수 있다. 어떤 절망에도 소망적 선택을 할 수 있다.' 이것은 불가항력적인 것이다, 불가피하다, 끝났다고는 절대 생각하지 말라는 것입니다. 인생은 끝까지 선택입니다. '불행도 또 다른 축복이라는 것을 생각해라. 그것이 나의 선택이다. 행복을 우연한 것이라고 생각하지 마라. 그 속에 많은 또 다른 말씀이 있고 의미가 있기 때문이다. 역경을 기회로 선택하라. 역경은 끝났다는 것이 아니다. 이것은 새로운 시작이라는 것을 항상 생각하고 살아야 한다'라고 격려하고 있습니다.

오늘본문은 우리가 너무나 귀하게 여기는 말씀입니다. "여호와는 나의 목자시니 내가 부족함이 없으리로다(1절)." 끝에 가서 "내 잔이 넘치나이다(5절)" 말씀합니다. 다윗의 이 시는 정말 귀중한 것입니다. 특별히 다윗은 목동 출신입니다. 베들레헴들에서 양을 치던 소년입니다. 양치는 목자가 그 양과 목자의 관계를 마음에 그리면서 '나는 양이다. 하나님은 목자시다. 여호와는 나의 목자시다. 여호와의 목장에서 나는 자그마한 양이다. 한 마리의 양이다' 하고 생각합니다. 이 생각이 엄청난 의미를 가집니다. 이보다 더 아름다운 얘기는 없을 것입니다. 내가 누구냐?— 왜 내가 문제가 많은지 아십니까? 내가 염소이기 때문입니다. 양으로 돌아가야 됩니다. 여러분 가정에서나 어디서나 가만히 보십시오. 뿔을 잘라버려야 합니다. 온유 겸손한 양으로 돌아가십시오. 그 순간 아무 문제도 없는 것입니다. 이 본질적인 이해를 우리에게 요구합니다. 내가 누구냐, 사람이 뭐냐, 나는 무엇이냐? '나는 여호와의 목장에서 한 마리의 양이다.' 양이라는 짐승은 세상에 그렇게 순할 수가 없습니다. 어느 날 비가 많이 오는데 나무 밑에서 양 한 마리가 비를 맞고 있었습니다. 털이 너무나 많아서 비에 젖으니까 점점 무거워져서 하나님 앞에 호소했습니다. '하나님, 저를 왜 이렇게 만드셨습니까? 저 새처럼 날아 올라가지도 못하고, 저 여우처럼 뛰지도 못하고, 저는 이렇게 비를 맞고 서 있는데, 왜 이렇게 초라하게 만드셨습니까?' 하나님께서는 이렇게 대답해주셨습니다. '그렇게 슬프냐? 그럼 네 머리에다 뿔을 달아주랴?' 그러니까 양이 하는 말입니다. '아니요. 뿔을 가지면 자꾸 들이받고 싶어서 실수할 테니까 뿔은 싫습니다.' '그러면 네 입에다가 저 사자처럼 뾰족한 이를 하나 넣어주랴?' '그것 아닙니다. 그러면 물어뜯고 싶어질 것이니, 그것도 원치 않습니다.' '그러면 뱀처럼 입에다 독을 넣어주랴?' '그것도 원치 않습니다.' 하나님께서 말씀하셨습니다. '그러면 어떻게 해주면 좋겠느냐?' 양이 하는 말입니다. '이대로 두세요.' 양은 정말 착합니다. 양의 코를 꿰는 일이 없습니다. 코를 꿰지도 않고, 목을 매지도 않고, 발목을 매지도 않습니다. 그런데도 양은 목자를 따라갑니다. 참 귀한 것입니다. 제가 이스라엘이나 아랍에 갔을 때마다 차를 몰고 들에 나가면 양들이 많은 것을 보거든요. 그때마다 차를 세워놓고, 제가 어떤 때는 한 삼십 분 동안 목자가 양을 인도하는 것을 구경해보았습니다. 목을 맨 것도 아니고, 코를 꿴 것도 아닙니다. 그런데 한 삼백 마리 되는 양이 목자를 따라갑니다. 앞에 있는 양 한 마리를 보고 "가자!" 그러는 것같습니다. 그리고 목자가 앞으로 가면 죽 따라가는데, 한 줄로 서서 갑니다. 한 마리도 도망가지 않습니다. 그래서 한번 지나가면 그곳에 길이 생깁니다. 이것이 양입니다. 목자를 따르는 그 양, 얼마든지 도망갈 수 있는데, 그렇게 졸졸졸 한 줄로 서서 따라가는 것을 보고 제가 무슨 생각을 했겠습니까. '우리 교인들이 다 저 양 같으면 얼마나 좋을까?' 양은 그렇게 순종적입니다. 양은 특별한 짐승입니다. 그렇게 착할 수가 없습니다.

'하나님께서는 목자시요, 나는 양이다.' 그러면 목자가 양을 먹입니다. 먹이는 것은 목자 책임입니다. 그것은 내 책임이 아닙니다. 농사짓느라고 애쓰고, 여러 가지로 애를 씁니다마는, 한번 지진이 나니까 꼼짝 못합니다. 태풍과 쓰나미에 사람의 노력이라는 것이 얼마나 하찮은 것인가를 우리가 작년 한 해 동안 보지 않았습니까. 하나님의 손에 있는 한 마리의 양이다— 그분은 창조주시요, 나는 피조물입니다. 우리에게 오늘 필요한 것은 피조물 된 정체의식입니다. 그것을 바로 해야 됩니다. 나는 한 마리의 양입니다. 내가 할 수 있는 일은 아무것도 없습니다. 다만 목자가 인도하는 대로 갈 뿐입니다. 목자는 양을 알고 있습니다. 목자는 양의 사정을 다 압니다. 무엇을 먹어야 할지, 어떤 모습으로 살아가야 할지, 다 알고 있습니다. 양의 운명을 압니다.

욥기 23장 10절에 유명한 말씀이 있지 않습니까. 욥이 무진한 고생을 합니다마는, 그 고난 속에서 그는 이렇게 고백합니다. '나의 가는 길을 오직 그가 아시나니 나의 운명은 오직 하나님만이 아신다. 그의 손에 있다. 나를 단련하신 후에 정금 같이 나오리라.' 아시는 하나님께서 나에게 고난을 주신다면 이 고난 속에 의미가 있다는 말씀입니다. 이것은 단련하시는 것이고, 시련을 주시는 것이고, 이것을 통해서 더 온전한 세계로 나를 인도하고 계시는 것이라는 말씀입니다. '여호와는 나의 목자시다. 여호와께서 나를 단련하신다.' 그분은 나를 아십니다. 내 운명은 그분만이 아십니다.

빌리 그레이엄 목사님이 지금 93세입니다. 그 연세에 최근 책 한 권을 썼습니다. 그 책을 읽어보니 얼마나 아름답고 귀한 이야기들이 있는지 모르겠습니다. 빌리 그레이엄 목사님이 건강한 줄 알았습니다. 그렇게만 생각했는데 이분이 걸어다니는 병원입니다. 심장병, 간장병, 전립선암, 파킨슨병까지 있어서 온 몸이 쑤시고 아픕니다. 이 고통을 지내가면서 93세까지 살고 있는 것입니다. 본인 가족들은 아버지가 74세까지 살았고, 모두 단명하여 본인도 일찍 죽을 줄 알았습니다. 한데 93세까지 살 줄은 몰랐다는 것입니다. 사는 것이 너무 어렵답니다. 사모님도 얼마 전에 세상을 떠났지요. 그리고 고통스러운 시간을 지나가면서 고생을 하고 있는데, 어떤 분이 그에게 물어보았습니다. "목사님, 너무나 고통스러운데, '하나님, 이 고통을 좀 제해주십시오' 하고 하나님 앞에 기도하고 계십니까?"라고 물으니 그분이 하는 말씀입니다. "아니오. '내 주여 뜻대로 해달라' 고 기도합니다. 이 고난을 통해서 너무나 많은 것을 배우고 있습니다. 이 고난을 통해서 하늘나라를 바라보고 있고, 빨리 하늘나라에 가고 싶습니다. 이 많은 고난을 통해서 내 영혼이 소생되고, 깨끗해지고, 더 거룩해지는 것을 보면서 하나님께서 이 고난을 내게 주시는 것, 다 내게 주시는 사랑이라고 생각합니다. 그래서 '하나님, 하나님 뜻대로 하시옵소서' 하고 기도합니다." 그 책을 보면서 제가 빌리 그레이엄 목사님에 대한 또 다른 존경을 하게 되었습니다.

나한테 좀 어려운 일이 있습니까? 하나님께서 모르셔서 그런 것이 아닙니다. 능력이 없으셔서 그런 것도 아닙니다. 이것이 필요하기 때문입니다. 이것이 있어야 할 일이기 때문입니다. 지난 주간에 제가 일본에 가서 그곳 목사님들 모임에서 나흘 동안 세미나를 인도하고 왔습니다. 쓰나미 때문에 고생하는 곳에 있는 목사님들이 많이 왔습니다. 이런 저런 얘기들을 하는 중에 일본 사람들에게 선교하기가 그렇게 힘이 든다는 말씀들을 합니다. 우리 한국 선교사만도 1,500명이 거기 가 있는데도, 선교가 안됩니다. 일본 사람들 예수를 잘 안믿습니다. 그런데 쓰나미 사건이 있고 나서 하나씩, 하나씩 마음을 열고, 하나님을 영접하는 것을 본다고 합니다. 그래서 그분들 하는 말인즉 담대하게 말하기는 어렵지마는, 쓰나미가 준 큰 역사가 여기에 있는 것같다는 것입니다. 이 정도가 되어야 마음을 엽니다. 개인적으로나 세계적으로나 하나님께서는 알고 계십니다. 나의 나약함도 아시고, 나의 교만도 아시고, 나의 위선도 아시고, 나의 거짓도 아십니다. 아시고 양을 인도하십니다. 양의 운명을 알고 계십니다.

특별히 오늘본문에서 강조된 부분은 '인도한다'는 말씀입니다. 두 번 있습니다. 그가 나를 인도하신다— 목자는 양을 인도합니다. 인도한다는 말은 무엇입니까. 양은 목자를 믿고 따라야 한다는 것입니다. 인도한다는 말은 가르친다는 말이 아닙니다. 자기가 앞서 가고 "따라와!" 그것입니다. 요새 그런 광고 하는 것을 보았습니까? 묻지도 말고 따지지도 말고— 신앙이 이와 같습니다. 묻지도 말고, 따지지도 말고, 생각하지도 말고, 그냥 따라서— 그냥 받아들이는 것입니다. 이것이 신앙입니다. 무엇을 따집니까? 따져봐야 별 소용이 없습니다. 내 뜻대로 다 되는 것 보았습니까? 오늘까지 다 된 일이 없는데, 앞으로 되리라고 생각합니까? 그런 어리석음이 어디 있습니까. 어차피 내 뜻대로 안될 것입니다. 정치, 경제, 문화…… 이것을 알아야 됩니다. 오직 그만이 아십니다. 그런고로 양은 목자의 인도함을 받고 따라갑니다. 거기에 두려움이 없습니다. 사망의 음침한 골짜기로 인도해도 따라갑니다. 음침한 골짜기를 통해서 푸른 초장으로 인도할 것이라고 믿기 때문입니다. 사망의 음침한 골짜기라도 두려움이 없습니다. 목적도 하나님께서 아십니다. 목표도 하나님께서 아십니다. 운명도 아십니다. 다 알고 인도하고 계십니다. 오늘본문말씀 가운데 우리 마음에 깊은 감동을 주는 부분이 여기입니다. 내 영혼을 소생시키시고— 내 영혼이 시들 때 소생시키시고, 내가 피곤해질 때 소생시키시고, 이것을 새 영어번역에는 이렇게 합니다. restore— 내 약해지는 건강을 소생케 하시고, 내 약해지는 몸을 건강하게 하시고, 소생케 하신다는 것입니다. 깊이 생각합시다. 내 영혼이 자꾸 약해집니다. '내 영혼이 약해지고, 시들고 피곤해할 때, 지치고 쓰러질 때 소생케 하신다.' 이것이 바로 하나님의 말씀입니다. '막대기와 지팡이로 나를 안위하시나이다.' 얼마나 귀한 말씀입니까. 막대기는 기다란 막대기입니다. 이것은 방향을 지시하는 것입니다. 또 이 막대기로 짐승을 막아줍니다. 앞에 혹 맹수가 있다든가, 이리 떼가 있다든가 하면 이것을 막는 것이 막대기입니다. 지팡이라는 것은 보통 그림에서 보는 대로 기다란 막대기입니다. 끝이 둥그렇게 되어 있습니다. 양이 구덩이에 빠지면 건져내는 것입니다. 그래서 목자의 막대기는 지팡이가 크고 윗부분이 구부러져 있습니다. '막대기와 지팡이로 나를 안위하시나이다.'

그뿐입니까. 요한복음에 보면 목자가 먼저 갑니다. 목자가 앞서 가고 양은 뒤따릅니다. 이것을 잊지 말아야 합니다. 동시에 함께 갑니다. 어디를 가든지 목자는 거기에 있고, 목자가 앞서 갑니다. 뿐만 아니라, 한 마리의 양을 잃었을 때 목자는 그 양을 찾아갑니다. 길을 잃은 양을 찾아갑니다. 찾도록 찾을 것입니다. 그런고로 생각하십시다. 양은 상황에 대해서 걱정하지 않습니다. 미래의 운명에 대해서 염려하지 않습니다. 사망의 음침한 골짜기라도 두려워하지 않습니다. 목자가 나와 함께하기 때문입니다. 목자가 또 거기 있기 때문입니다. 여호와께서 거기 계시기 때문입니다.

전에 히로시마에서 온 목사님이 원폭 이야기를 한 적이 있었습니다. 아주 오래전 일본에 원폭이 떨어졌던 히로시마에 갔었습니다. 거기에 박물관이 있습니다. 박물관에 원폭에 희생된 여러 사진을 비롯해서, 그림과 다른 유품들이 있는데, 종이 하나 있습니다. 이 종은 요한 성당에 매달려 있던 종인데, 다른 것들은 원폭에 다 녹아났고, 다 쓰러졌는데, 이 종 쇠붙이가 그대로 있는 것입니다. 거기에 종을 매달아놓고 불가사의한 일이라고 써놓았습니다. 그 앞에서 생각하고 기도했습니다. 원폭에 40만 명의 사상자가 났지만, 이 원폭 불꽃 속에 하나님께서 함께 계시다는 것을 보여준 것이라고 말입니다.

쓰나미, 지진, 환란, 전쟁…… 바로 거기에 하나님께서 계십니다. 여호와께서 나와 함께하십니다. 목자와 함께합니다. 하늘나라가 어디에 있느냐 하면, 주님께서 계신 곳입니다. 내가 어디에 있느냐? 바로 거기에 주님께서 계십니다. 그런고로 우리의 마지막 고백은 '나의 잔이 넘치나이다. 아버지 집에 영원히 거하리로다. 아버지 집에 양으로 영원히 거하리로다'입니다. 여기에 참 평안이 있는 것입니다. △

그 사람과 십 리를 동행하라

또 눈은 눈으로, 이는 이로 갚으라 하였다는 것을 너희가 들었으나 나는 너희에게 이르노니 악한 자를 대적지 말라 누구든지 네 오른편 뺨을 치거든 왼편도 돌려대며 또 너를 송사하여 속옷을 가지고자 하는 자에게 겉옷까지도 가지게 하며 또 누구든지 너로 억지로 오리를 가게 하거든 그 사람과 십리를 동행하고 네게 구하는 자에게 주며 네게 꾸고자 하는 자에게 거절하지 말라

(마태복음 5 : 38 - 42)

그 사람과 십 리를 동행하라

'고넬료회'라고 하는 특별한 모임이 있습니다. 이 모임은 예비역 기독 장교 모임으로, 장교들이 모여서 나라와 본 국군을 위해서 기도하는 특별한 모임입니다. 제가 이 고넬료회에서 무려 30년 동안 금요일마다 아침 7시에 성경공부를 인도하고 있습니다. 거기에 속한 회원들은 저더러 "우리 목사님, 우리 목사님"이라고 합니다. 이 교회에 가서 성경공부를 인도하고 나올 때면 언제나 문간에 딱 섰다가 제게 도움을 청하는 한 노인이 있었습니다. 이분이 그러기를 무려 20년이 넘었습니다. 꼭 그 시간에 예배 마치고 나올 때 제게 요청을 하는데, 예배위원들이 막습니다. 주일마다 오니 밖에서 가까이 하지 못하게 합니다. 그러지 말라고 막는데도 이분이 돌아서서 주차장 출구에 가 서 있습니다. 차가 돌아서 나오면 그 출구에 딱 섰다가 "목사님!" 하고 반갑게 저를 맞이합니다. 어떻게 할 도리가 없습니다. 그래 제가 좌우간 20년 동안을 늘 만날 때마다 그에게 얼마씩 주었습니다. 아예 미리 준비하고 갔습니다. 언젠가는 만났더니 오늘은 좀 많이 달라고 했습니다. 그래 왜 그러느냐고 물었더니 병원에 간다고 하기에 십만 원을 드렸습니다. 그랬더니 좀 더 달라고 해서 삼십 만원을 건넸습니다. 그래도 더 달라고 하기에 '가진 것이 이것 밖에 없어 미안하다'고 했습니다. 그분이 고맙다고 인사하고 돌아갔습니다. 그런데 그 다음날부터 안보입니다. 소식을 들으니 죽었다는 것입니다. 얼마나 마음이 아픈지, 금요일마다 지금도 그 출구로 돌아설 때면 거기에 그가 서 있는 것같습니다. 그 출구로 나올 때마다 또 한 번 미안한 마음이 듭니다. '그때 어떡해서라도 좀 더 줄 걸.' 그런 생각을 하곤 합니다.

우리는 더러 빼앗기는 마음으로 살 때가 있습니다. 심지어는 자식에게까지도 주는 것이 아니고 빼앗기는 것같습니다. 그런가 하면 귀찮게 여길 때도 있습니다. 또는 고마운 마음으로 줄 때도 있습니다. '그래도 내가 줄 수 있으니 얼마나 감사한 일인가. 받는 자와 주는 자 가운데 내가 주는 자 편에 섰다는 것이 얼마나 고마운 일인가.' 이런 귀한 마음으로 줄 때도 있습니다. 때로는 미안한 마음도 있습니다. 여러분은 어느 쪽입니까? 똑같은 일을 하는데 강도 만난 마음으로 합니까, 아니면 억지로 합니까? 팔자타령을 하면서 죽지 못해서 하는 것입니까? 아니면 똑같은 일을 즐거운 마음으로, 감사한 마음으로, 영어로 말하면 Privilege, 특권이라는 마음으로 그렇게 하는 것입니까? 똑같은 행위 같아 보이지만, 그 동기와 중심과 마음 씀은 다른 것입니다. 현대인의 성공비결을 말함으로써 세계적으로 유명해진 사회학자로 커밍 워크(Cumming Walk)라고 있습니다. 그는 말합니다. '현대를 살아가면서 성공하려면 지능지수가 높아야 한다.' 요새는 일을 전부 기계와 컴퓨터로 하기 때문에 멍청한 사람은 살아남을 수가 없습니다. 머리가 아주 좋아야 됩니다. 그래 지능 지수가 첫째고, 둘째는 지식이 있어야 한다고 그는 말합니다. 머리가 좋다고 지식이 그냥 생기는 것은 아닙니다. 공부해야 생깁니다. 아무리 머리가 좋아도 공부하지 않으면 빈 상자입니다. 공부를 아주 많이 해야 되고, 그 다음에는 공부만 가지고 되는 것이 아니고, 이제는 기술이 있어야 됩니다. 그 공부를 내가 몸에 익혀야 됩니다. 운전기술을 말로 배우는 것이 아닙니다. 운전은 손으로 하고, 익숙해져야 되는 것 아닙니까. 온 몸으로 하는 것입니다. 그와 같이 우리 지식을 내 몸에 완전히 익혀야 하는 것입니다. 그렇게 기술자가 돼야 되고, 그 다음 네 번째가 중요합니다. 모든 일에 자세가 중요합니다. 그 자세가 전체 성공비율의 97퍼센트를 차지하고 있다고 말합니다. 환경을 묻지 마십시오. 삶의 자세가 중요합니다. 행복이나 불행은 소유에 있는 것도 아니고, 지식에 있는 것도 아닙니다. 삶의 태도, 삶의 자세, 그 철학에 있는 것입니다.

삶의 모티브라는 것은 여러 가지가 있겠습니다마는, 첫째가 두려움입니다. 알게 모르게 어렸을 때부터 매 맞을까 두려워서 한 일이 많습니다. 공부 하고 싶어 하는 것이 아닙니다. 숙제 하고 싶어 한 것이 아닙니다. 안했다가는 학교 가서 맞으니까 두려워서, 이 두려움이라는 동기에서, 형벌의식에서, 혹은 뒤에 가서 많이 후회하게 될 것이라고 하는 공포감에서 하고 싶지 않은 일을 해야 되는 것입니다. 두 번째는 보상을 바라는 마음입니다. 그래서 칭찬 받고 싶고, 또 어떤 때는 대가성을 요구하기도 합니다. 이런 보상심리로 우리의 마음과 행위를 움직입니다. 세 번째가 존경하는 마음입니다. 사랑하는 마음, 존경하는 마음, 저분에 대한 존경 때문에 알게 모르게 끌려가면서 즐거운 마음으로 일하게 됩니다. 초등학교 다닐 때 일을 생각해봅시다. 공부할 때 하고 싶어서 했습니까? 안했다가는 얻어맞으니까 했습니다. 그 다음에는 칭찬 들으려고 했습니다. 공부 잘하면 잘했다고 칭찬받으니까요. 그 다음에는 선생님을 존경하고, 그 선생님을 좋아해서 그 과목을 열심히 공부했습니다. 이렇듯 세상을 사는 것이 똑같은 모습 같지마는, 여러 가지 동기가 엉켜 있다는 것입니다.

오늘본문에 나타난 말씀은 산상보훈에서, 특별히 윤리에 대한 말씀 가운데 아주 귀한 말씀입니다. 예수를 믿는 사람은 누구나 잘 아는 말씀입니다. '오른 뺨을 치거든 왼편 뺨도 돌려대라. 속옷을 달라고 하거든 겉옷까지 주라. 오 리를 가자고 하거든 그 사람과 십 리를 동행하라.' 참 기가 막힌 말씀인데, 어찌 이럴 수가 있습니까. 이 신년벽두에 깊이 생각하십시오. 금년은 이대로 삽시다. 적어도 금년은 이 말씀대로 살겠다고 결단하고 출발해보십시오. 여기에 주신 주제는 악한 사람에게 저항하지 말라는 것입니다. 이 세상이 선하지만은 않습니다. 우리는 악한 사람들 속에서 살고 있습니다. 다시 말해서 좀 불리한 대접을 받으며 사는 것입니다. 그럴 때 마음에서 저항하지 말라는 것입니다. 무저항주의와 박애주의를 말하고 있습니다. 기독교인은 무저항주의입니다. 절대로 누구를 미워해서는 안됩니다. 미워할 권리가 없습니다. 이것을 꼭 잊지 말아야 합니다. 무저항— 너무 높은 것같지마는, 알고 보면 실제적이고 실리적이기도 합니다. 첫째는 적으로 생각하지 말라는 것입니다. '미워하지 마라. 너는 하나님이 아니요, 너는 누구를 심판해서는 안돼. 그런고로 아무도 미워하지 마라.' 이것이 중요합니다. 미워하는 마음으로 대하면 손해는 내가 봅니다.

둘째는 불쌍히 여기는 마음으로 할 것입니다. 매 맞으면서도 때리는 자를 불쌍히 여길 것입니다. 예수님께서는 십자가에서, 그 가장 중요한 시간에 아주 중요한 말씀을 하십니다. 십자가를 지고 첫 번째 하시는 말씀이 이것입니다. '하나님이여, 저들의 죄를 사하소서. 저들이 하는 것을 모르기 때문입니다.' 제가 읽은 어느 책에서는 말하기를 예수님께서 이 한마디로 메시야가 되셨다고 합니다. 이 한

마디가 없다면 어떻게 되겠느냐는 것입니다. 메시야가 아니지요. 얼마나 중요한 시간입니까. 십자가를 지고 억울하게 죽어가면서 말씀하십니다. '하나님이여, 저들의 죄를 사하소서.' 굉장한 말씀입니다. 역사를 바꾸는 말씀입니다. 바로 그런 마음입니다. 불쌍히 여기는 마음, 맞으면서도 때리는 자를 불쌍히 여기고, 손해를 보면서도 내게 손해 입힌 자를 불쌍히 여기는 마음입니다.

셋째는 이 사건 속에 이유가 있다고 생각하는 것입니다. 내가 손해를 보고, 내가 매를 맞고, 내가 빼앗기는데 무엇인가 여기에 의미가 있다고 믿습니다. 내게도 잘못이 있습니다. '무엇인가 내가 잘못한 바가 있어.' 또 하나는 이것입니다. '나는 모르고 있지마는 이 사건을 통해서 내가 성숙하게 될 것이야.' 강하게 되고, 지혜롭게 될 것입니다. 그런고로 이것을 시련으로 받아들이며, 고맙게 감수해야 되겠습니다. 넷째로 더 중요한 것은 초월적인 하나님의 섭리를 믿는 것입니다. 이 사건도 하나님의 섭리 속에 있음을 인정하는 것입니다. 이 사건도 하나님의 능력 안에 있습니다. 이 사건도 하나님의 사랑권 내에 있는 사건이기에 그렇게 받아들이는 순간 저항할 필요가 없습니다. '오른 뺨을 치거든 왼편 뺨을 돌려대라. 속옷을 달라고 하거든 겉옷까지 주라. 억지로 오 리를 가자고 하거든 그 사람과 십 리를 동행하라.' 행복이란 생의 자유에 있는 것입니다. 내 마음과 영혼이 얼마나 자유한가, 그것이 행복이요, 건강이요, 성공인 것입니다. 돈 벌고 돈의 노예가 되는 순간 그 사람은 비참한 사람입니다. 권력을 얻고 잠을 못잔다면 그 사람 비참한 사람이요, 실패한 사람입니다. 항상 모든 경우에 자유함이 있어야 됩니다. 이것을 다른 말로 표현하면 '주도적 생활'이라고 합니다. 끌려가는 것이 아니고, 내가 주도하는 것이요, 내가 주인이 되는 것입니다. 빼앗기는 것이 아니고, 주는 것입니다. 빼앗기는 마음으로 사는 것이 아니고, 주는 마음으로 사는 것입니다. 이 얼마나 중요한 것입니까. 오 리까지 가라고 하는 사람이 있거든 십 리까지 가라— 오 리까지 가는 것은 억지로 가는 것입니다. 가고 싶지 않는 길을 가는 것입니다. 피동적으로 가고, 소극적으로 가고, 끌려가는 것입니다. 그런데 오 리까지 가는 동안에 생각이 달라졌습니다. 정이 들었습니다. 그래서 십 리까지 가는 것입니다. 일의 발단은 억지로 되었고, 그 시작은 뜻도 모르고, 피동적으로 부득이해서 끌려갔지마는, 이제는 아닙니다. 오 리를 간 그 시점에서 생각하는 것입니다. 여기까지 온 이유가 있습니다. 그 뿐만 아니라 주어진 바를 이제는 선택적으로 생각해서 동기전환을 하는 것입니다. 사건은 같은데 동기가 달라졌습니다. 지금까지는 남의 뜻에 끌려갔지만 이제부터는 내 마음이요, 이것이 중요한 것입니다. 그래서 남의 일로 갔다가 이제는 내 일이 된 것이요, 그 순간에 할 수 없이 부득이해서 여기까지 왔지만, 이제부터는 하고 싶어서 내가 선택적으로 하는 것입니다. 오 리까지 간 시점에서 여기까지가 아니라 십 리까지 가는 것입니다. 이 얼마나 중요한 이야기입니까.

가끔 사람들이 결혼에 대해서 이야기하는 것을 보면 이런 경우가 있습니다. 결혼을 해서 삼십 년을 살고도 지금도 하는 소리가 '그때 결혼 잘못했다'는 것입니다. 이 사람 정신 나간 사람입니다. 억지로 했고, 잘못했을 수 있습니다. 그러나 살아가면서 내가 왜 이 사람하고 결혼을 해야 했는가를 알아야 합니다. 적어도 마지막에 가서는 여기까지 생각을 해야 합니다. '아, 하나님께서 역시 은혜로우셔서 이 사람을 나한테 주셨구나. 이 사람이 아니면 내가 오늘이 없다.'

시작은 억지로 됐습니다. 그러나 지금은 자발적입니다. 지금은 선택적입니다. 할 수 없이 부득이했지마는, 지금은 감사한 마음으로 수용하고 있습니다. 그래서 처음에는 자기중심적으로 살면서 자기를 빼앗기는 것같아서 괴로웠지마는, 이제는 타자 중심적으로 살아갑니다. 다른 사람이 중심입니다. 오 리를 갔습니다. 끌려갔습니다. 그러나 오 리를 간 시점에서 보니 이 사람에게 오 리를 더 가줘야 되겠습니다. 이 사람한테 내가 필요하다고 생각합니다. 생각이 달라졌습니다. 다시 말하면 '나한테 저 사람이 누구냐?'가 아니고, '저 사람한테 내가 누구냐?'를 아는 순간 그 사람한테 내가 필요해지는 것입니다. 이제 남은 오 리를 갈 때 나 없이는 안될 것같습니다. 그런고로 내 생각이 바뀝니다. 그분을 위해서 오 리를 더 가면서 이중으로 높은 의미의 생을 살아가게 되는 것입니다.

알프스를 넘는 두 친구가 같이 가다가 눈이 많이 와서 가기가 힘들었습니다. 가다가 보니 쓰러져 있는 사람 하나를 발견했습니다. 다 죽은 줄 알았는데 가만히 보니 아직은 죽지 않았습니다. 하지만 지금 얼어 죽어가고 있습니다. 한 친구가 그 사람을 업고가야겠다니까 다른 친구는 우리도 가기 어려운데 어떻게 이 사람을 업고 이 산을 넘겠느냐고, 자기는 안하겠다고, 이렇게 서로 다투다가 그 친구는 그냥 가고, 다른 친구가 이 죽어가는 사람을 업고 갔습니다. 가다보니 땀이 나고 덥고 힘이 들어 열이 생기면서 이 뒷사람이 살아났습니다. 이렇게 아주 고마운 마음으로 알프스를 넘어가는데, 저 앞에 보니 아까 혼자 가던 사람이 얼어 죽어 있었습니다. 처음에 이 사람을 업고 갈 때 꼭 그렇게 좋은 마음으로 했겠습니까. '어쩌다가 오늘 이렇게 걸렸나. 피할 수도 없고……' 했을는지도 모릅니다. 그러나 업고 가면서 생각해보니 잘했습니다. 마지막에 느낀 것은 무엇입니까? 이 사람 만난 것이 축복이다, 이것입니다. 안그렇습니까. 행복이라는 것이 어디에 있습니까? 창의적으로 사는 데 있는 것입니다. 많이 가졌느냐, 많이 아느냐, 어떤 지위냐가 아니고, 얼마나 자유로운가, 영혼이 얼마나 자유로운가가 중요합니다. 하나에서 열까지 내가 하고 싶어서 해야 되는 것입니다.

가끔 많은 분들이 이제는 제게 물어봅니다. 제 나이가 팔십이 되다 보니 건강의 비결에 대해서 젊은이들이 많이 물어봅니다. 제가 대답을 합니다. "조금 어려운 말이라서 알아들을는지 모르겠다. 자유해야지. 하고 싶은 일만 해라. 먹고 싶은 것만 먹어라. 하고 싶은 대로 해라. 그 자유함이 건강의 비결이다." 그러니까 또 질문을 합니다. "하고 싶지 않은 일이 많은데요?" 제가 말합니다. "하고 싶다고 생각해라." 하고 싶지 않은 일을 이제는 하고 싶다고 생각해야 되고, 시작은 내가 선택했던 일이 아니지만, 이제는 내가 선택한 것을 받아들이는 것입니다. 나도 모르게 하나님의 오묘한 뜻 가운데 오늘 내가 있다고 믿고, 그리고 감사하는 것입니다. 이것이 자유함입니다. 강요된 현실 속에서 죽지 못해 산다고 생각합니까? 환경을 탓하고 있습니까? 이제 그만하십시오. 그래봐야 달라질 것이 하나도 없습니다. 내 마음의 동기를 바꾸고, 자세를 바꾸십시오. 억지로 여기까지 왔지만, 이제부터는 그 사람과 내가 선택해서 자유로운 마음으로 나머지 오 리를 동행하십시오.

순교자라는 것이 누구입니까? 순교자라고 해서 죽고 싶었던 것이 아닙니다. 억지로 끌려간 것입니다. 안죽어보려고 노력도 합니다. 그러나 마지막에 순교하게 됩니다. 처음에는 억지로 끌려가서 억지로 죽었지만, 죽는 마지막 순간에는 순교하게 된 그 사실을 하나님께 감사합니다. 순교자가 된 것을 감사하고 죽어야 순교자입니다. 죽는 순간이라도 '아이고, 내 팔자야' 하고 죽으면 순교자가 아니지요. 죽었느냐 살았느냐가 문제가 아닙니다. 어떤 마음으로 죽었느냐가 중요합니다. 새해에 새로운 목표를 세웁니다. 그러나 가장 중요한 것은 삶의 자세입니다. 이제는 함께 가는 마음을 가지십시다. 그 사람과 오 리를 동행하는 마음, 자원하는 심령으로 살아갈 때 생은 새로운 세계를 사는 기쁨과 행복으로 가득할 것입니다. △

성공적으로 사는 비결

그 때에 예수께서 대답하여 가라사대 천지의 주재이신 아버지여 이것을 지혜롭고 슬기로운 자들에게는 숨기시고 어린아이들에게는 나타내심을 감사하나이다 옳소이다 이렇게 된 것이 아버지의 뜻이니이다 내 아버지께서 모든 것을 내게 주셨으니 아버지 외에는 아들을 아는 자가 없고 아들과 또 아들의 소원대로 계시를 받는 자 외에는 아버지를 아는 자가 없느니라 수고하고 무거운 짐진 자들아 다 내게로 오라 내가 너희를 쉬게 하리라 나는 마음이 온유하고 겸손하니 나의 멍에를 메고 배우라 그러면 너희 마음이 쉼을 얻으리니 이는 내 멍에는 쉽고 내 짐은 가벼움이라 하시니라

(마태복음 11 : 25 - 30)

성공적으로 사는 비결

나폴레온 힐(Napoleon Hill) 교수가 쓴 「놓치고 싶지 않은 나의 꿈 나의 인생」이라는 책이 있습니다. 그는 이 책에서 한 가지 아주 중요한 경고의 말을 합니다. 성공하지 못하는 사람들에게는 두 가지 공통점이 있다는 것입니다. 첫째, 그들은 자신이 실패한 이유를 자기가 알고 있습니다. 모르고 있는 것이 아니고 잘 알고 있습니다. 둘째, 그들은 그것에 대한 완전한 핑계를 가지고 있습니다. 그 원인을 남에게 돌립니다. 내가 가난하게 태어났으니까, 나는 공부를 못했으니까, 나는 돈이 없으니까, 나는 유산이 없으니까, 나는 건강이 없으니까…… 이렇게 핑계를 댑니다. 원인을 모르고 있지 않고 잘 알고 있습니다. 그런데 그 원인을 자신에게서 찾지 않습니다. 꼭 다른 사람과 다른 환경 탓으로 돌립니다. 핑계입니다. 아주 논리적인 핑계를 가지고 있는 것입니다. 그래서 내 실패의 책임을 남에게 전가하고 남을 미워하게 됩니다. 이것이 공통점이라는 것입니다.

제가 전에 어떤 나라를 방문한 적이 있는데, 그 나라는 경제적으로 아주 어려운 나라입니다. 그래 그 나라 정치고관들하고 같이 앉아서 여러 가지 국가에 대한 이야기를 하게 되었습니다. 북한과 세계에 대해서 얘기하는데, 문제의 초점은 정치였습니다. 정치에 문제가 있다는 것입니다. 그 다음에는 경제 문제였습니다. 또 그 다음에는 기술에 문제가 있다는 것이었습니다. 곧 '자본과 기술에 문제가 있다'는 것입니다. 이렇게 문제점을 하나하나 지적해나가다가 이런 말이 나왔습니다. "선진국에 비해서 우리는 100년이 뒤떨어져 있습니다. 일본과 비교할 때 100년이 떨어져 있고, 어느 나라하고 비교하게 되면 50년이 떨어져 있고, 우리는 너무 많이 뒤쳐져 있습니다. 어떡하면 좋을지 모르겠습니다." 그때에 제가 하나님께서 지혜를 주시어 이렇게 한마디 해주었습니다. 제가 생각해도 신통합니다. "기술과 지혜는 따라가는 것이 아니라 편승하는 것입니다." 그랬더니 그들이 크게 감동을 받았습니다. 그 다음 몇 번을 더 간 적이 있는데, 저를 만나면 꼭 그 이야기를 합니다. "기술과 지혜는 편승한다는 목사님의 말씀을 기억하고 있습니다." 그런 이야기를 들을 때 저도 감동했습니다.

이것이 무슨 말입니까? 우리가 자동차를 탑니다마는, 자동차 한 대 발명하고 오늘의 자동차가 되기까지 100여 년이 걸렸습니다. 그렇다고 우리가 다시 돌아가서 100년 걸려야 저 자동차를 만드는 것은 아닙니다. 마음만 제대로 먹으면 1년 안에 자동차를 만들 수 있습니다. 여기까지 도달하기 위해서 많은 세월이 걸렸습니다. 많은 시련을 겪으며, 수많은 시간이 걸려 하나의 작품을 만들었지만, 우리는 편승을 하는 것입니다. 그러면 단 몇 년 동안에 일어날 수 있습니다. 바로 중국이 이렇게 했습니다. 중국이 바로 몇 년 전까지만 해도 얼마나 열악했는지 모릅니다. 어떻게 이렇게 하고 사람이 살 수 있을까 할 만큼 낙후되었는데, 불과 몇 년 동안에 확 올라갔습니다. 저렇게 될 줄 누가 알았겠습니까. 이것은 지식과 기술의 편승 문제입니다.

깊이 생각해야 합니다. 세상이 힘들다고 합니다. 사는 것이 고달프다고 합니다. 왜 그렇습니까? 길에 문제가 있고, 방법에 문제가 있고, 목표에 문제가 있었던 것입니다. 잘못 택했습니다. 알면 쉽습니다. 별것도 아닌데 모르니까 어려운 것입니다. 바른 자세로 대하면 지름길이 있는데, 이것을 돌아가고, 다시 악순환하면서 헤어나지 못하고 있는 것입니다. 프랭크 시내트라(Frank Sinatra)가 부른 유명한 노래가 있습니다. 'My Way'입니다. 멜로디가 좋고, 가수가 좋습니다. 약간 세미클래식 같은 분위기도 있고, 많은 사람들이 이 노래를 좋아합니다. 저도 잘은 못합니다마는, 대충은 따라 부릅니다. 그런데 이 'My Way'라는 노래가 지금 필리핀에서는 금지곡이 되었답니다. 필리핀 사람들이 영어를 하니까 'My Way'를 아이들도 노인도, 누구나 다 잘 부르다 보니 이 노래를 부르면서 자살자가 늘고, 가출하는 학생이 많고, 폭력자가 생기고, 사회적인 문제가 돼서 이 노래가 금지곡이 되었답니다. 가사를 번역해보면 이렇습니다. '자 이제 내 마지막은 가까워졌군. 내 생애 마지막 순간이 닥치고 있다네. 내 친구여 내가 분명히 해둘 말이 있네. 나는 충만한 삶을 살았고, 나는 정말로 많은 경험을 했고, 많이 돌아다녔다. 하고 싶은 일을 다 한 것같다. 그러나 한 가지 분명한 것은 내가 하고 싶은 대로 한 것이다. 내 방법대로 한 것이다(I did it My Way).' 멋있는 것같지만, 그 내용은 절망적입니다. 'I did it My Way(내가 하고 싶은 대로 했다). 그런데 마지막에 왔다. 여기서 끝난다.' 문제가 어디에 있습니까? 'My Way'에 있는 것입니다. 내가 하고 싶은 대로 해서 되는 일이 없습니다. 그것을 빨리 알았어야 되는데, 죽기 전에야 비로소 안 것입니다. 내 하고 싶은 대로 했는데, 이 모양이라는 것입니다. 여기서 나는 이렇게 끝난다는 것입니다. 이것이 노래 가사입니다. 이제는 철이 나야겠습니다. My Way를 포기하고 His Way, 그의 길로 방향전환을 해야 됩니다. 그의 길에 편승해야 합니다. 내 길을 갔던 것을 이제는 그만하고 주님의 길로, 주님 가신 길에 내가 편승하는 것, 그것이 바로 오늘 주시는 말씀의 요지입니다.

오늘본문말씀은 유명한 '만인을 향한 초청장(Universal Invitation)' 입니다. 여기에 약속이 있습니다. 쉼을 얻으리라— 아주 행복하고 평안하게 쉰다는 말입니다. 아주 평화로움을 말합니다. 또 하나는 '쉽다'입니다. 이것은 일이 쉽고, 잘 풀리고, 절대 어렵지 않은, 곧 쉽게 해낼 수 있는 것(easy way)을 말합니다. 또 하나는 '짐은 가벼워진다'입니다. 요약하면, 즐겁게 되고, 쉽게 되고, 짐이 가벼워짐을 말합니다. 이렇게 약속해주십니다. 이 세 가지 약속을 주시고, 그 다음에 우리에게 말씀하십니다. 첫째는 '내게로 오라. My Way를 버리고 His Way로 돌아오라'는 것입니다. '내가 가던 삶을 버리고 주님께서 가신 그 길로 오라'고 초청하십니다. 이것은 믿음이요, 자기부정을 의미합니다. '내가 주는 약속을 믿고 내게로 오라. 모든 수고하고 무거운 짐 진 자들아, 다 내게로 오라'고 하십니다. '네 것을 버리고 주님께로 오라'고 오늘도 부르고 계십니다. 또한 어린아이와 같고 순진한 마음으로 온유하고 겸손하게— '나는 온유하고 겸손하다' 고 하십니다. 그런고로 온유와 겸손으로 나와 함께 편승하자는 것입니다. 온유와 겸손으로— 모든 불행은 교만했기 때문이요, 모든 실패의 원인은 내가 온유하지 못했기 때문입니다. 사람이 죽을 때 세 가지 후회를 한다고 합니다. 첫째는 '좀 더 참을 걸' 하는 후회요, 둘째는 '좀 더 베풀 걸' 하는 후회요, 셋째는 '좀 더 즐길 걸' 하는 후회입니다. '충분히 즐길 수 있었는데 내가 왜 그렇게 바보처럼 몸부림치고, 그렇게 불행하게 살았던가? 좀 더 참을 걸.' 조금만 더 참았으면 달라지고, 운명이 바뀌었을 텐데, 온유하지 못했습니다. 온유 겸손해야만 주님과 함께 갈 수 있습니다.

또 주신 귀한 말씀은 '내 멍에를 매라'입니다. 너무나 귀한 말씀입니다. 우리는 주로 도시에 살아서 지금 밭가는 것을 보기가 어렵습니다. 저는 젊었을 때 들에 나가서 밭가는 것을 보았고, 심지어는 아버지가 보습쟁기를 잡아보는 것도 중요하다고 해서 제대로 하지는 못했지만 손수 밭을 갈아 보았습니다. 밭을 가는데 소가 두 마리입니다. 긴 멍에를 소 두 마리가 매고 갑니다. 그러면 뒤에서 보습쟁기를 붙들고 소가 걷는 대로 따라갑니다. 이것이 이스라엘이나 한국이나 마찬가지입니다. 멍에가 길고, 소 두 마리가 끕니다. 예수님 말씀하십니다. '내가 이쪽을 맸다. 네가 이쪽을 매라. 내 멍에를 매라!' 우리가 지금 힘이 드는 까닭은 주님과 함께 멍에를 매지 않았기 때문입니다. 내가 내 멍에를 내가 매고 있는 것입니다. 주님께서 말씀하십니다. '내 멍에를 함께 매자.' 그가 가는 대로 같이 가고, 그가 힘쓰는 대로 같이 가고, 그가 온유 겸손한 대로 나도 겸손하게— 예수님께서 '내 멍에를 너희가 매라' 말씀하십니다. 얼마나 아름다운 표현입니까. 여러분은 무슨 일이든지 주님과 함께 했습니까? 주님과 함께 생각했습니까? 주님과 보조를 맞추었습니까? 주님께서 가신 길을 가고, 주님께서 쉬신 길에서 쉬었습니까? 주님께서 기도하신 일에 기도했습니까? 주님 말씀하십니다. '내 멍에를 함께 매라. 그리고 내게 배우라.' 내게 배우라— 배우라는 말로는 그 번역이 조금 부족합니다. '마데테스'는 '제자'라는 말입니다. 한마디로 '제자되라' 하는 말입니다. 제자라는 말과 학생이라는 말은 다릅니다. 학생은 지식만 공부하면 됩니다. 하지만 제자는 함께 살아야 합니다. 하루에 한 번 이상 스승의 얼굴을 뵙지 못하면 제자가 아닙니다. 항상 그와 함께해야 됩니다. 그리고 참 제자는 스승이 죽는 데서 같이 죽어야 합니다. 그래야 제자입니다. 예수께서 말씀하십니다. '내 제자가 되라. 나의 제자가 되라.' 여기서 중요한 것이 하나 있습니다. 제자 되어 가면서 내가 예수님과 점점 같아집니다. 같은 마음을 가지게 되고, 같은 걸음을 걷게 되고, 같은 행복을 얻게 됩니다. 그런데 가장 중요한 문제가 하나 또 있습니다. 'take time'입니다. 제자 되는 것은 훈련입니다. 하루아침에 되는 것이 아닙니다. 예수의 제자, 여러분 잘 알지 않습니까. 예수님의 제자들, 3년 동안 따라다녔지만 예수의 제자답지 못했습니다. 베드로 같은 사람도 예수를 세 번이나 모른다고 하지 않았습니까. 그러나 예수님께서 십자가에 돌아가신 다음 정신을 차려서 예수님의 제자들, 가룟 유다를 뺀 그 열한 제자들이 다 순교합니다. 정말 제자가 된 것입니다. 많은 시간이 걸렸습니다. 참 제자가 되기 위해서 많은 시련도 겪었습니다. 엎치락뒤치락했습니다. 후회스러운 일도 많았겠지요. 그러나 너무나도 훌륭한 제자들이 되었습니다. 시간이 걸리는 것입니다.

오늘 내가 당하는 시련, 질병, 사업의 실패 따위 어려운 일들이 참 많습니다. 이것이 전부 예수의 제자 되는 교과과정입니다. 그것을 잊지 말아야 합니다. 혹 여러분이 자녀나 가정이나 재산 때문에 고생합니까? 이것이 다 나한테 필요한 것이 아니겠습니까. 유명한 이야기가 있습니다. 소크라테스의 아내는 역사에 유명한 악처입니다. 어느 날 소크라테스가 제자들과 함께 집에 들어가는데, 그 부인이 설거지를 하고 있었습니다. 그때 그 부인은 남편이 돈은 못벌고 철학을 가르친다고 돌아다니는 데 화가 나서 그만 설거지하는 구정물을 남편 얼굴에다 확 끼얹었습니다. 소크라테스가 제자들 앞에서

꼴이 뭐가 되었겠습니까. 그걸 보고 제자들이 화가 나가지고 "저런 못된 마누라를 치워버리지, 뭐 하러 데리고 사십니까?" 하고 말했습니다. 그때 소크라테스가 웃으면서 했다는 말입니다. "말조심해라. 저 여자가 아니라면 내가 철학자가 됐겠느냐?" 혹 아내 때문에 고생합니까? 그것도 다 중요한 것입니다. 무엇이든지 나한테 주어진 것은 다 교과과정입니다. 하나님께서 나를 아십니다. 내가 사람이 되려면 이것이 필요하기 때문입니다. 내가 온유 겸손하려면 이것이 필요합니다. 내가 하나님의 사람이 되려면, 또 예수의 제자가 되기 위해서는 이것이 꼭 필요한 일이었다고 수용해야 합니다. 받아들이고 마음을 여십시오. 그때에 한 발자국, 한 발자국 예수의 제자가 되어갑니다. 예수님 말씀하십니다. '내 멍에를 매고 내게 배우라. 내 제자가 되라. 그리하면 쉼을 얻을 것이다. 쉽게 풀려나갈 것이다. 그리고 짐은 점점 가벼워질 것이다.' 약속해주십니다. 오늘본문에서 예수께서 말씀하십니다. '오라. 내게 와서 배우라. 내 멍에를 매고 내게 배우라.' 얼마나 귀중한 말씀입니까. 이 말씀 속에 예수님께서 책임지신다는 의미가 있습니다. 나한테 와서 나를 배우면 네 운명은 내가 책임진다— 얼마나 귀한 말씀입니까.

아브라함 링컨은 오히려 세상 떠난 다음에 국민들로부터 더 많은 사랑과 존경을 받고 있습니다. 업적만큼이나 그 인격에 대해서도 많은 사람들이 존경합니다. 여기에 한 예가 있습니다. 편지 한 장이 공개되었습니다. 남북전쟁이 치열할 때였습니다. 링컨은 게티스버그 전장의 미드 장군에게 편지 한 장을 보내서 공격명령을 내렸습니다. 지금 이 시간 공격하라는 명령이었습니다. 편지는 이렇게 이어집니다. '존경하는 미드 장군님. 이 작전이 성공한다면 그것은 모두 당신의 공입니다. 만일에 실패한다면 그것은 내 책임입니다. 실패하고 돌아오게 되거든 대통령이 명령했다고 말하고 내 편지를 공개하십시오. 아브라함 링컨.' 얼마나 훌륭합니까. 요새 우리 지도자들은 하나같이 전부 자기가 안했다고 합니다. 링컨은 얼마나 훌륭합니까. 그것은 내 책임입니다— '성공하면 당신 공이고, 실패하면 내 책임입니다. 그리고 이 편지를 공개하시오.' 참 훌륭한 분입니다. 그래서 많은 사람들로부터 존경을 받습니다. 오늘 예수님 말씀하십니다. '내게 오라. 내 제자가 되라. 내가 편히 쉬게 하리라. 성공하게 하리라. 너의 운명은 내가 책임진다.' My Way를 포기하고 이제는 His Way로 한 번 다시 편승해볼 마음 없습니까? △

지극히 크고 영원한 영광

그러므로 우리가 낙심하지 아니하노니 겉사람은 후패하나 우리의 속은 날로 새롭도다 우리의 잠시 받는 환난의 경한 것이 지극히 크고 영원한 영광의 중한 것을 우리에게 이루게 함이니 우리의 돌아보는 것은 보이는 것이 아니요 보이지 않는 것이니 보이는 것은 잠간이요 보이지 않는 것은 영원함이니라

(고린도후서 4 : 16 - 18)

지극히 크고 영원한 영광

알렉스 파타코스 교수가 나라를 위해서 수고를 많이 하는 군사 기지에 있는 군인들을 위해서 강의를 한 일이 있었습니다. 그 강의의 주제는 '원칙중심의 리더십'입니다. '철저한 원칙중심으로 살아야 힘이 있고 건강하고 그래야 성공적이다.' 이런 좀 엄격한 생활철학을 강의했답니다. 그 마지막 강의가 끝나고 군부대에서 나올 때에 그 부대장을 만나 특별한 인사를 나누면서 "제가 알기에 당신은 군에서 30년 동안을 군생활 했고, 올해 말에 정년 은퇴하게 되어 있는데, 뭐 때문에 이 엄격한 훈련을 지금도 또 받고 있는 것입니까?" 하고 물었습니다. 그는 빙그레 웃으며 여유 있게 이렇게 대답하는 것이었습니다. "최근에 아버지가 돌아가셨습니다. 아버지는 임종시간이 가까운 것을 알고 어머니와 저를 곁으로 부르셨고, 특별히 저에게 가까이 오라고 손짓을 해서 제 손을 잡고 제 귀에 대고 이렇게 말씀하셨습니다. '아들아, 너는 나처럼 살지 않겠다고 약속해다오. 너는 절대로 나처럼 살지 마라.' 이렇게 마지막 말씀을 하시고 돌아가셨습니다. 그 깊은 뜻을 제가 어떻게 알겠습니까. '나처럼 살지 마라.' 그래서 제가 다시 시작하려고 하는 것입니다. 이제부터 다시 새로운 출발로 엄격하게 원칙 중심으로 그렇게 살아갈 참입니다."

오늘본문말씀을 자세히 읽으면 아주 성공적인 인생을 사는 귀중한 절대적 진리, 아니 우주적 진리가 여기에 있습니다. 성공적으로 사는 비결, 보십시오. 지극히 영원한 영광, 지극히 크고 영원한 영광, 다시 말하면 지극히 크고 영원한 영광 지향적 생을 살아야 한다는 것입니다. 절망으로 치닫는 것이 아니라 영광으로 향하는 생을 다시 시작해야 한다는 말씀입니다. 오늘본문을 자세히 읽고, 또 집에 돌아가서, 제가 부탁하는데, 스무 번만 읽어보십시오. 읽고 또 읽어 보십시오. 오늘본문말씀은 너무나 귀중한 말씀이고, 그냥 읽기만 해도 충분히 그 깊은 뜻을 알 수 있을 것입니다. 오늘본문에 있는 말씀을 몇 가지 요점을 들어 설명하면 이렇습니다. 사람이 세상을 살 때 겉과 속을 대조하며 살게 되어 있고, 또 하나는 보이는 것과 보이지 않은 것을 구분하며 살게 되어 있습니다. 우리는 그 속에 삽니다. 겉과 속, 무엇이 중요합니까. 아무래도 속이지 겉은 아닙니다. 그런데 요새 보니까 사람들이 점점 더 겉, 곧 이 외모에 대해서 너무 신경을 많이 씁니다. 그래서 얼굴도 뜯어 고치고, 온 몸을 다 만신창이를 만듭니다. 언제 이렇게 외모가 중요했습니까? 그저 외모를 고치는 것까지는 봐주겠는데, 고치다가 속이 망가지는 것은 어떡합니까? 예뻐 보이겠다고 다이어트 하다가 병들어 영영 회복하지 못하는 사람이 되면 어떡하겠습니까? 몸이 망가지는데 겉과 속, 어느 쪽이 중요합니까? 당연히 그것은 속입니다. 그러나 어느 사이에 겉에 대해서 외형적인 형식주의 외식에 빠지면서 내용이 빠져나갔습니다. 속사람이 망가졌다는 말입니다. 이것을 어떡하면 좋겠습니까. 이 세대가 그리 가고 있는 것입니다. 전부 겉모양이요, 통계숫자요, 외형적입니다. 그러나 속은 그것이 아닌데요. 꼭 잊지 마십시다. 겉과 속— 언제나 속이 먼저입니다. 내적인 것이 먼저요, 영적인 것이 먼저요, 또 건강이 먼저이고, 그 다음에 외모로 나타나는 것입니다. 사람들이 나에게 뭐라고 하느냐? 그것은 그리 중요한 것이 아닙니다. 예쁘다고 한다고 안예쁜 것이 예뻐집니까? 가끔 보면 "목사님, 젊어 보입니다" 하는 말을 듣는데, 말을 바로 한 것입니다. 젊어 보이는 것이지, 젊은 것은 아닙니다. 건강해 보입니다. 보이는 것과 건강은 다릅니다. 내실이 있어야 합니다. 내적으로 충실해야 되는데, 어느 사이에 그만 외형적인 것, 사람들에게 보이려고, 사람들에게 좋은 평판을 받고 칭찬을 들으려고 너무너무 신경을 쓰는데, 이것 참으로 너무 지나칩니다. 겉과 속— 속이 먼저입니다.

내실 중심의 생을 살아야 하겠습니다. 또 하나, 보이는 것과 보이지 않는 것— 보인다는 말은 사람에게 보인다는 말 아니겠습니까. 사람들이 보고 평판하는 것 그렇게 중요하지 않습니다. 보이지 않는 것— 사람은 혼자 있을 때 사람의 사람됨을 아는 것입니다. 아무도 보지 않을 때 내가 지금 뭘 생각하고 있는가? 그것이 그 사람의 인격입니다. 예수님께서는 참 귀하게 말씀하셨습니다. '사람에게 보이려고 기도하지도 말고, 사람에게 보이려고 구제하지도 마라.' 보이는 것과 보이지 않는 것— 언제나 보이지 않는 것에 충실해야 된다는 말씀입니다.

제가 언제 한 번 공산주의자들과 앉아서 토론을 한 일이 있습니다. 그런데 그 간부 되는 양반이 제가 목사라고 해서 아마 일부러 저를 좀 골탕 먹이려고 했던 것같습니다. 그래서 김일성대학 철학과 교수를 데려다놨습니다. 그 철학과 교수가 제게 질문을 하는데, 좀 빈정대는 마음으로 첫 마디가 이렇습니다. "목사 동무! 하나님을 믿는다면서요?" "아, 믿지요." "하나님 만나봤어요?" "못만나봤습니다." "우리는요, 보이지 않는 것은 믿지 않습니다." 보이는 것만 인정하고, 보이지 않는 것은 인정 안한다고 합니다. 과학적입니다. 그래서 저도 한 가지 물었습니다. "그래요. 나도 한 번 물어봅시다. 그러면 보이는 것과 보이지 않는 것, 이 두 가지가 있는데, 보이지 않는 것은 없는 것입니까?" 보이지 않는 것은 없는 것이냐고 물었더니 대답을 못합니다. 계속했습니다. "여러분, 보이지 않는 것이 얼마나 많습니까? 내가 한마디 더 할게요. 보이는 것과 보이지 않는 것 가운데 어느 쪽이 근본입니까? 보이지 않는 것에 의해서 보이는 것이 있는 것입니까? 보이는 것에 의해서 보이지 않는 것이 있는 것입니까?" 물었더니 또 말을 못합니다. 그 교수가 벌벌 떨고 있으니까 옆에 있던 고관이 한마디 합니다. "동무, 뭐라고 대답을 해!" 그래서 그 다음 애기를 했습니다. "우리는 보이지 않는 것이 근본이고, 보이는 것은 현상이라고 생각합니다. 이것은 별로 중요하지 않고, 보이지 않는 것, 그것이 근본일뿐더러, 보이지 않는 저쪽 깊은 곳의 그 보이지 않는 것은 인격이라고 생각합니다. 그것은 물질이 아니거든요." 그랬더니 이 양반이 벌벌 떱니다. "그것을 우리는 하나님이라고 믿습니다." 아주 숙연해졌습니다. 그 다음부터 다시 물어보는 사람이 없었습니다.

꼭 잊지 말아야 됩니다. 보이는 것과 보이지 않는 것, 보이는 것이라는 것은 별것 아닙니다. 보이지 않는 것이 근본이고, 그것이 영원한 것입니다. 보이는 것은 다 잠깐입니다. 이것을 잊지 말아야 합니다. 우리에게는 많은 변화가 있습니다. 이 보이는 세계라는 것은 많은 변화가 있습니다. 이 변화에 대해서 우리는 유연하게 대처해야 됩니다. 그리고 또 한 가지 잊지 말아야 할 것은 많은 변화 속에 변화의 방향이 있습니다. 그런가 하면 변화 속에 의미가 있습니다. 엎치락뒤치락 난리를 치는 것같아도 가만히 보면 그 속에 의미가 있습니다. 또 그 속에 맥락이 있고, 그 속에 깊은 뜻이 있습니다. 목적이 있다는 말입니다. 그런가 하면 변화 속에서 우리는 새것이 움튼다는 것을 잊지 말아야 합니다. 요동을 치는 것같고, 다 없어지는 것같은데, 없어지면서 새로운 생명이 계속 솟아나는 것을 볼 수 있습니다. 참 역설적이고 역동적입니다. 오늘본문도 '날로 새로워진다'라고 말씀합니다.

그리고 두 번째로 생각하는 문제가 있습니다. '잠시'라고 하는 말입니다. 잠시, 잠시 받는 환난의 경한 것이— 잠시라는 말에 잠깐 깊이 생각해보십시다. 여러분은 혹 병원에 입원해서 중한 수술을 받아 본 일이 있습니까? 저도 이래저래 몇 번 받아 봤는데, 전신마취를 하게 됩니다. 모든 수술 기구를 다 준비해놓고 빙 둘러 선 다음에 마지막으로 마취하기 직전에 의사는 이렇게 말합니다. "잠깐 주무시면 됩니다. 걱정할 것 없습니다. 한잠 푹 쉬고 나면 수술은 끝날 것입니다." 그리고 손을 잡고 몇 마디 하는 사이에 잠듭니다. 그 동안에 모든 일이 이루어집니다. 간호사, 의사 할 것 없이 5시간, 6시간 큰 수술이 이루어집니다. 그리고 환자는 깨어나게 될 때 아무것도 모릅니다. 저도 그런 일이 있었습니다. 잠깐 잠들었다 깨니까 5시간 지나갔습니다. 뭐 굉장한 일이 이루어진 것 같아도 잠깐입니다. 모든 일이 잠깐입니다. 이것을 알아야 합니다. 잠시 지나간다는 것입니다. 잠시 잠깐이라는 것, 꼭 잊지 말아야 합니다. 너무 괴롭게 생각하지 말기를 바랍니다. 힘들게 생각하고 미리 질겁하지 마십시오. 모든 것은 잠깐이요, 잠깐 지나가는 것입니다.

어느 사이에 벌써 몇 십 년이 지나갔습니다. 이렇게 빨리 늙을 줄 몰랐습니다. 세상 일이 다 그렇습니다. 뭐 굉장한 것처럼 그러는데, 잠깐 지나가면 됩니다. 특별히 결혼주례를 많이 하다 보면 신랑

신부들, 더구나 신부는 그 결혼식 시간을 위해서 준비하는 것이 많습니다. 나한테 물어보는 것도 많고 전화도 많이 옵니다. 그러면 제가 한마디 합니다. "잠깐 지나가면 됩니다." 불과 30분이면 될 걸 조금 실수 좀 하면 어떻고, 혹은 잘못되면 어떻습니까. 잠깐 지나가는 것인데요? 아니, 인생 전부가 잠깐 지나갑니다. 너무 요란할 것 없습니다. 또 하나 있습니다. 잠시 받는 환난이 그렇고, 또 하나는 환난의 경한 것이 그랬습니다. '환난은 가벼운 것이다.' 놀라운 말씀입니다. 영원 지향적으로 볼 때 환난은 잠깐 지나가는 것입니다. 가벼운 것— 무거운 것이 아닙니다. 꼭 잊지 말아야 합니다.

제가 특별히 결혼주례를 많이 하지 않습니까. 하다보면 이런 일 저런 일 많은데, 나이 마흔이 넘은 노처녀 결혼식 주례를 한 적이 있습니다. 주례하면서도 속으로 '결혼은 하는데, 뭐하나 낳을 수 있으면 좋겠는데' 하는 생각을 했습니다. 아니나 다를까, 결혼하자마자 허니문 베이비가 생겼습니다. 배가 좀 불러가지고 다니는데, 세상에 어린애 자기만 낳나요? 이 여자는요 배를 딱 내놓고 다닙니다. '내가 지금 임신했다'는 것이지요. 제 방에 들어와서도 막 휘젓고 다닙니다. 그것뿐입니까. 놀라운 것은 마지막에 해산할 때 의사가 "노산이라서 제왕절개를 해야겠습니다"라고 말하는데, "No! 내가 어떻게 얻은 자식인데, 하나님께서 내게 주신 선물인데, 그냥 낳을 것입니다" 하면서 죽을 고생을 하고 그냥 낳았습니다. 그리고 정말 소중하게 키우는 것을 보았습니다. 이 여인은 생각한 것입니다. 하나님께서 내게 주시는 이 귀한 선물을 받는데, 그까짓 고생이 문제가 되나? 아주 훌륭합니다. 그렇지 않습니까. 이 엄청난 일에 말입니다. 그것 고생을 안하겠다고요? 고생 좀 하라고 할 만하지 않습니까. 이것을 꼭 알아야 합니다. 산고라는 것은 그런 것입니다.

예수님께서도 이 말씀을 하셨습니다. '여인이 아이를 낳게 되면 근심하나 아이를 낳은 다음에는 다시 기억치 아니하니라.' 사람 낳은 기쁨으로 인하여 다 잊어버리게 된다는 것입니다. 얼마나 귀한 말씀입니까. 환난의 경한 것— 환난은 무거운 것이 아닙니다. 가벼운 것입니다. 다 지난 다음에 생각하면 그렇지 않습니까. 아주 가벼운 것입니다. 내가 왜 이렇게 걱정을 했던가?— 그렇지 않습니까. 어린 아이들이 걱정거리가 많고, 그것 때문에 울고불고 합니다마는, 어른들이 볼 때는 아무것도 아닙니다. 유치원 다니는 아이들, 또 초등학교 1학년 아이들, 공부 잘하고 그림 잘 그렸다고 자랑하지만, 유치합니다. 무슨 천재가 난 것도 아닌데, 공부를 잘했느니 뭘 했느니…… 요새는 더욱 더 그렇습니다. 일류대학을 나왔다고 합니다. 나와 봐야 알지요. 그렇지 않습니까. 요새는 또 누가 사법고시 합격했다고 그래서 제가 '알고 고등실업자 나오게 됐구먼!' 했습니다. 아니, 검사 판사 돼봐야 갈 데가 있어야지요? 안그렇습니까. 세상이 다릅니다. 옛날에는 의사가 됐다하면 일등 신랑감이라고 하지 않았습니까. 그런데 요즘 어떻습니까? 요새 의사 돼봐야 밥 먹기 힘듭니다. 다 별 것 아닙니다. 아무것도 아닙니다. '어린아이의 일을 버렸노라.' 사도 바울은 말씀합니다. 유치한 생각 다 버리십시오. 다 시시하게 보십시오.

환난의 경한 것— 아무것도 아닙니다. 그런데 문제가 있습니다. 환난의 경한 것이 영원한 영광의 중한 것을 이루게 한다는 것입니다. 여기에 원인이 있습니다. 로마서 8장 18절은 말씀합니다. "생각건대 현재의 고난은 장차 우리에게 나타날 영광과 족히 비교할 수 없도다." 현재의 환난, 장차 나타날 영광, 비교할 수 없다는 것, 얼마나 굉장한 말씀입니까. 저는 스데반을 좋아합니다. 스데반이 지금 순교할 그 당시 자기의 왕년에 동지 되었던 헬라파 유대인들이 자기를 향해 돌을 던집니다. 이런 무서운 순교를 당하는 순간에도 그 얼굴이 천사와 같았습니다. 왜 그렇습니까? 하늘을 쳐다보았더니 거기에 주님께서 서 계십니다. 인자가 하나님 우편에 서신 것을 보았습니다. 주님과 나와 눈이 딱 마주치는 순간, 그는 원수도 없고, 미워할 것도 없고, 개탄할 것도 없고, 슬플 것도 없었습니다. 그 마음이 깨끗합니다. 그 얼굴은 천사의 얼굴로 변했다는 말입니다. 이 얼마나 아름답고 굉장한 장면입니까.

"환난의 경한 것이 지극히 크고 영원한 영광의 중한 것을 우리에게 이루게 함이니(17절)." 이루게 하신다는 말씀에 아주 중요한 의미가 있습니다. 로마서 5장 2절부터 4절까지는 말씀합니다. "또한 그로 말미암아 우리가 믿음으로 서 있는 이 은혜에 들어감을 얻었으며 하나님의 영광을 바라고 즐거워하느니라 다만 이뿐 아니라 우리가 환난 중에도 즐거워하나니 이는 환난은 인내를, 인내는 연단을, 연단은 소망을 이루는 줄 앎이로다." 영원한 영광의 중한 것— 그것을 위해서 환난의 경한 이 사건이 있어야 한다는 것입니다. '있어야 한다'는 필연적이고 필수적이라는 뜻입니다. 영원한 영광의 중한 것을 바라보는 그 영광은 바로 환난, 경한 환난을 겪으면서 이루어지는 것입니다. 오늘 우리가 점점 때로는 건강을 잃어버릴 때도 있고, 혹은 실패가 올 때도 있고, 어려운 일들이 있겠습니다마는, 이 환난의 경한 것이 영광의 중한 것을 이루게 하신다— 굉장한 말씀입니다.

여러분은 지금 무엇을 봅니까? 무엇에 집념하고 있습니까? 생각의 초점을 옮겨야겠고, 중심 이동을 해야겠습니다. 땅의 것, 이제 그만합시다. 그리고 높은 곳을 바라봅시다. 영광의 중한 것을 바라보는 순간 내가 당하는 환난은 경한 것이 됩니다. 이 놀랍고 신비로운 경험이 오늘로부터 새롭게 이어지면서 참으로 차원 높은 신령한 생활이 다시 시작되기를 바랍니다. △

내일을 기다리라

여호수아가 옷을 찢고 이스라엘 장로들과 함께 여호와의 궤 앞에서 땅에 엎드려 머리에 티끌을 무릅쓰고 저물도록 있다가 여호수아가 가로되 슬프도소이다 주 여호와여 어찌하여 이 백성을 인도하여 요단을 건너게 하시고 우리를 아모리 사람의 손에 붙여 멸망시키려 하셨나이까 우리가 요단 저편을 족하게 여겨 거하였더면 좋을 뻔하였나이다 주여 이스라엘이 그 대적 앞에서 돌아섰으니 내가 무슨 말을 하오리이까 가나안 사람과 이 땅 모든 거민이 이를 듣고 우리를 둘러싸고 우리 이름을 세상에서 끊으리니 주의 크신 이름을 위하여 어떻게 하시려나이까 여호와께서 여호수아에게 이르시되 일어나라 어찌하여 이렇게 엎드렸느냐 이스라엘이 범죄하여 내가 그들에게 명한 나의 언약을 어기었나니 곧 그들이 바친 물건을 취하고 도적하고 사기하여 자기 기구 가운데 두었느니라 그러므로 이스라엘 자손들이 자기 대적을 능히 당치 못하고 그 앞에서 돌아섰나니 이는 자기도 바친 것이 됨이라 그 바친 것을 너희 중에서 멸하지 아니하면 내가 다시는 너희와 함께 있지 아니하리라 너는 일어나서 백성을 성결케 하여 이르기를 너희는 스스로 성결케 하여 내일을 기다리라 이스라엘의 하나님 여호와의 말씀에 이스라엘아 너희 중에 바친 물건이 있나니 네가 그 바친 물건을 너희 중에서 제하기 전에는 너의 대적을 당치 못하리라 아침에 너희는 너희 지파대로 가까이 나아오라 여호와께 뽑히는 지파는 그 족속대로 가까이 나아올 것이요 여호와께 뽑히는 족속은 그 가족대로 가까이 나아올 것이요 여호와께 뽑히는 가족은 각 남자대로 가까이 나아올 것이며

(여호수아 7 : 6 - 14)

내일을 기다리라

여덟 살 난 아들을 자동차에 태우고 가던 아버지가 신호를 무시한 채 차를 운전하고 있었습니다. 아들이 깜짝 놀라서 "아빠, 이렇게 하면 안되는데요. 신호를 무시하고 운전하면 안되잖아요?" 하고 말했습니다. 아버지가 대답했습니다. "다들 그렇게 한단다." 그 어린이가 중학생 때 삼촌이 찾아와서 아버지에게 세금을 어떻게 하면 덜 낼까 의논하는 것을 보고 이 아들 아이가 또 한 번 의아하게 생각했습니다. 그랬더니 아버지가 어깨를 툭툭 치면서 "다들 그렇게 한단다" 하고 말했습니다. 뒤에 고등학생이 된 이 아이가 시험을 치를 때 부정행위를 해서 발각이 되었습니다. 정학처분을 받고 집으로 돌아왔습니다. 아버지는 크게 노해서 "어찌 이런 일이 있을 수 있느냐?" 호되게 야단을 쳤습니다. 아이는 두 눈을 똑바로 뜨고 말했습니다. "다들 그렇게 한다고요."

오늘본문에 이스라엘은 출애굽해서 40년 동안을 광야에서 헤매고, 하나님의 특별한 은혜로 요단강을 건너서 첫 성 여리고 성을 점령하게 됩니다. 그리고 온 국민과 함께 만세를 부르고 기세등등해서 두 번째 성 아이 성을 치려고 할 때였습니다. 아이 성은 조그마한 성입니다. 전쟁을 벌일 만한 곳이 못돼서 군인을 3천 명만 보냈습니다. 그런데 전쟁에 패했습니다. 저는 이것을 보면서 생각해봅니다. 저는 6·25때 전쟁에 참여해보았습니다. 전쟁이란 자연히 쌍방이 다 희생을 치르게 되어 있는 것입니다. 저는 오늘 사건을 보면서 이렇게 생각합니다. '3천 명이 출전했다가 도대체가 36명 죽었는데, 왜 도망해? 이런 시시하고 멍청한 군인들이 있나?' 3천 명이 출전을 했다가 36명 죽는다고 온 군인들이 도망을 하다니, 이런 한심한 군인들이 어디에 있습니까. 그러나 이 사건에는 특별한 의미가 있습니다. 깊이 생각해야 될 뼈아픈 사건이 여기에 있습니다. 오늘본문에 나오는 대로 여호수아는 하나님 앞에 엎드렸습니다. '하나님, 어찌하여 이런 일이 있습니까. 하나님께서 가라고 하셔서 갔고, 하나님께서 쳐들어가라고 하셔서 쳐들어갔습니다. 그런데 이 거룩한 전쟁에 어찌 패전이라는 것이 있을 수 있습니까? 어찌하여 이런 일이 있습니까?' 하루 종일 땅에 엎드려서 티끌을 무릅쓰고 슬피 울다가 하나님 앞에 부르짖는 것입니다. 하나님께서 대답해주십니다. '그 원인은 밖에 있는 것이 아니고 너희 안에 있느니라. 너희 안에 내부적으로 문제가 있느니라. 바친 것이 있나니, 바쳐진 것을 도둑질한 놈이 있나니, 저런 거룩한 전쟁을 강도질하는 약탈전쟁으로 그 명분을 바꾼 저런 불신앙의 사람이 있다. 그런고로 이것을 제하라. 그전에는 절대로 이기지 못할 것이다.'

오늘본문을 읽을 때마다 가장 마음 아픈 것은 어떡해서 한 사람의 죄 때문에 온 백성이 고난을 당하는가, 하는 것입니다. 죄를 지은 것은 아간이라는 한 사람입니다. 그 한 사람의 죄 때문에 온 백성이 고난을 당하게 됐더라는 말씀입니다. 여기에 의미가 있습니다. 하나님께서는 말씀하십니다. '너희 속에 악이 있느니라. 이 악을 제하기 전에는 절대로 승리하지 못하리라.' 죄 때문이었습니다. 성경을 자세히 읽어보면 외투 한 벌, 은 2백 세겔, 5십 세겔 상당하는 금덩어리 하나, 이것 세 가지를 전쟁하는 가운데서 보고 아까운 생각이 들었습니다. '이 아까운 걸 왜 불 지르나? 이걸 왜 태워버린단 말인가.

이 아까운 걸?' 그래서 슬쩍해서 숨겨놓았습니다. 자기 보따리 속에다가 깊이 숨겨두었습니다. '이 전쟁 다 끝난 다음에 꺼내 가지고 이것 가지고 좀 행복하게 살 것이다.' 이런 생각을 했겠지요. 그런데 성경은 이렇게 말씀합니다. 보고 탐내어— 이것이 문제입니다. 더구나 전쟁을 하는 사람이 탐심이 있으면 안됩니다. 전쟁하는 사람에게 탐심이 있으면 그것은 강도지 군인이 아닙니다. 이것을 알아야 합니다. 전쟁하는 사람에게는 어떤 경우에도 탐심은 금물입니다. '보고 탐심 했다.' 본다는 것이 문제입니다. 유혹을 받게 됩니다. 금덩어리를 보는 순간, 이 좋은 옷 한 벌 보는 순간 그만 시험에 빠지게 됐더라는 말입니다.

보는 것을 잘 보아야 됩니다. 랍비들의 교훈에 이런 이야기가 있습니다. 어떤 청년이 "예쁜 여자들이 보여 자꾸 시험에 빠지는데 어떡하면 좋을까요?" 하고 랍비에게 물었습니다. 랍비가 "그러면 보지 마라"고 하자 "안보고 다니려면 잘못하다가 넘어지겠는데 그러면 어떡하면 좋을까요?" 합니다. 이때 랍비의 명답입니다. "봤으면 잊어버려라." 보는 것까지야 어떡하겠습니까. 집착하면 안됩니다. 한 번 보는 것까지는 봐주는데, 두 번 보면 죄입니다. 딱 한번만 "잘생겼다. 잘빠졌다" 하고 돌아서야지, 또 한 번 돌아보는 순간에 시험에 빠지게 됩니다. 아무리 귀한 물건이 있더라도 지금 전쟁 상황입니다. 거룩한 전쟁에 나선 군인입니다. 군인에게 탐심은 금물이요, 이 탐심 때문에 문제가 됩니다. 탐심의 노예가 되는 순간 하나님의 말씀이 들리지 않습니다. 이것이 문제입니다. 또한 양심의 소리도 들리지 않습니다. 나라 사랑하는 마음도 들리지 않습니다. 욕심에 끌리게 되면 보이는 것이 없습니다. 참 욕심이 문제입니다.

옛날 고전입니다마는 저는 이 말씀이 늘 그렇게 생각이 좀 납니다. 플라톤의 「행복론」이라는 것입니다. 옛날 대략 2,500년 전 사람이지마는, 여기에서 다섯 가지를 말하는데, 아주 간단하고 실제적인 말씀입니다. 첫째, '재산은 먹고 살 수 있기에 조금 부족할 정도가 좋다.' 둘째, '외모는 모든 사람이 칭찬하기에는 조금 모자란 게 좋다.' 셋째, '명예는 자신이 생각하는 것에 절반만 가지면 좋다.' 명예, 여러분 다 가지려고 하지 마십시오. 조금 부족한 절반 정도가 좋습니다. 넷째, '체력은 한 사람과 겨루면 이기고, 두 사람과 겨루면 질 정도가 좋다.' 너무 힘이 세어도 문제입니다. 다섯째, '말솜씨는 연설할 때 청중의 절반의 박수만 받으면 좋다.' 모든 사람이 기립박수 해주기를 바라지 말고, 절반만 박수치면 괜찮은 것입니다. 이 절반이 무엇을 말하는 것입니까. 내 생각보다 절반, 내 욕심보다는 절반입니다. 그것이 덕입니다. 자족하는 마음이 있으면 크게 도움이 됩니다. 이 만족할 줄 모르는 마음, 최고만 좋아하는 것, 그것 좋은 마음이 아닙니다. 2등도 좋고 3등도 좋습니다. 그 정도면 훌륭합니다. 꼭 1등을 해야 한다는 그것이 벌써 병든 것입니다.

오늘본문을 자세히 보면 이기심입니다. 민족도, 나라도, 하나님의 말씀도, 또 이스라엘의 영광도 생각지 않았습니다. 오직 자기만 생각한 것입니다. 전쟁 중에 이기심을 생각했습니다. 이것 때문에 망조가 듭니다. 나만 생각한 것입니다. 그런가 하면 가장 무서운 것은 이 사람이 자기 죄를 알고 있다는 것입니다. 그래서 숨겼습니다. 떳떳하지 못하니까 숨겼습니다. 숨겨놓았는데, 이것 누가 찾아내겠습니까. 숨겨놓은 악을 하나님께서 심판하시는 것입니다. 하나님 외에 아무도 이것을 들출 자가 없습니다. 하나님께서 숨겨진 악을 향해서 화살을 쏘십니다. 저는 이 숨겨진 악에 대한 이야기를 할 때마다 생각나는 할아버지가 들려주신 이야기가 있습니다. 제게 똑같은 얘기를 수 십 번 해주셔서 기억하고 있습니다. 그 다음에 제가 좀 커서 책을 보니까 어느 책에 있는 것이었습니다. 내용이 다음과 같습니다. 눈이 하얗게 온 시골에 할 일 없는 농사꾼들이 사랑방에 앉아서 투전을 했습니다. 그런데 도박하다가 한 사람이 잠깐 화장실에 가려고 밖에 나갔는데 마당 한가운데에 한 사람이 얼어 죽어 있었습니다. 앉아서 죽은 것입니다. 이 집을 향해 오다가 그만 졸려서 앉았다가 그대로 앉아 죽었습니다. 안으로 끌고 들어 와서 아랫목에 눕혀놓고 파출소에 사람을 보내 순경을 불렀습니다. 신고하기 위해서 말입니다. 파출소에 사람이 간 사이에 죽었던 사람이 살아났습니다. 따뜻하니까 얼었다가 살아나서 이 사람이 투전판인 줄 알고 한턱을 안내려고 몰래 뒷문으로 도망가버리고 말았습니다. 그러다가 한 사람이 시체가 없어진 것을 발견하고 난리가 났습니다. 좀 있으면 순경이 올 텐데 말입니다. 시체 어떻게 했느냐고 추궁당할 것같아 의논 끝에 뒷산에 어제 묻은 시신을 파오기로 했습니다. 어제 장례식이 있었는데, 그 시체를 파오면 괜찮을 것같아 하루 밖에 안된 시체를 파가지고 와서 딱 덮어놓았습니다. 순경이 와서 보면 병들어 죽은 사람하고 얼어 죽은 사람을 모르겠습니까. 순경이 어떻게 이런 일을 했느냐고 다그치자 할 수 없이 사실대로 말했습니다. 그 가져온 시체를 보니 문제가 있는 것을 발견했습니다. 시체의 귀에 못이 박혀 있었습니다. 누가 죽인 것입니다. 옆 집 사람입니다. 병 때문에 죽은 것으로 되어 있었는데, 실은 그렇지 않았던 것이었습니다. 알고 보니, 이 사람이 폐병으로 3년을 앓았는데, 죽지 않았습니다. 부인이 다른 남자하고 눈이 맞아 가지고 좋아 지냈습니다. 그런데 아무리 기다려도 남편이 죽지 않았습니다. 그래서 그만 죽여 버렸습니다. 그리고 묻었습니다. 장례식 끝나고 나서 '이제는 됐다. 이제는 우리 세상이다' 하고서 지금 단꿈을 꾸고 있었다는 것입니다. 그런데 묻어놓은 시체가 다시 나올 줄 누가 알았겠습니까. 생각해보면 얼마나 끔찍한 이야기입니까. 다 묻어놓고 장례식까지 끝났으면 완전범죄같이 보이는데, 안되는 것입니다. 하나님께서 들추시는 것입니다. 숨길 수 없습니다. 깊이 숨겨놓은 것, 하나님께서 끄집어내십니다. 장례식 한 시체까지 끄집어내십니다. 이것을 잊지 말아야 됩니다.

숨겨진 악이라는 것이 문제입니다. 이 사람이 숨겼습니다. 양심의 가책을 느끼니까 숨겼습니다. 얼마냐가 문제가 아닙니다. 하나님을 속이고, 백성을 속이고, 양심을 속이고…… 문제는 여기에 있습니다. 이 한 사람 때문에 온 백성이 전쟁에 패했다는 것입니다. 우리는 가끔 숫자적으로 따집니다. 백성 중에 몇 프로가 죄인이냐, 몇 프로가 의로우냐…… 퍼센트가 통하지 않는 것이 성경입니다. 한 사람 때문에, 이것을 잊지 말아야 됩니다. 한 사람의 숨겨진 악 때문에, 지능적인 죄 때문에 온 백성이 망하는 것입니다. 그것이 역사입니다. 저는 제 개인적으로 가진 처세, 나름의 처세 비결이 하나 있습니다. '알고 하지 않는 일은 충고하지 마라. 듣기 싫어하거든 말하지 마라. 대답하기 싫어하거든 묻지 마라.' 많이 알고 이것을 숨기고 합리화하고 정당화하려고 드는데, 여기에 무슨 충고가 필요합니까. 가끔 답답한 것이 이것입니다. "목사님 만나서 충고해주세요." 저 충고 안합니다. 알고서 하고 있는데, 무슨 충고가 필요합니까. 모르면 알려주겠지만, 빤히 알고 있는 일인데, 지능적인데, 여기는 충고가 없습니다. 하나님의 심판이 있을 뿐입니다. 그런데 무서운 것은 이것은 통계학적인 것이 아닙니다. 이것을 깊이 생각해야 됩니다.

한 사람의 죄 때문에 온 민족이 수난을 당했습니다. 우리의 역사도 그렇지 않습니까. 어느 나라 역사든지 보면 온 백성이 죄를 지어서라는 그런 일은 별로 없습니다. 그 몇 사람 때문에, 그 한 사람 때문에, 그것도 숨겨진 악 때문에, 아간의 범죄와 같이 깊이 숨겨진 것 때문에 어려움을 당합니다. 하나님께서 들추지 않으시면 영영 완전범죄가 될 수 있는 것 말입니다. 그것을 향하여 하나님께서는 화살을 쏘십니다. 이제 여호수아에게 말씀하십니다. '악을 제하라. 악을 제하고 스스로 성결케 하고 내일을 기다리라.' 내일은 우리가 만드는 것이 아닙니다. 내일은 기다리는 것입니다. 내일은 하나님께서 주시는 것입니다. 다만 우리는 성결함을 하나님 앞에 내놓고 조용히 기다릴 것입니다. 그때에 앞이 환하게 열릴 것입니다. △

내 은혜가 네게 족하도다

여러 계시를 받은 것이 지극히 크므로 너무 자고하지 않게 하시려고 내 육체에 가시 곧 사단의 사자를 주셨으니 이는 나를 쳐서 너무 자고하지 않게 하려 하심이니라 이것이 내게서 떠나기 위하여 내가 세 번 주께 간구하였더니 내게 이르시기를 내 은혜가 네게 족하도다 이는 내 능력이 약한 데서 온전하여짐이라 하신지라 이러므로 도리어 크게 기뻐함으로 나의 여러 약한 것들에 대하여 자랑하리니 이는 그리스도의 능력으로 내게 머물게 하려 함이라 그러므로 내가 그리스도를 위하여 약한 것들과 능욕과 궁핍과 핍박과 곤란을 기뻐하노니 이는 내가 약할 그 때에 곧 강함이니라

(고린도후서 12 : 7 - 10)

내 은혜가 네게 족하도다

어제 어느 신문에 났던 칼럼 이야기입니다. 어느 대학 교수가 자기가 어렸을 때 경험한 것을 아주 재미있게 기사화해서 기고한 것으로, 읽어보고 많이 웃었습니다. 그 속에 많은 의미가 있어서 오늘 여러분에게 소개합니다. 그 교수가 어렸을 때 미치도록 신고 싶었던 신발이 있었습니다. 가난하고 어려울 때 나이키 운동화가 나왔는데, 얼마나 그 나이키 운동화를 신고 싶었는지, 세상 사람을 보는 눈이 딱 두 가지였다고 합니다. 나이키 신은 사람과 안신은 사람. 나이키를 신은 사람은 다 행복해 보이고, 못신은 사람은 다 불쌍하고…… 자기도 너무너무 신고 싶어서 어머니한테 졸라대었지마는, 어머니 말씀이 이랬답니다. "야, 그 성적표 가지고 나이키를 사달라고 하니?" 그래서 "열심히 공부해서 내가 20등 할게요" 하고 대답을 했더니, 어머니가 "그러면 40등 되겠구나" 하고 말씀하셨습니다. 공부는 못하면서도 나이키 운동화를 신고 싶어서 졸랐는데, 마지막에 정 안 사주니까 그만 가출해버리고 말았습니다. 어느 자장면 집에 가서 자장면을 나르고 설거지를 하고 지내고 있는데, 어머니가 아무래도 마음이 좋지 않아서 나이키 운동화를 사다놓고 친구들을 통해서 나이키 사놓았으니 집으로 돌아오라고 해서 집으로 돌아갔답니다. 이 신발을 신고 보니까 세상을 다 얻은 것같고, 그렇게 행복할 수가 없더랍니다. 그래 기분이 좋아가지고 돌아다니는데, 동네 골목을 지나다 그만 깡패 친구들에게 그 신발을 빼앗겼습니다. 이제 나이가 들어서 생각하는 것인데, 「외투」라고 하는 러시아의 유명한 문호 고골리가 쓴 소설이 있습니다. 외투 한 벌을 위해서 일평생을 살다가 그 외투를 입고 나갔다가 강도한테 빼앗기고 그 사람은 그 충격으로 죽었습니다. 그래서 망혼이 되어가지고 겨울만 되면 거리에 그 사람의 목소리가 들린다고 하지 않습니까. 그 소설이 생각나더랍니다. 얼마나 충격이 컸으면 그랬을까요. 이제 이 교수가 하는 말입니다. "나이키보다 더 좋은 신발을 많이 신고 사는 오늘 내가 정말 행복한가?" 이것을 묻고 있는 것입니다.

'행복' 하면 잊을 수 없는 사람이 있습니다. 유명한 그리스의 고대 철학자 아리스토텔레스입니다. 그는 인생의 목표이자 인간 존재의 종착지는 행복이라고 말했습니다. 그래서 행복 하면 누구나 아리스토텔레스를 떠올립니다. '행복이 목적이고, 행복이 종착지다.' 결국은 우리가 이렇게 다 애쓰는 것이 행복을 찾기 위해서라는 말입니다. 제가 지난 주간에 특별한 책을 하나 찾아 읽었습니다. 「행복 중독자」라는 제목이 참 마음에 들어서, 마치 이 설교하는 것과 관계가 된 것같아서 급히 부탁을 해서 택배로 이 책을 샀습니다. 그래 읽어봤는데 별 소리는 없습니다. 결론은 행복은 없다는 것입니다. 올리버 버그먼이 쓴 유명한 책인데, 여기서 그는 '돈 벌고 성공하고 원만한 인간관계를 이루면 또 긍정적으로 세상을 보고 산다면 행복할 것인가?'라고 묻습니다. '이 같은 여건을 다 갖추었다. 그러면 행복할 것인가?'라고 행복 신드롬에 대해서 그는 말하고 있습니다. 결론은 행복은 중독일 뿐이라는 것입니다. 행복 중독증에 빠져서 행복이 있으리라고 생각하고 거기에 집착하고 사는 것뿐이지, 행복은 없다는 것입니다. 만약 행복할 때가 있다면 그것은 착각이고, 조금만 지나가면 '아니다'라고 하게 된다는 것입니다. 또 '쾌락의 쳇바퀴'라는 말을 합니다. 이것은 내가 행복하다고 해서 새것을 기대하고 있었지만, 그 다음에 깊이 생각해보니 옛날 어렸을 때 가졌던 그 행복, 행복이 있을 거라고 생각했던 그것에 붙들려 있다는 것입니다. 마치 나이키 운동화에 붙들려 있는 것처럼 말입니다. 결국은 옛날로 돌아간 바로 그 꿈속에 행복이 있을 뿐이라고 말합니다.

행복이라고 하면 일단은 동물적 행복을 말합니다. 이것은 본능적 욕구를 충족하는 데서 오는 것입니다. 지극히 환경적이기도 합니다. 배고프다가 먹을 때, 졸리다가 잘 때, 병들었다가 건강할 때, 가지고 싶은 것 가질 때 말입니다. 그러나 인간적 행복은 그런 것이 아닙니다. 여기에서 한 번 더 높아집니다. 인간적 행복이란 양심적이고 도덕적입니다. 아무리 내가 많은 것을 가졌더라도 죄책을 느끼고 있으면 행복하지 않습니다. 나 때문에 불행해진 사람이 주변에 있으면 절대로 꿈자리가 편할 수 없습니다. 내 주변에 굶는 사람이 있으면 나는 아무리 먹어도 행복하지 못합니다. 내 기억 속에 나로 말미암아 고통당하는 사람이 있다면 그는 어떤 좋은 여건에서도 행복할 수 없습니다. 이것이 인간적 행복이요, 도덕적 행복입니다. 또 하나는 철학적 행복이 있습니다. 지적인 욕구를 채워나가는 것입니다. 합리적으로 이해가 됩니다. 행복은 깨달음입니다. '이것이다' 하고 깨닫는 순간 깨달은 만큼 행복하다는 것입니다. 철학적입니다.

또 하나의 행복은 그것보다 더 중요한 것으로, 영적인 것입니다. 하나님과 나와의 관계에서 아우구스티누스가 '내가 하나님을 만날 때까지는 그 어디서든지 행복할 수가 없었습니다'라고 말한 것처럼 하나님과 나와의 온전한 관계, 사랑의 관계, 하나님의 사랑을 깊이 느끼는 바로 그 순간에 도달하기까지는 인간은 절대로 행복할 수 없습니다. 그래서 환경에 대한 오해가 많은 것같습니다. 첫째는 환경적인 것입니다. 환경이 바뀌면 좋아질 것이라고 생각하는 것입니다. 좀 더 부하게 되면, 좀 더 건강하게 되면, 좀 더 잘살게 되면…… 이런 것, 저런 것 생각하면서 주변환경의 변화가 나를 행복하게 해줄 줄 아는데, 그것은 아닙니다. 또 하나는 다른 사람을 행복하게 보려고 합니다. '저 사람은 행복할 것이다. 저 예쁜 사람은 행복할 것이다. 저렇게 환영을 받으면 행복할 것이다.' 다른 사람의 형편을 행복하게 생각합니다마는, 그 사람한테 물어보면 그 사람은 더 불행합니다. 여러분 제일 선망의 대상으로 보는 것이 연예인들 아닙니까. 연예인들은 예쁘지요, 잘났지요, 박수 받지요, 행복할 것같다고 하는데, 자살하지 않습니까. 연예인이라고 행복하지는 않습니다. 다른 사람은 행복할 것이라고 착각을 하는데, 그것은 착각입니다. 절대 그렇지 않습니다. 그리고 또 하나가 있습니다. '나는 지금 최악의 경우를 가는 가장 불행한 사람이다. 나는 영영 구제불능하다. 나는 불행한 중에, 불행한 중에도 가장 불행한 사람이다'라고 생각하는 바로 그것이 착각입니다. 어쩌면 당신이 제일 행복할 수도 있습니다. 먼 훗날에 다시 생각해보면 그 때가 제일 행복했습니다. 이것을 잊지 말아야 합니다.

송나라에 정이라고 하는 유명한 학자가 있었는데, 그분의 말 몇마디가 아주 기억에 남습니다. '완전한 행복도 없고 완전한 불행도 없다.' 그러면서 사람에게 세 가지 불행이 있다고 말했습니다. 첫째는 '소년등과(少年登科)'입니다. 일찍이 등과하는 것, 그것이 불행한 것이라는 말입니다. 그러면 교만해지고, 친구가 없고, 한평생 고독하게 살기에 소년등과가 불행이라는 것입니다. 또 하나는 '석부형제

지세(席父兄第之勢)'라고 말했는데, 너무나 좋은 부모님과 너무나 좋은 형제, 좋지 않습니까. 돈 많은 아버지 만나고, 훌륭한 학자인 아버지 어머니, 얼마나 좋습니까. 그런데 이것 불행입니다. 너무 좋은 환경에서 자라는 것, 그런 가정환경, 행복이 아니라는 것입니다. 본인들에게 물어보십시오. 요새 우리가 잘 압니다. 그 누구의 아들들 얼마나 고생합니까. 재벌 아들은 절대로 행복하지 않습니다. 부모가 너무 잘났다는 것, 그것 좋은 것 아닙니다. 너무 못나도 걱정이지만요. 또 하나는 '유고재능문장(有高才能文章)'이라고 했습니다. 너무 재주가 많습니다. 재주 많은 사람, 행복한 사람이 없습니다. 재주가 많으니까 메뚜기처럼 뛰어다니면서 이것도 해보고 저것도 해보고, 그러다가 마지막에 보면 아무것도 없습니다. 어떤 때 보면 무재주한 사람이 성공합니다. 목회도 그렇습니다. 목회도 재주 없는 사람이 성공합니다. 본인들이 하는 말입니다. 다른 것 할 일이 없으니까, 죽어라하고 목회만 열심히 해 성공합니다. 그런데 어떤 사람들은 재주가 많아가지고 이것도 해보고 저것도 해보고…… 이것이 별로 좋지 않습니다. 그러니까 여러분, 재주 없는 것을 감사할 수 있어야 합니다. 이 수준에 도달해야 감사하고 행복한 생이 되는 것입니다.

오늘본문을 우리가 집에 돌아가서 몇 번이고 또 읽어보십시다. 제가 아주 좋아하는 성경입니다. 읽고 또 읽고 한 스무 번 읽어보면 좋겠습니다. 오늘본문에 행복의 비결이 나옵니다. 행복의 비결이 이렇게 떠오릅니다. 사도 바울은 인간적으로 불행한 사람입니다. 가정도 없었고 사도적 서원도 이루어진 것이 아니었습니다. 복음의 문이 활짝 열려서 복음을 전하고 싶지마는, 가는 곳마다 핍박입니다. 감옥에 들어가고 매 맞고, 오해받고, 또 교회로부터 늘 환영받은 것도 아닙니다. 교회가 얼마나 오해를 많이 했습니까. 고린도서를 보면 절절합니다. 사도 바울, 칭찬받고 산 사람이 아닙니다. 고린도서를 읽다보면 그런 것을 느낍니다. 참 안됐다 싶기도 합니다. 이렇게 좋은 일 하고, 이런 말 들으며 살아야 했을까, 하는 생각까지 들 정도입니다. 그렇습니다. 그런 불행한 사람입니다. 그런데 다른 것은 없어도 건강 하나는 있어야 되지 않겠습니까. 목회자에게 다 없어도 건강은 있어야지, 건강마저 없다면 어떻게 하나님의 일을 할 수 있습니까. 그가 세상적인 욕망을 가지고 있었던 것이 아닙니다. 하나님의 사역을 위해서 건강을 바랐던 것입니다. 그런데 육체의 가시, 사단의 사자가 있었다고 했습니다. 이것이 무엇인지 알 수가 없습니다.

제가 아주 오래전에 미국에서 공부할 때 학기마다 논문을 쓸 때 어느 학기에 제가 이 사단의 사자, 곧 육체의 가시, 이 제목 하나 가지고 50페이지의 논문을 쓴 적이 있습니다. 한 학기 동안 열심히 연구해서 썼습니다. 그런데 결론은 없습니다. 내가 하늘나라에 가서 사도 바울에게 물어보렵니다. 똑바로 말하지 이상하게 말해가지고 사람을 골탕 먹이느냐고. '육체의 가시 사단의 사자가 뭐요?' 한번 물어 보렵니다. 그런데 여러분, 제가 연구한 대로는 나 나름대로 결론이 있습니다. 확실하지는 않지마는, 그것은 간질병입니다. 그래서 이리저리 다니면서 쓰러졌습니다. 갈라디아서 4장에 보면 이 장면이 나옵니다. 한번 이렇게 추리하면 알 수 있을 것같습니다. 이렇게 말씀합니다. '내가 너희 가운데 있을 때 너희 믿음을 시험할 만한 것이 내 육체에 있으되 나를 없이 여기지 아니하고 그리스도와 같이 영접했느니라.' 믿음을 시험할 만한 것이 내 육체에 있었다는 것입니다.

그것이 무엇입니까? 아니, 팔이 아프다고 시험되겠습니까, 눈이 아프다고 시험되겠습니까. 설교하다 말고 쓰러졌습니다. 그러니까 믿음에 시험이 되는 것입니다.

간질병 환자 여러분 잘 알지 않습니까. 저는 간질병에 대해서는 일가견이 있습니다. 왜냐하면 중학교 다닐 때 담임선생님이 나를 간질병 환자하고 같이 앉게 해주었습니다. 누구도 같이 앉으려고 하지 않으니까 담임선생님이 그러더라고요. "너 예수 믿지?" "믿습니다." "예수 믿는 사람들 사랑하지?" "사랑하려고 애는 씁니다." "그러면 얘하고 앉아라." 그래서 간질병 환자하고 2년 동안 앉았습니다. 짝꿍이 쓰러지면 항상 내가 도와주고 해서 간질병에 대해서는 조금도 무서워하지 않습니다. 성경 읽으면서 보면 딱 맞습니다. 옛날이나 지금이나 간질병은 같은 모양입니다. 소리 지르면서 쓰러지고, 딱 15분 있으면 툭툭 털고 일어납니다. 쓰러질 때 아무데나 쓰러지니까 머리 다치지 않게 해야 되고, 또 이를 가니까 이가 부러지지 않게 입에다 막대기를 물려야 됩니다. 이런 것 정도 도와주면 되는 것입니다. 별로 무서운 것이 아닙니다.

사도 바울이 설교하다가 쓰러지니 되겠습니까. 얼마나 답답하면 세 번이나 하나님 앞에 특별기도를 했습니다. 한번이 사십 일 기도라고 생각을 합니다. 아무튼 세 번 기도했는데 이스라엘 사람들은 그런 풍속이 있었습니다. 아버지에게 무슨 말씀을 할 때에는 세 번만 하라는 관습이 있었습니다. '이것 주세요.' 세 번 하고 나서 안된다는 것입니다. 세 번이 끝입니다. 더 이상 구하면 안됩니다. 이제는 안되는 것이 아버지의 사랑이라는 것을 알아야 된다는 그런 풍속이 있습니다. 세 번 기도하고 하나님께서 말씀하십니다. "My grace is sufficient for you(네게 있는 내 은혜가 족하다)." 기가 막힌 얘기입니다. 사도 바울은 지금 이것 때문에 고통스러워 죽겠는데 주님께서는 말씀하십니다. 'My grace.' '그것은 내 은혜다. 너는 고통으로 생각하는데, 아니다. 은혜다. 육체의 가시 곧 사단의 사자, 이것은 내가 네게 주는 은혜다. 어찌할래?' 얼마나 중요합니까. '내 은혜가 충분하다.' 만족하지는 않지만 충분하다— 이 응답이란 무엇입니까? 상황의 변화가 아닙니다. 상황에 대한 해석이요, 의미의 문제입니다. 세상이 달라진 것이 아니고, 생각이 달라지고, 뜻이 달라지는 것입니다. 이 사건을 어떻게 해석하느냐, 이것이 저주냐, 시험이냐, 축복이냐, 은혜냐? 성경은 말씀합니다. 하나님의 은혜라고요. 이것을 은혜로 수용하라는 것입니다. '은혜로 수용하라.' 곧 깨달음을 말씀하는 것입니다. '이 고통을 은혜로 수용하라.' 사도 바울은 시험이라고 생각하는데, 예수님께서는 말씀하십니다. '내가 네게 주는 은혜다. 이것은 네게 충분하다.' 그러면 우리도 충분하다고 받아들여야겠습니다. '이것을 깨달고, 수용하고, 순종하라.' 그리고 이대로 감사하는 것입니다. '내가 네게 주는 은혜다. 너도 은혜로 받고 감사하라.'

그러면 마지막 비결이 어디에 있습니까? 이렇게 될 수 있는 길이 어디 있는지 구체적으로 말씀하십니다. 그것은 신앙적 겸손입니다. 오늘본문은 우리에게 가르쳐줍니다. 아주 중요하게 말씀해줍니다. 자만하지 않게 하시려고— 다시 말해서 교만하지 않게 하시려고 말입니다. 성공하고 교만하면 망가집니다. 출세하고 교만하면 망합니다. 알아야 됩니다. 높아질수록 겸손해야 됩니다. 겸손하고 또 겸손해야 됩니다. 어디까지 겸손할 수 있습니까? 꼭 기억하십시다. 내가 스스로 겸손할 수 없습니다. 혹이라도 나는 겸손하다고 생각합니까? 그것은 교만입니다. 겸손한 사람은 스스로 겸손하다고 생각하지 않습니다. 나는 교만하다고 생각합니다. '나는 교만하다. 이 교만이 문제다'라고 생각하는 사람은 겸손한 사람이고, 혹이라도 누구하고 만나서 '나는 겸손하고, 너는 교만하다' 그러면 그 사람 교만한 사람입니다. 그것을 잊지 말아야 합니다.

유명한 이야기가 있지 않습니까. 성 프란체스코의 제자가 하늘나라에 올라갔답니다. 하늘나라에서 이윽히 구경을 하는데 성 프란체스코의 보좌가 있더랍니다. 높은 보좌, 빈 의자가 있었습니다. "이것 누구 겁니까?" 물었더니 "성 프란체스코가 앞으로 올라와서 앉을 보좌다. 세상에서 가장 겸손한 성 프란체스코가 이제 앞으로 여기 와서 앉을 것이다"라는 음성을 들었습니다. 환상에서 깬 제자가 다음날 성 프란체스코를 시험했답니다. "선생님, 선생님은 자신을 어떤 사람이라고 생각하십니까." "나는 가장 교만한 사람이라고 생각하지." 그러니까 제자가 말하기를 "선생님, 그것은 거짓입니다. 그건 위선입니다. 온 세상 사람이 당신을 성자라고 부르는데, 내가 제일 큰 죄인이라고 하시면, 세상에 죄인이 얼마나 많은데, 그런 거짓말이 어디에 있습니까" 하고 직언을 했더랍니다. 그러니까 성 프란체스코가 노하지 않고 빙그레 웃으면서 하는 말입니다. "그것은 자네가 나를 몰라서 그래. 내 마음속에 무서운 악이 있고, 내 마음속에 무서운 질투가 있고, 내가 생각하기에 나는 가장 악한 사람이야. 그리고 꼭 잊지 말아야 할 것이 있어. 하나님께서 내게 베푸신 은혜를 다른 사람에게도 베풀었다면 그 사람들은 다 나보다 더 훌륭한 사람이 되었을 거야." 이것이 성 프란체스코입니다.

여러분은 어디까지 겸손할 수 있습니까? 문제는 여기에 있습니다. 나 혼자는 겸손할 수 없습니다. 바울을 겸손하게 만든 것은 육체의 가시, 사단의 사자입니다. 이것이 있어서 겸손해진 것입니다. 이것이 있고야 겸손해진 것이 사도 바울입니다. 이것을 인정하고 있습니다. 내가 병들지 않으면 교만합니다. 사단의 사자가 없으면 나는 교만해질 사람이요, 내가 실패하지 않으면 교만해질 사람입니다. 이 얼마나 절절하고 진실한 말씀입니까. '사단의 사자가 있어서 비로소 내가 있다.' 사도 바울이 생각합니다. '그래서 네게 있는 내 은혜가 네게 족하다.' 이 말씀을 사도 바울은 그대로 수용합니다. '약할 때 강하다.' 이 사건으로 인해서 내가 겸손해지고 겸손함으로 비로소 은혜가 은혜 될 수 있었다는 것입니다.

행복이 어디에 있습니까? 당신의 겸손 수준에 있는 것입니다. 겸손한 만큼 행복합니다. 겸손 없이는 그 누구도, 어떤 환경에도 행복은 없습니다. 하나님 앞에 신앙적 겸손이 있을 때 '오 주여, 내게 주신 모든것이 은혜임을 내가 압니다. 나를 위해주시고, 나를 겸손하게 하시고, 내게 주신 은혜가 은혜 되기 위하여 이 사건이 있는 줄 압니다.' 이렇게 수용하게 될 때 그만이 행복을 누리는 사람이 될 것입니다. △

죽은 것이 아니라 잔다

아직 말씀하실 때에 회당장의 집에서 사람들이 와서 가로되 당신의 딸이 죽었나이다 어찌하여 선생을 더 괴롭게 하나이까 예수께서 그 하는 말을 곁에서 들으시고 회당장에게 이르시되 두려워 말고 믿기만 하라 하시고 베드로와 야고보와 야고보의 형제 요한 외에 아무도 따라옴을 허치 아니하시고 회당장의 집에 함께 가사 훤화함과 사람들의 울며 심히 통곡함을 보시고 들어가서 저희에게 이르시되 너희가 어찌하여 훤화하며 우느냐 이 아이가 죽은 것이 아니라 잔다 하시니 저희가 비웃더라 예수께서 저희를 다 내어보내신 후에 아이의 부모와 또 자기와 함께한 자들을 데리시고 아이 있는 곳에 들어가사 그 아이의 손을 잡고 가라사대 달리다굼 하시니 번역하면 곧 소녀야 내가 네게 말하노니 일어나라 하심이라 소녀가 곧 일어나서 걸으니 나이 열 두 살이라 사람들이 곧 크게 놀라고 놀라거늘 예수께서 이 일을 아무도 알지 못하게 하라고 저희를 많이 경계하시고 이에 소녀에게 먹을 것을 주라 하시니라

(마가복음 5 : 35 - 43)

죽은 것이 아니라 잔다

아브라함 링컨 대통령이 하루는 많은 사람들과 이야기를 하다가 이런 엉뚱한 질문을 했다고 합니다. “만약에 개의 꼬리를 개의 다리라고 부른다면 개의 다리가 몇 개입니까?” 사람들은 이 질문 자체를 의아하게 생각하고 아무 대답도 못했습니다. 그때 링컨 대통령이 껄껄 웃으면서 간단하게 대답했습니다. “다리가 넷이죠. 사람들이 아무리 개의 꼬리를 다리라고 부른다고 해서 꼬리가 다리가 되는 것은 아니죠.” 이것은 위대한 이야기입니다. 사람들이 이렇다 저렇다 한다고 해서 사실이 달라지는 것도 아니요, 진리가 변하는 것도 아닙니다. 사건은 엄연히 사건일 뿐입니다. 사람들은 이렇게 말하면 이렇게 되고, 저렇게 말하면 저렇게 되는 줄로 착각하고 있습니다. 이것이 얼마나 엄청난 실수요, 이것이 얼마나 세상을 혼란하게 만드는 일입니까? 그런고로 우리의 마음을 바르게 잡아야 합니다. ‘누가 뭐라고 해도 개의 다리는 넷이다.’ 이것을 잊지 말아야 합니다.

유진 피터슨은 그의 책 「현실 : 하나님의 세계」에서 우리에게 특별한 영적 지혜를 말하고 있습니다. 우리가 할 수 있는 하나님의 구원에 대한 아주 중요한 경험이 바로 하나님 부재경험이라는 것입니다. 하나님 있는 경험을 하면 좋겠는데, 하나님 있는 경험은 사람들이 영적 지각이 부족해서 하나님 안에 있으면서도 모릅니다. 하나님 있는 경험에 대해서 너무나 둔감하고, 오히려 하나님 없는 경험만 큰 경험으로 체험하고 있다는 것입니다. 다시 말하면 이스라엘 백성이 애굽에서 4백 년 동안 노예생활을 합니다. 하나님 없는 생활이었습니다. 하나님의 부재요, 하나님의 침묵입니다. 그 하나님의 깊은 침묵 속에 어디를 보아도 하나님께서는 안계신 것같습니다. 이스라엘 백성은 버려진 것같았습니다. 그런 시간들을 보냈습니다. 그러나 그 속에서 하나님 부재를 경험하게 됩니다. 몸으로 경험하고, 사건 속에서, 역사 속에서 경험하게 됩니다. 첫째는 하나님 없는 용기가 얼마나 하찮은 것인가, 하나님 없는 지혜가 얼마나 무모한 것인가, 하나님 없는 부귀영화가 얼마나 망령된 것인가를 알게 됩니다. 하나님 없이 성공한다는 것, 정말 한심한 일입니다. 하나님의 부재경험을 뼈저리게 느끼게 된다는 것입니다.

둘째는 전능하신 하나님을 내 요구에 응하는 하나님으로, 하나님의 능력을 축소해서, 하나님께 내 소원을 들어달라고 그렇게 안달을 하며 내 소원대로 되기를 바랐는데, 하나님 없는 경험을 하다보니 내 소원이 얼마나 잘못된 것인가를 알게 되는 것입니다. 내 욕망이 얼마나 한심한 것이고 부질없는 것이라는 사실을 비로소 깨닫게 되더라는 말입니다. 그래서 늘 영적 단맛 중독증에 빠져서 안주하고자 하는 생각을 이제서 버리게 된다는 것입니다. 그리고 정신을 차리고 하나님의 신비를 지향하게 되고, 신비 속에서 일하시는 하나님의 위대한 능력을 향해서 비로소 마음을 열게 되더라는 것입니다. 이것이 그가 설명하고 있는 하나님의 세계입니다.

오늘본문을 자세히 보면 회당장 야이로라는 사람이 나옵니다. 이것이 가버나움에서 있은 이야기입니다. 예수님께서 본디 태어나신 곳은 베들레헴입니다마는, 자라신 곳은 나사렛입니다. 하지만 예수님께서 나이 드시어 생활하신 곳은 가버나움입니다. 가버나움은 쉽게 말하면 예수님의 고향이나 마찬가지입니다. 그러니까 그곳 사람들이 예수님에 대해서 잘 압니다. 그리 많지도 않은 사람들이니 예수님께서 목수의 아들이시요, 서른 살 난 청년이라는 사실을 잘 알고 있습니다. 다른 사람들이 무슨 말을 해도 가버나움의 회당장 야이로는 예수가 누구인지 잘 알고 있습니다. 그런데 오늘본문을 자세히 보면 22절, 23절에 특별한 말씀이 보입니다. "회당장 중 하나인 야이로라 하는 이가 와서 예수를 보고 발 아래 엎드리어 많이 간구하여 가로되 내 어린 딸이 죽게 되었사오니 오셔서 그 위에 손을 얹으사 그로 구원을 얻어 살게 하소서 하거늘." 회당장의 이 자세를 좀 보십시오. 회당장은 이 마을의 최고의 지도자요, 최고로 존경받는 어른입니다. 그가 한동네에 사는 예수라 하는 서른 살 난 청년의 발 아래 엎드리어 많이 간구하여 간절한 마음으로 살려달라고 하고 있습니다. 간구하게 되었다는 것입니다. 이 자세 자체가 기적입니다. 요새 우리는 이런 일을 많이 봅니다. 한평생을 무신론자로 살다가 딸이 죽어가는 것을 보면서 정신을 차리고, 한평생 생각했던 무신론을 버리고 하나님께로 돌아오는 사람을 봅니다. 한평생 자기가 지성인이라고 자청하다가 이제 병들게 되어 비로소 하나님 앞에 무릎을 꿇고, 한평생 연구했던 것 다 버리고 맙니다. 그리고 겸손한 마음과 신앙으로 돌아오는 사람들을 우리는 수없이 많이 봅니다.

장 바니에라고 하는 분이 쓴 재미있는 책 한 권이 있습니다. 「인간되기」라는 책입니다. 사람이 사람 됐는데 그 과정이 어떻게 되느냐, 하는 것입니다. 사람이 자기 존재를 찾아가는 과정을 아주 간단하게 요약해줍니다. 첫째는 두려움입니다. 공포의 경험입니다. 자기가 얼마나 무능한지를 깨달아야 합니다. 자기가 얼마나 하찮은 존재인지를 말입니다. 내가 가진 재산, 아무것도 아닙니다. 내가 가진 건강, 아무것도 아닙니다. 내가 가진 명예, 부끄러운 것입니다. 이런 가운데 커다란 힘, 위대한 능력 앞에서 두려움에 떨게 됩니다. 겸손하게 됩니다. 여기서 사람이 되는 것입니다.

둘째는 한계를 알아야 한다는 것입니다. 사람이 할 수 있는 것이 여기까지입니다. 또 내가 할 수 있는 일이 여기까지라는 것을 아는 것입니다. 한계를 모르면 안됩니다. 피조물로서의 한계를 잊지 말아야 합니다. 아무리 큰 소리 쳐보아도 사람은 사람입니다. 사람이 사람 된 나약함, 사람 된 한계를 알면서 사람이 되는 것입니다. 이것을 모르면 사람이 아닙니다. 그리고 나서야 새로운 가치를 발견하게 되고, 이 때에 사람이 되는 것입니다. 사람 되는 과정이 이러하다고 그는 책 한 권에서 설명해나가고 있습니다.

오늘본문에서 야이로는 두려워합니다. 딸이 죽어가니까 여기서 경건을 찾게 됩니다. 그는 회당장입니다. 회당에서 하나님의 말씀을 가르치는 사람입니다. 하나님의 말씀을 가르치는 전문가입니다. 경건을 가르치는 사람입니다마는, 오늘 자신에게 돌아온 경건은 이야기가 다릅니다. 딸이 죽어가니까 말입니다. 짐작이 갑니다. 그 마음이 어떠했겠는가를 알 수 있습니다. 사랑하는 딸이 죽어가고 있기 때문에 이제서 새로운 믿음을 가지고 예수님 앞에 와서 무릎을 꿇습니다. 오늘본문 35절, 36절은 말씀합니다. "아직 말씀하실 때에 회당장의 집에서 사람들이 와서 가로되 당신의 딸이 죽었나이다 어찌하여 선생을 더 괴롭게 하나이까 예수께서 그 하는 말을 곁에서 들으시고 회당장에게 이르시되 두려워 말고 믿기만 하라 하시고." 지금 예수님을 모시고 자기 집으로 급하게 갑니다. 좀 더 빨리 갔으면 했을 것입니다. 그런데 가는 도중에 또 하나의 사건이 있었습니다.

그래서 일이 지체가 됐습니다. 초조하게 빨리 예수님을 모시고 죽기 전에 딸한테 가야겠다고 생각을 했는데, 집에서 사람이 왔습니다. 딸이 이미 죽었다는 소식입니다. 그런고로 예수님을 괴롭힐 필요가 없습니다. 다시 말해서 예수님을 모시고 집에 갈 필요가 없습니다. 이미 죽었으니까요. 기가 막힙니다. 이제 회당장이 어떡해야 되겠습니까. 이럴 수도 없고, 저럴 수도 없습니다. 한계에 딱 부딪힌 것입니다. 이것이 인간의 모습입니다. 당신의 딸이 죽었나이다— 사람의 한계가 여기까지입니다. 대개 이렇게 되면 그저 손들고 맙니다.

여러분은 혹 중한 수술을 받아보았습니까? 가족 가운데 누가 중요한 수술을 받았습니다. 수술을 받고 지금 마취에서 깨어나기 전입니다. 너무나 초조하고 불안해서 많은 사람들이 의사를 붙들고 있습니다. 그때에 의사가 하나님처럼 보이는 것입니다. 그의 말 한마디가 얼마나 중요합니까. 수술하고 나오는 그 의사에게 "어떻게 되겠습니까? 살겠습니까, 죽겠습니까?" 하고 묻게 됩니다. 대체로 의사는 똑같은 대답을 합니다. "내가 할 수 있는 일은 다 했습니다. 이제는 기다림 뿐입니다." 살는지 죽을는지 아무도 모릅니다. 여기까지가 내가 할 수 있고, 인간이 할 수 있는 일입니다. 그 다음은 없습니다. 병원에 갈 때마다 느끼지 않습니까. 어느 병원이든지 영안실이 있습니다. 아니, 환자의 병을 고친다면서 영안실은 왜 필요합니까. 그런데 요새 말을 들어보니 다 적자인데, 그것만 흑자랍니다. 그래서 요새 영안실을 잘해놓았습니다. 거기는 항상 만원입니다. 우리는 병원에서 병을 고친다고 상상을 하는데, 병원에는 영안실이 있습니다. 뱅뱅 돌고 돌다가 영안실에서 끝납니다. 이것이 인간입니다. 이것이 인간의 한계점입니다.

“당신의 딸이 죽었나이다……(35절)” 이제 이 야이로는 어떡해야 되겠습니까? 이럴 수도 없고, 저럴 수도 없습니다. 바로 그 시간입니다. 예수님께서 말씀하십니다. “두려워 말고 믿기만 하라……(36절)” 딱 한마디입니다. 여기서 회당장이 어느 쪽을 택하느냐가 문제입니다. 믿는다고 죽은 사람이 살아납니까. 인간 상식으로는 말이 안됩니다. 그런데 이 회당장은 지금 어느 정도의 믿음이 있었는지 모르지만, 그대로 예수님을 모시고 딸이 죽었다고 하는 자기 집으로 갑니다. 한계를 넘어서는 것입니다. 의원 예수, 기적의 사람 예수, 그 한계를 넘어서 메시야 예수, 생명의 주인 되시는 하나님의 아들 예수…… 이쪽으로, 그 믿음이 높은 위치로 올라가는 시간입니다. 한 단계 넘어섭니다. 두려워 말고 믿기만 하라!— 인간의 능력, 지혜, 한계를 넘어서 하나님의 신비로운 세계로 그 역사를 따라가게 됩니다. 온전한 믿음이 아닌 것같으나, 순종하는 믿음입니다. 아마 야이로가 따라가면서 ‘이것, 이렇게 해야 되나, 말아야 되나? 가야 되나?’ 하고 많이 의심했으리라고 짐작합니다마는, 고맙게도 야이로는 ‘이제 우리 집에 더 갈 필요 없습니다’라는 말을 안했습니다. ‘이제 다 끝났습니다.’ 이렇게 하지 않았습니다. 예수님의 말씀을 따라서, 모름지기 속에 완전한 믿음은 아니었으나, 예수님을 모시고 딸이 죽었다고 하는 집으로 갑니다. 많은 사람이 딸이 죽었으니 울고 곡성이 나오고 있습니다마는, 예수님 들어서면서 하시는 말씀입니다. “죽은 것이 아니라 잔다……(39절)” 죽었다는 것은 인간적 한계를 말하지만, 잔다는 것은 생명이 있다는 것을 말합니다.

자는 것 가만히 보면 죽은 거나 마찬가지입니다. 어떤 사람은 자는 모습이 별로 예쁘지 않습니다. 어떤 때 보면 죽었는지 살았는지 분간이 안가는 모습입니다. 그러나 자는 것은 자는 것이고, 죽는 것은 죽은 것입니다. 자는 것은 깰 것입니다. 속에 생명이 있기에 의식은 없지만 살아날 것입니다. 그러나 죽었다는 말은 끝났다는 이야기 아니겠습니까. 예수님께서는 분명히 죽었다고 하는 아이를 보시면서도 죽은 것이 아니라 잔다고 말씀하고 계십니다. 죽었다— 이것은 한계요 끝이요 절망입니다마는, '잔다'라는 말은 생명력을 보고 있다는 것입니다. 여기에 위대한 말씀이 하나 있습니다. 플러스알파의 역사가 있습니다. 분명히 죽었습니다마는, 말씀의 능력이 가해지는 순간, 하나님의 생명의 말씀이 전해지는 순간에 살아날 것입니다. 이것을 전제로 예수님께서는 말씀하십니다. "죽은 것이 아니라 잔다." 이 얼마나 놀라운 얘기입니까.

간혹 우리는 그런 생각을 합니다. 의식이 있는 자에게 하나님의 말씀을 전한다— 말씀은 들을 수 있는 자에게 전해지는 것이 아닙니다. 진정한 생명의 말씀은 죽은 자에게도 전해집니다. 명령적입니다. 죽은 자를 향해서도 전해집니다. 나인성 과부 아들이 죽었을 때입니다. 지금 장례를 하는 시간입니다. 그 관을 매고 나가는데, 딱 멈추시고 예수님 말씀하십니다. 시체를 향해서 "청년아, 일어나라!" 하십니다. 이 청년이 일어납니다. 나사로는 죽었습니다. 죽은 지 나흘이나 돼서 장례식까지 다 끝났습니다. 썩어서 냄새까지 납니다. 그런데도 예수님께서는 찾아가셔서 돌무덤 문을 옮겨놓게 하시고 말씀하십니다. 시체를 향해서 "나사로야, 나오라!" 하십니다. 나사로가 걸어 나옵니다. 이것이 말씀의 능력입니다. 죽어간다고 걱정할 것 없습니다. 살아날 것입니다. 생명의 말씀만 전해지면 살아날 것입니다.

이 세대를 어떻게 보십니까? 신문을 볼 때마다 답답하지 않습니까. 이리 생각해도, 저리 생각해도 아무것도 보이는 것이 없습니다. 도대체 이놈의 세상이 어떻게 되는 것인지 난감합니다. 마치 죽어가는 사람처럼, 아니, 다 죽은 것처럼 보입니다. 그러나 낙심하지 마십시오. 주님께서는 말씀하십니다. "죽은 것이 아니라 잔다." 그리고 이 죽은 시체를 향해서 말씀하십니다. "달리다굼! 소녀야, 일어나라!" 아이가 벌떡 일어납니다. 이 얼마나 놀라운 이야기입니까. 현실 속에 하나님의 신비가 있습니다. 우리의 절망이, 우리의 두려움이 끝이 아닙니다. 주님께서는 말씀하십니다. "죽은 것이 아니라 잔다." 하나님의 세계, 하나님의 지혜, 하나님의 능력, 하나님의 경륜, 그 놀라운 세계를 보고 생각해야 할 것입니다.

요한복음 11장 25절, 26절에서 예수님 말씀하십니다. "예수께서 가라사대 나는 부활이요 생명이니 나를 믿는 자는 죽어도 살겠고 무릇 살아서 나를 믿는 자는 영원히 죽지 아니하리니 이것을 네가 믿느냐." 이것을 네가 믿느냐! 이것을 네가 믿느냐! — △

내게 주신 경륜을 따라

내가 이제 너희를 위하여 받는 괴로움을 기뻐하고 그리스도의 남은 고난을 그의 몸 된 교회를 위하여 내 육체에 채우노라 내가 교회 일군 된 것은 하나님이 너희를 위하여 내게 주신 경륜을 따라 하나님의 말씀을 이루려 함이니라 이 비밀은 만세와 만대로부터 옴으로 감취었던 것인데 이제는 그의 성도들에게 나타났고 하나님이 그들로 하여금 이 비밀의 영광이 이방인 가운데 어떻게 풍성한 것을 알게 하려 하심이라 이 비밀은 너희 안에 계신 그리스도시니 곧 영광의 소망이니라 우리가 그를 전파하여 각 사람을 권하고 모든 지혜로 각 사람을 가르침은 각 사람을 그리스도 안에서 완전한 자로 세우려 함이니 이를 위하여 나도 내 속에서 능력으로 역사하시는 이의 역사를 따라 힘을 다하여 수고하노라

(골로새서 1 : 24 - 29)

내게 주신 경륜을 따라

〈쿠오바디스(Quo Vadis)〉라는 영화가 있습니다. 못본 분이 아마 없을 줄 압니다. 너무나도 유명한 영화이기도 하고, 그리스도인으로 볼 때는 너무나 귀하고 아주 복된 메시지가 있는 영화기 때문에 많은 사람들이 오랜 세월동안 보고 또 보았을 것입니다. 저도 많이 보았습니다. 여러분 가운데 아직 못본 분들이 있다면 부끄럽게 생각하시고 이제라도 빨리 구해서 영화를 세 번 정도 보았으면 합니다. 이 영화의 내용을 살펴보면 그 속에 엄청난 성경적, 신학적 의미가 있습니다. 내용은 이렇습니다. 말도 안되는 모순된 현실이 거기에 나타납니다. 네로 황제가 한참 영광을 누리고 있을 때입니다. 그는 스스로를 무슨 예술가로 생각하는, 사실 미친 사람입니다. 모든것을 노래하고, 모든것을 예술적으로 본다고 생각합니다. 이 사람이 높은 데서 로마시를 내려다봅니다. 이 로마시가 몇 백 년 된 건물이니, 뭐든 마음에 들지 않았습니다. 이것 가지고 대로마제국의 수도가 될 수 없다고 생각하여 아예 다 불태워버리고 새 로마를 건설하려는 꿈을 품었습니다. 요샛말로 하면 재건축입니다. '싹 밀어버리고 새로운 로마를 세워야겠다.' 그런 생각을 했습니다. 그리고 비밀리에 몇 사람을 보내서 여기저기에 불을 질렀습니다. 정말로 로마시가 불타버립니다. 완전히 불바다가 되어버립니다. 그럴 때 그는 높은 데 올라앉아서 그 불타는 것을 보면서 '아, 훌륭한 예술이다' 하고 노래하고 있었습니다. 정신 나간 사람 아닙니까. 그런데 이렇게 불태우고 나니 비밀이 어디에 있겠습니까. 사람들이 알았습니다. 네로 황제가 불을 질렀다고 소문이 자꾸만 나는 것입니다. 요샛말로 반정부 움직임이 생기는 것입니다. 그래 수습할 길이 없었습니다. 그때 어떤 사람 하나가 계책을 내는데, 그것은 불 지른 책임을 다른 사람에게 전가하는 것입니다. 이렇게 해서 궁리해낸 것이 기독교인의 종말론입니다. 이 세상 끝에는 불의 심판이 있고, 주님께서 재림하신다는 메시지를 전하고 있는데, 이것을 가지고 기독교인들이 불 질렀다고 누명을 씌우는 것입니다. 그래서 기독교인들을 모조리 잡아다가 "네가 불 질렀지?" 하면서 죽이는 것입니다. 원형극장에 몰아넣고 굶주린 사자들에게 밥으로 주는 등 말할 수 없이 비참하게 그리스도인들을 죽였습니다.

그렇게 수많은 기독교인들을 데려다 죽이고 있을 때 사도 베드로가 그 로마 한가운데에 있었습니다. 어찌하면 좋겠습니까? 이런 때에 여기에서 무모하게 대사도인 베드로가 그냥 죽어서야 되겠습니까. 그러니까 옆에 있던 사람들이 "아, 베드로 사도여, 빨리 로마를 빠져나갑시다. 로마만 빠져나가면 됩니다" 합니다. 이것은 로마에 국한된 일이기 때문에 로마를 빠져나가서 어디서든지 예수를 믿고 복음을 전해도 상관이 없습니다. 로마에서만 문제가 됩니다. 그런고로 빨리 빠져나가라는 것입니다. 그래서 베드로는 안내자의 인도를 따라 로마를 빠져나갑니다. 그 빠져나갔던 그곳, 그 길이 지금도 있습니다. 그 길을 가보았습니다. 가는 도중에 예수님께서 나타나셨습니다. 예수님께서 로마 쪽으로 가고 계십니다. 바로 그때 베드로가 하는 말입니다. "Quo Vadis Domine?" 'Quo Vadis'라는 말은 '어디로 가십니까?'라는 뜻이고 'Domine'는 '주여'라는 말입니다. 그래서 'Quo Vadis Domine?'는 '어디로 가십니까, 주여?'라는 뜻입니다. 그때에 예수님께서 대답하십니다. "네가 버리고 나온 로마에 가서 다시 십자가에 못박히려고 한다." 베드로가 깜짝 놀랍니다. 베드로가 예수님을 만났던 바로 그 자리에 베드로의 발자국이 보관되어 있습니다. 거기서 베드로가 예수님을 만나는 순간에 신비로운 경험을 합니다. 그때에 베드로가 대답합니다. "주여, 아닙니다. 제가 가겠습니다." 발길을 돌려서 그는 다시 로마로 들어가 정말로 십자가에 못박히게 됩니다. 그때에 그는 말합니다. "예수님의 십자가에 못박히는데, 내가 감히 어찌 예수처럼? 안 된다. 나를 거꾸로 매달아라." 그래서 베드로는 거꾸로 십자가에 못박혀 순교하게 됩니다. 그것이 〈쿠오바디스〉입니다.

베드로가 이렇게 무모한 일에 죽어야 되겠습니까. 말도 안되는 일에 억울하게 죽어 가면 되겠습니까. 그는 새로운 선교지를 향해서, 새로운 선교기회를 기약하면서 로마를 빠져나가야 되는 것 아니겠습니까. 당연히 그래야지요. 그러나 예수님의 뜻은 그것이 아니었습니다. "Quo Vadis Domine? 주여, 어디로 가십니까?" "네가 버리고 나온 로마로 다시 간다. 다시 십자가에 죽으러 간다." 이것이 예수님의 말씀이고, 이것이 하나님의 선교적 경륜이었습니다. 대로마제국이 기독교화되는 것, 곧 요샛말로 하면 전도대회를 하고, 부흥운동을 하고, 개인 전도를 하고 난리를 쳐서 대로마제국이 기독교화된 것이 아닙니다. 기독교인들이 아주 억울하게 그 로마 시에서 죽어갔습니다. 하나님의 거룩한 역사는 순교자의 피 위에서 이루어지는 것입니다. 이런 베드로의 십자가를 통해서 로마가 복음화된 것입니다.

유명한 전설이 있습니다. 어느 날 하늘나라에서 천사 가브리엘이 땅을 내려다보니 예수님의 제자들이 하나씩 둘씩 다 순교합니다. 베드로가 순교했고, 바울이 순교했고, 도마가 순교했습니다. 빌립도, 안드레도 차례차례 다 죽었습니다. 이렇게 비참하게 순교하고 사도 요한 하나가 지금 거의 100세가 되어 노인으로 남아 있습니다 그래서 가브리엘이 너무나 걱정이 되어 "예수님, 이대로 가면 주님께서 세우신 이 열 두 제자가 다 순교하고 마는데, 그러면 앞으로 교회는 어떡할 것입니까? 저 교회가 어떻게 부흥하며, 어떻게 하나님의 뜻을 이루고, 하나님의 나라를 이룰 수 있겠습니까. 다 죽었습니다. 다 죽어가고 있습니다" 하고 하소연했습니다. "예수님, 다른 방법은 없을까요? 이렇게 순교하는 비참한 역사 말고 다른 무슨 방법은 없겠습니까? 천사를 보내서 심판할까요? 아니면 불의 천사를 보내서 멸절시킬까요? 무슨 좋은 방법이 있지 않겠습니까?" 이렇게 가브리엘이 말할 때 예수님께서는 조용히 대답하셨습니다. "십자가 외에 다른 길은 없다. 다른 길을 생각 마라."

이 놀랍고 신비로운 진리를 깊이 이해해야 됩니다. '십자가 외에 다른 길이 없다.' 주님께서 그렇게 하셨고, 주님께서 제자들에게 그렇게 요구하고 계십니다. 오늘도 마찬가지입니다. 십자가 외에 다른 길이 없습니다. 하나님의 깊은 뜻, 오묘하고 신비로운 역사를 이해해야 되겠습니다. 구원의 역사, 선교의 역사, 생명을 구원하시는 역사, 창조적인 역사, 그 모든것에 절대적 방법은 십자가 하나뿐입니다. 최후승리도 십자가요, 종말적 영광의 길도 바로 십자가 위에 있는 것입니다. 위대한 길, 따로 없습니다. 오로지 주께서 보여주신 그 십자가, 거기에 있는 것입니다. 마태복음 24장 14절에 귀중한 말씀이 있습니다. "이 천국 복음이 모든 민족에게 증거되기 위하여 온 세상에 전파되리니 그제야 끝이 오리라." 신비롭고 귀한 말씀입니다. 온 세상에 복음이 전파되기 위해서 세상에는 환란이 있고, 전쟁과 지진과 가난과 배반과 모든 환란이 있습니다. 환란을 통해서 복음이 전해진다는 것입니다. 그리고 그제야 끝이 온다고 본문은 이 사실을 26절에서 말씀합니다. 이것은 비밀이라고요. 이 비밀은 만세와 만대로부터 감추어졌던 것인데 이제 나타났다는 것입니다. 그러나 사실입니다. 아주 실제입니다.

십자가 외에 다른 길이 없습니다. 이 비밀이 오늘도 구체적으로 우리 가운데 현실화되고 있습니다. 고난을 통해서 복음의 역사는 이루어집니다. 십자가를 통해서 구원의 역사는 이루어집니다. 이 사실을 아는 사람은 괴로움을 사양할 필요가 없습니다. 순교를 슬퍼할 필요가 없습니다. 한 알의 밀이 죽어야 열매를 맺는다는 사실을 안다면 한 알의 밀이 된 우리가 슬퍼할 필요가 없는 것입니다. 오늘본문은 괴로움을 기뻐하고 있습니다. '고통을 기뻐하고 수난을 기뻐한다.' 바로 이것이 신앙입니다. 놀라운 신비요, 동시에 실제적 상황이요, 역사적 사실입니다. 해산의 수고 없이 생명이 탄생하지 않습니다. 생명의 탄생을 아는 사람은 해산의 수고를 마다하지 않습니다. 깊이 생각해 보십시다. 그런데 이렇게 신비로운 의미를 알고 사는 사람이라면 '왜 고통이 있어야 하며, 나만 고통을 당해야 합니까? 왜 우리의 현실은 이렇습니까?' 하는 어리석은 질문을 하는 것이 아닙니다. 그것은 불신앙입니다.

3·1절의 큰 고난은 한국교회사에, 아니, 한국역사에 엄청난 의미를 가지고 있습니다. 역사가들은 말합니다. 3·1운동의 역사가 없었다면 어쩌면 한국이라는 나라는 없어지고 말았을 것이라고요. 역

사를 보면 민족이나 나라가 생겼다 얼마든지 없어지고, 산 흔적도 없어진 경우가 많이 있습니다. 우리 한국도 마찬가지입니다. 이 조그만 나라, 그냥 없어질 뻔했는데, 3·1운동을 통해서 온 세계에 알려졌습니다. '저 민족은 독립이다.' 그래서 한국이 한국 된 것입니다. 3·1운동 이전에는 그냥 합병하고 만 것입니다. 합병하면 없어집니다. 8·15전까지만 하더라도 얼마나 일본말을 했습니까. 초등학교에서까지 전부 다 일본말을 가르쳤습니다. 저도 초등학교 5학년까지 고민이 많았습니다. 학교에 가서는 철저하게 일본말로 말해야만 됐었습니다. 한국말로 한마디 했다가는 그날은 벌로 변소청소 하는 날입니다. 학교에서는 전부 일본말을 하고, 집에 돌아오면 어쩌다가 일본말 한마디 했다가는 아버지한테 맞아 죽습니다. "이놈아, 어디서……" 집에서는 한국말, 학교에 가서는 일본말을 했습니다. 그래서 저는 해방된 다음부터 일본말을 싫어했습니다. 제 나이 된 사람들은 조금만 공부하면, 6개월만 공부하면 일본사람처럼 말합니다. 그런데 저는 일부러 안했습니다. 그래도 일본여행 할 때 가만히 보면 솔솔 일본말이 나옵니다. 일본사람 다 될 뻔했습니다. 그리고 동네마다 신사 만들어놓고 하는 짓이었습니다. 그런데 3·1운동이라고 하는 사건 때문에 민족의식이 살고, 온 세계가 저것은 살아 있는 한국민족이다, 다른 나라요, 다른 민족이며, 다른 문화라고 인식되었습니다. 이것이 오늘에 한국이 있을 수 있는 절대적 계기가 된 것입니다.

그런가하면 3·1운동을 통해서 놀라운 역사가 이루어집니다. 왜냐하면 기독교가 우리종교로 발전하게 됩니다. 선교학적으로 보면 제일 어려운 것이 강하고 협소한 민족주의를 극복하는 일입니다. 어렵습니다. 이 민족주의를 극복하지 못하면 선교가 안됩니다. 지금 일본이 선교가 안되는 이유가 하나입니다. 자기들의 신도이즘은 자기종교이고, 기독교는 서양종교라는 것 때문입니다. 이것이 갈라져 있기 때문에 선교가 안됩니다. 그러나 우리는 기독교가 서양종교니 하는 생각 못했습니다. 왜요? 3·1운동 때 그만 민족주의라고 하는 이 어려운 장벽을 훌쩍 넘어버렸습니다. 그래서 그 당시 사람들은 애국이면 신앙이요, 나라를 살리려면 예수 믿어야 한다고 생각했습니다. 간단합니다. 그래서 순국이 순교요, 만세 부르고 죽은 사람을 우리는 순교자라고 불렀습니다. 여기에 중요한 의미가 있는 것입니다. 그러니 이로 인해서 기독교가 우리 민족종교로 승화됩니다. 그래서 모두가 생각합니다. 나라를 살리려면 예수 믿어야 한다고 말입니다. 예수 믿어야 애국자였습니다. 3·1운동 때는 열심히 날마다 교회에 모여서 예배드렸고, 애국가를 불렀습니다. 그 당시에 부르던 '찬미가'라는 찬송이 14장에 있었는데, 애국가였습니다. 나라를 사랑하는 것이 신앙이요, 신앙인은 나라를 사랑해야 한다는 것이었습니다. 그래서 오늘도 우리가 애국가를 부르게 됩니다. 여기서 깊이 생각해야 합니다. 3·1운동은 여러 가지 민족적 의미로 일으켰습니다마는, 결과는 이렇습니다. 총독부 통계입니다. 일본 총독부 통계에 의하면 7,509명이 3·1운동에서 죽었습니다. 4만7천 명이 구속됐습니다. 2백2만의 집회가 있었습니다. 많은 사람이 죽었습니다. 3·1운동은 민족적으로 일으켰지마는, 죽은 사람의 99퍼센트가 기독교인입니다. 왜요? 다른 사람은 만세부르다가 도망가면 그만입니다마는, 우리는 거기다가 신앙적 의미를 부여했기 때문에 절대 양보하지 않고, 도망가지도 않았습니다. 그래서 죽은 사람은 전부 기독교인입니다. 이것으로 한국에 기독교의 복음화가 뿌리내리게 됩니다. 놀라운 역사가 아니겠습니까. 모든 수난을 통해서 위대한 역사를 이루었습니다.

저는 중국을 늘 생각해봅니다. 중국만도 1950년에 교회 문 닫을 때 정부통계가 기독교인이 3백만이었습니다. 그러나 1982년에, 이제는 교회가 없으며, 교인이 없을 거라고 생각하고 문을 열었습니다. 그래 보았더니 교인이 6천만 명입니다. 많은 수난 속에 많은 사람이 순교했습니다. 우리나라도 전국에 교회 분포를 보면 한국에서 제일 기독교인 비율이 높은 곳이 여수와 순천 지역입니다. 그래서 저는 여수와 순천을 자주 갑니다. 여수 순천은 35퍼센트가 기독교인입니다. 모든 시장, 도의원, 시의원 할 것 없습니다. 다 교인입니다. 아주 교회 분위기로 꽉 찼습니다. 모든 사람이 궁금해 합니다. '어째서 이렇게 여수 순천, 여기만 기독교인들이 많을까?' 대답은 딱 하나밖에 없습니다. 손양원 목사님이 순교했기 때문입니다. 손양원 목사님의 순교기념관이 있습니다. 순교한 바로 거기에 복음의 역사, 생명의 역사는 이루어지는 것입니다. 오늘본문은 말씀합니다. '괴로움을 기뻐하노라.' 교회를 위해서 당하는 괴로움을 기뻐하노라— 아니, 순교를 기뻐하노라— 그것이 생명의 길이기 때문이요, 그것이 복음화의 길이기 때문입니다. △

지혜를 사랑하라

아들들아 아비의 훈계를 들으며 명철을 얻기에 주의하라 내가 선한 도리를 너희에게 전하노니 내 법을 떠나지 말라 나도 내 아버지에게 아들이었었으며 내 어머니 보기에 유약한 외아들이었었노라 아버지가 내게 가르쳐 이르기를 내 말을 네 마음에 두라 내 명령을 지키라 그리하면 살리라 지혜를 얻으며 명철을 얻으라 내 입의 말을 잊지 말며 어기지 말라 지혜를 버리지 말라 그가 너를 보호하리라 그를 사랑하라 그가 너를 지키리라 지혜가 제일이니 지혜를 얻으라 무릇 너의 얻은 것을 가져 명철을 얻을지니라 그를 높이라 그리하면 그가 너를 높이 들리라 만일 그를 품으면 그가 너를 영화롭게 하리라 그가 아름다운 관을 네 머리에 두겠고 영화로운 면류관을 네게 주리라 하였느니라

(잠언 4 : 1 - 9)

지혜를 사랑하라

제 할머니가 해주셨던 옛날이야기입니다. 아마 어른들은 알 것이라고 생각합니다. '애기 신랑'이라는 말이 있습니다. 제 눈으로도 열두 살짜리 제 친구가 장가가는 것을 보았습니다. 아주 버릇없는 놈인데, 부모님의 강권으로 말 타고 장가갈 때 놀려본 일이 있습니다. 이런 애기 신랑이 하나 있었는데, 여자는 열여덟 살 되는 신부였습니다. 친구가 별로 없으니까 이 애기 신랑이 자기 부인하고 같이 놀면서 자꾸 업어달라고 했습니다. 그것도 한두 번이지, 자꾸 업어달라고 합니다. 언제 신랑노릇을 제대로 하나, 좀 한심하기도 합니다. 옛날에는 지붕이 낮았는데, 이 부인이 그만 신랑을 훌쩍 던져가지고 지붕에다 올려버렸습니다. 애기 신랑은 내려달라고 소리를 지르지마는, 부인은 그를 안내려주고 집 안으로 들어가 버렸습니다. 애기 신랑은 지붕에서 내려올 수는 없고, 그래서 엉엉 울고 있었습니다. 그때 밖에서 일하고 계시던 시아버지 시어머니가 집으로 돌아오게 됐습니다. 이것을 알고 이 신부는 '나는 이제 죽었다' 하고 있었는데, 시아버지께서 신랑을 보고 묻습니다. "애, 왜 지붕 위에 올라가 있냐?" 그랬더니 이 꼬마 신랑이 하는 말입니다 "아버지, 큰 호박을 딸까요, 작은 호박을 딸까요?" 시어머니가 옆에서 말합니다. "그래, 아무거나 따가지고 와라." 그날 밤에 꼬마 신랑이 자기 부인에게 하는 말입니다. "내가 입을 벌렸으면 너는 오늘 죽었어." 그 다음부터 이 신부가 애기 신랑을 잘 모셨답니다.

요새 이런 아이가 있겠습니까. 지식은 많고, 똑똑하고, 컴퓨터는 잘하는데, 이 같은 의젓한 지혜가 없는 것이 현대의 문제입니다. 곽숙철 회장님이 「Great people」이라는 저서에서 이런 말을 하고 있습니다. '자원은 유한하나 지혜는 무한하다. 무한한 지혜를 쓰지 않고 유한한 자원을 쓰는 것이야말로 가장 큰 낭비다.' 혁신은 사람 문제요, 사람의 문제는 지혜라는 것입니다. 사람의 값은 지혜에 있지, 지식에 있지 않습니다. 그 사람이 어떤 사람이냐 하는 것은 백 번 물어도 지혜의 문제지, 소유의 문제도, 지식의 문제도, 학벌의 문제도 아닙니다. 지혜입니다. 어느 회사에 사사건건 따지고 들고 골치 아프게 말이 많은 대리가 있었습니다. 그 대리에게 과장이 물었습니다. "자네는 명석함과 지혜의 차이가 무엇인지 아는가?" 대리가 대답을 못했습니다. 그때 과장이 하는 말입니다. "상사의 말에서 오류를 찾아내고 사사건건 트집을 잡는 것은 명석함이요, 그것을 알고도 입 밖에 내지 않는 것이 지혜라네."

스펜서 존스가 「행복」이라는 저서에서 아주 강하게 지적하는 것이 있습니다. 현대 사람들은 많은 것을 배웠고, 많은 것을 압니다마는, 아무것도 바로 판단하지도 못하고, 바로 행하지도 못하는데, 그것이 현대인의 결점이라고 했습니다. 그래 그가 쓰는 말 가운데 'educated incapacity'라고 있습니다. incapacity, 곧 '무능함'입니다. 교육은 받았는데 무능합니다. 또 'educated unhappiness'도 있습니다. '교육받은 불행'입니다. 왜 그렇습니까? 그 모든 지식과 소유를 통찰할 수 있는 가장 중요한 지혜가 빠졌기 때문입니다. 지혜가 없는 지식, 골치 아픈 것입니다. 지혜가 없는 자의 부귀영화와 물질권세, 이것은 큰 문제입니다. 왜 이렇게 지혜가 없을까, 답답한 마음에서 오늘 이 말씀을 드립니다. 그 옛날 얘기로 돌아갑니다. 지혜라 하면 우리는 솔로몬을 생각하지 않을 수 없습니다. 솔로몬 왕이 스물한 살에 왕이 됩니다. 왕은 되었지만, 그 당시에는 삼권분립이 아니라 삼권통합입니다. 그래서 왕이 입법 행정 사법을 다 해야 됩니다. 그러니 이 스물한 살짜리가 그 많은 업무를 어떻게 다 감당하겠습니까. 너무 힘들고 괴로워서 하나님 앞에 나아갑니다. 일천 번제를 드립니다. 쉽게 말해서 양 천 마리를 제물로 바칩니다. 그리고 하나님 앞에 엎드렸는데, 그날 밤 하나님께서 솔로몬에게 나타났습니다. '솔로몬아, 너는 내게 구하라. 내가 네게 무엇을 줄까?' 참 중요한 시간입니다. 그런데 솔로몬은 딱 한 가지를 구했습니다. 지혜를 구했습니다. 그런데 하나님께서는 기뻐하셨습니다. 부귀영화도 있고, 건강도 있고, 원수의 성도 있고, 구하고 싶은 것이 많을 텐데, 어떻게 그것 한 가지를 구하느냐는 것입니다. 그 한 가지를 구했다는 것 자체가 지혜입니다. 하나님께서 크게 기뻐하시고, 솔로몬에게 전무후무한 지혜를 주셨습니다. 저는 읽을 때마다 조금 불만스러웠습니다. '전무(前無)는 좋은데, 왜 후무(後無)까지 있나?' 어쨌든 솔로몬은 지혜의 왕이 되었고, 3천 년이 지난 오늘에도 지혜하면 솔로몬, 솔로몬 하면 지혜입니다. 그는 지혜의 대명사가 되고 있습니다.

지혜, 이 소중한 것을 잊지 말아야 됩니다. 그런데 이 지혜라는 말을 히브리 원문으로 뒤져보면 조금 다른 의미가 또 있습니다. 지혜라고 하지 않고 '지혜로운 마음'이라고 했습니다. 지혜로운 마음, '레브 쉐미트'라고 합니다. '레브'라는 말은 '마음'이라는 말이고, '쉐미트'는 '듣는다'는 말입니다. 그래서 옛날 영어번역으로는 'hearing heart'라고 직역을 했습니다. 지금 새로운 번역에는 'understanding mind'라는 말을 쓰고 있습니다. 'hearing heart(듣는 마음)', 그것이 지혜입니다. 깊이 생각해 보십시다. 지혜는 특별한 꽤가 아닙니다. 계책이 아니요, 아이큐가 아닙니다. 지혜는 듣는 마음입니다. 열린 마음의 자세, 그것이 지혜로 통합니다. 어떤 경우에도 듣는 마음, 받아들이는 마음, 믿는 마음, 듣고 순종하는 마음이 있어야 지혜입니다. 열린 마음이 곧 지혜로 통합니다. 성경을 읽으면서 듣습니다. 기도하고 묵상하면서 듣습니다. 특별히 부모의 말씀을 들으면서 지혜를 듣습니다. 이웃을 사랑하며 주변의 모든 사건을 보면서 조용히 주의 음성을 듣습니다. 지혜를 듣습니다. 이것이 바로 지혜로운 마음입니다.

신학적으로 보면 더 중요한 의미가 있습니다. 지혜의 근본은 하나님이십니다. 하나님과 통하는 것이 지혜입니다. 하나님께로부터 오는 것이 지혜인데, 모든 사건마다에서 항상 하나님께서는 말씀하십니다. 하나님의 말씀을 내가 들을 수 있는 지혜의 통로가 바로 내 열린 마음입니다. 내 믿음이요, 내 겸손입니다. 하나님께서는 말씀하십니다. 지혜가 거리에서 외친다고 잠언은 말씀합니다. 소리를 지른다고요. 우리 주변의 모든 사건들에서 지혜가 우리에게 소리를 칩니다. 그런데 들을 수 있는 귀가 없으면 못듣습니다. 깊이 생각해야 합니다. 그런고로 들리는 것은 은총입니다. 들리지 않는 것은 심판입니다. 모든 사건마다 내가 딱 직면하는 순간 들려옵니다. 하나님의 음성이 들려옵니다. 지혜가 들려옵니다. 이것이 들려오지 않는다는 것은 벌써 심판받은 심령입니다. 심판받은 심령을 구약에서는, 혹은 히브리서에서는 '강퍅케 하신다'고 표현하고 있습니다. 성경에 보면 하나님께서 바로의 마음을 강퍅케 하셨다고 했습니다. 아주 고집스럽고 굳게 만들었다는 것입니다. 그래서 회개하지 못하는 것입니다. 왜 그랬습니까? 회개할 수 있을 때 회개하지 않으면 회개 못하게 됩니다. 돌이킬 수 있을 때 돌이키지 않으면 못돌이키게 됩니다. 들을 수 있을 때 듣지 않았으면 이제는 못듣게 됩니다. 안들으면 못듣게 됩니다. 그러면 강퍅케 됩니다. 그래서 바로 왕이 망했습니다. 오늘도 충분히 들을 수 있는 이야기를 못듣습니다. 아, 그만하면 알 것같은데, 어찌 저렇게 어리석을 수가 있습니까. 왜 그렇습니까? 강퍅케 되어 어느 선을 넘었습니다. 그러면 들을 수가 없습니다. 이것은 신학적으로는 '하나님의 현재적 심판'이라고 합니다. 심판은 지옥에만 있는 것이 아닙니다. 오늘도 있습니다. 우리 마음속에도 있습니다. 먼저 마음의 강퍅함이 올 때 그는 벌써 심판받기 시작한 것입니다. 이것을 잊지 말아야 합니다. 그러면 돌이킬 수가 없고, 회개할 수가 없게 되고 맙니다. 격한 감정에 사로잡힐 때, 교만한 지식에 사로잡힐 때, 끝없는 욕망의 노예가 될 때 아무것도 보이지가 않고, 들리지도 않습니다.

이런 재미있는 일화가 있습니다. 옛날에는 장마당이라는 것이 있었습니다. 그 장마당에 물건들을 많이 펴놓고 있는데, 거기에 박물장사가 뭘 많이 갖다놓습니다. 거기에 비녀, 바늘, 가위, 칼 따위 많은 소품들이 있습니다. 그 가운데 금도 있습니다. 사실은 진짜 금은 아니고, 금으로 물들인 비녀 같은 것입니다. 어떤 사람이 앉아서 그것만 보다가 마지막에 가지고 도망가더랍니다. 물론 붙잡혔지요. "왜 너는 많은 사람들이 보는 이 시장에서 그것을 가지고 도망갈 생각을 했느냐?" 하고 물으니, 대답이 이렇습니다. "제가 그 금붙이를 보는 순간 아무것도 보이는 것이 없었습니다." 오로지 그것만 보이는 것입니다. 이것이 망조입니다. 지혜가 떠났습니다. 그래서 어리석은 자가 되고 마지막에는 강퍅케 되고 말았다는 것입니다. 안들립니다. 굳어지고 안들린다는 것입니다. 지식은 현재에 대한 생각이요, 지혜는 미래에 대한 생각이고, 뿐만 아니라 종말에 대한 생각입니다. 적어도 그 다음에는 어떻게 되나, 그 다음, 그 다음 종국은 어떻게 될 것인가? 이것을 생각할 줄 알아야 합니다. 지식을 생각합니까? 지식은 자신에 대한 것입니다. 지혜는 다른 사람과의 관계를 배려하는 것이요, 지식은 세상일을 생각하고 안일만 생각합니다. 그러나 지혜는 하나님의 뜻을 생각합니다. 그의 나라와 그 의를 생각합니다. 이것이 지혜입니다. 지식은 언제나 부분적이고 분석적인데 비해서 지혜는 전체를 봅니다. 이것을 알아야 됩니다. 지식은 나무를 보지만, 지혜는 숲을 봅니다. 지식은 경험에 매입니다. 그러나 지혜는 초경험적입니다. 아니, 경험과 관계없이 하나님께로부터 들려오는 음성이 우리와 함께합니다. 그것이 바로 지혜입니다.

어떤 집이 너무나 가난하고 어려워서 그저 집을 열어가지고 하숙을 하고 있었는데, 어느 날 점잖은 두 사람이 와서 하룻밤을 자고 아침에 가면서 "일이 좀 있어서 갔다 오려는데, 이 짐을 좀 맡아주세요" 합니다. 그리고 보따리를 하나 맡깁니다. "이건 귀한 보화입니다." 맡겨놓고 가면서 또 하는 말입니다. "두 사람이 같이 와서 달라고 하거든 그 때만 주세요." 그리고 집주인이 짐을 맡아두었습니다. 두 사람이 떠났는데, 잠깐 있다가 한 사람이 오더니 아까 맡겨두었던 짐을 달라는 것입니다. 그래서 내어줬습니다. 그 다음에 생각해 보니, 아니, 두 사람이 같이 와서 달라면 주라고 했는데, 이것을 내줬으니 어떡하나 걱정이 되었습니다. '저 한 사람이 와서 달라고 하면 난 어떡하지? 잘못했는데……' 걱정이 돼서 잠을 못잤습니다. 사흘 동안이나 잠을 못자고 고민했습니다. 지나가던 또 다른 손님이 이 고민하는 것을 보고 묻습니다. 주인이 사실대로 이야기를 해주었습니다. 그랬더니 이 손님이 말합니다. “아이고 별 걱정 다하시네요. 아무 걱정도 하지 말고 편히 주무세요.” 그럴 수 없다고 주인이 말하자, 이 손님이 이렇게 말했습니다. “한 사람이 와서 물건을 달라고 하거든 ‘두 사람이 같이 오세요. 그러면 줄게요’ 그러세요.” 주인은 이 말을 듣고 ‘아, 그렇구나. 간단한데, 왜 그 생각을 못했나?’ 싶어 금세 마음이 편해졌습니다. 그날 밤부터 편히 잤다고 합니다.

복잡한 것같지만, 지혜가 그 해답을 주면 아무것도 아닙니다. 아무것도 아닌 일입니다. 정말 시시한 일 가지고 고민하고 있는 것입니다. 지혜가 없습니다. 지식도 경험도 집념도 집착도 있는데, 지혜가 없습니다. 오늘본문은 말씀합니다. 지혜를 사랑하라— 공교롭게도 지혜라는 말을 헬라말로 ‘소피아’라고 합니다. 사랑이라는 말을 ‘필리아’라고 합니다. 그래서 ‘필로 소피아’하면 ‘지혜를 사랑한다’입니다. 그것이 바로 철학이라는 말입니다. philosophy, 철학이라는 단어가 그렇게 이루어집니다. ‘지혜를 사랑한다’, ‘철학하라’, ‘지혜를 사랑하라’…… 지혜를 본문에서 말씀합니다. 지혜를 얻으라— 어떻게 말입니까? 대가를 지불하고— 무슨 대가를 지불해서라도 지혜를 얻으라고 합니다. 지혜는 소중합니다. 모든것보다 소중한 것이니까, 지혜를 잃어버리는 어리석음이 없어야 하겠습니다. 무식한 것이 아닙니다. 어리석은 것입니다. 또한, 지혜를 잊지 말라— 그것은 소중한 것이니까, 어떤 노력을 해서라도 지혜를 잊지 말아야 합니다. 지혜를 사랑하라— 그 말은 지혜를 기뻐하라는 말입니다. 지혜를 사랑하고 하나의 지혜를 발견할 때, 또 다른 지혜를 알게 될 때마다 행복한 것입니다. 지혜를 얻는 행복, 지혜를 깨닫는 행복, 그리고 지혜를 품는 것— 아주 중요한 말입니다. 지혜는 성품화되어야 합니다. 지혜가 성품이 되고, 지혜가 마음이 되고, 지혜가 체질이 되어야 합니다. 지혜로 충만할 때 어떤 세대를 살아도 그는 하나님께서 주시는 평강을 누리게 될 것입니다. △

주는 것이 복이 있다

그러므로 너희가 일깨어 내가 삼년이나 밤낮 쉬지 않고 눈물로 각 사람을 훈계하던 것을 기억하라 지금 내가 너희를 주와 및 그 은혜의 말씀께 부탁하노니 그 말씀이 너희를 능히 든든히 세우사 거룩케 하심을 입은 모든 자 가운데 기업이 있게 하시리라 내가 아무의 은이나 금이나 의복을 탐하지 아니하였고 너희 아는 바에 이 손으로 나와 내 동행들의 쓰는 것을 당하여 범사에 너희에게 모본을 보였노니 곧 이같이 수고하여 약한 사람들을 돕고 또 주 예수의 친히 말씀하신바 주는 것이 받는 것보다 복이 있다 하심을 기억하여야 할지니라

(사도행전 20 : 31 - 35)

주는 것이 복이 있다

'꽃보다 아름다운 남자,' '다나한,' '뷰티 크레딧'이라고 하는 말들을 여러분이 라디오나 TV를 통해서 많이 들어보았을 것입니다. '꽃보다 아름다운 남자'라는 이름은 화장품 회사의 브랜드입니다. 회사 이름이 참으로 좋습니다. 바로 '소망 화장품'입니다. 소망교회하고는 관계가 없습니다. 이 회사는 올해 창립 19주년을 맞습니다. 홍제동 허름한 빌딩에서 5평짜리 사무실에서 2명의 직원과 함께 시작해서 지금은 직원이 600명입니다. 큰 회사로 발전했습니다. 세상에 소망을 주기 위해서, 다소라도 기쁨과 소망을 주기 위해서 소망화장품이라고 했다고 합니다. 그런데 강석창 대표는 화장품 전문가도 아니고, 이쪽으로 공부한 바도 아무것도 없습니다. 고등학교를 중퇴했는데, 몸이 약해서 학교를 마치지 못했다고 합니다. 처음에는 미용재료상을 하는 사촌형을 돕기 위하여 그 회사에서 심부름을 하며 시작했는데, 너무나 어려웠기 때문에 하나님께 기도하고, 하나님을 묵상하고, 말씀대로 의지하고 살았답니다. 깊은 신앙생활에서 그는 소중한 진리를 깨닫습니다. 고통이 축복이라는 것입니다. 질병이 복이고, 가난이 축복이고, 이 어려운 고통이 내게 주시는 시련이 아니라, 이것은 내게 주시는 축복임을 터득했다고 합니다.

그래서 어려운 일을 당할 때마다 오히려 감사하고, 또 다른 축복의 시간이 왔다고 하나님 앞에 감사하며 살았는데, 지금 처음에는 무조건 100분의 1을 하나님 앞에 바치면서 시작을 했지마는, 1995년 이후에는 순이익의 30퍼센트를 기아 대책과 실로암 안과병원에 꾸

준히 후원하고 있습니다. 실로암 안과병원은 제가 이사장으로 25년 동안 있는 병원입니다. 그래서 제가 이것을 압니다. 나눔의 기적, 고난의 축복을 깊이 체험한 그의 간증을 듣고, 깊이 감동하고 있습니다.

하버드대학의 대학생들을 상대로 해서 아주 이상한 실험을 해 보았습니다. 요새는 기계가 발전해서 전자기계 때문에 건강치수를 아주 정밀하게 시간적으로 계수를 볼 수가 있습니다. 그래서 이 대학생들을 시켜서 봉사활동을 하게 했습니다. 때로는 운동도 하고, 등산도 하고, 여러 가지를 하는데, 봉사활동을 시켜본 결과 체내면역기능이 아주 높아지는 것이 증명되었습니다. 그래서 이런 귀하고 신기한 시험까지 했습니다. 학생들을 앞에 놓고 호스피스 사업을 위해서 한평생을 섬긴 마더 테레사의 참 감동적인 전기를 읽으라고 했습니다. 학생들이 다 같이 그 마더 테레사 전기를 읽었습니다. 읽고 나서 측정을 해보니 체내면역기능이 아주 많이 올라가는 것입니다. 그래서 이것을 '마더 테레사 효과'라고 불렀다고 합니다.

봉사하는 것은 물론이고, 봉사에 대한 이야기만 들어도 면역기능이 올라갑니다. 선한 이야기만 들어도 건강해집니다. 이것이 인간 실존입니다. 제가 아침에 나오기 직전 새벽에 잠깐 TV를 틀곤 합니다. 그런데 거기에 '건강백세'라는 프로그램이 있습니다. 오늘 아침에 나온 내용이 천식입니다. 천식이 전 세계적으로 지금 많습니다. 천식이란 폐기능이 아니고, 기관지가 좁아지는 것입니다. 기침을 하고, 고생을 참 많이 합니다. 미국에도 2천 만 명이나 있다고 합니다. 그런데 놀라운 것이 하나 있습니다. 세계적으로 제일 천식이 많은 나라가 영국이고, 그 다음이 미국입니다. 그 많은 나라에 비해서는

5분의 1도 안되는, 제일 천식이 적은 나라가 중국입니다. 왜 중국인가? 그 설명이 너무나 재미있습니다. 어렸을 때부터 불량한 환경에서 자랐기 때문이랍니다. 너무 깨끗한 곳에서 자라면 천식이 된다고 합니다. 그렇다면 그런 줄 아십시오. 우리가 '너무 깨끗하게, 너무 깨끗하게' 하는데, 이것이 만병의 원인입니다. 버러지도 잡아먹고, 먼지 속에서 살고 이러면 천식 걸릴 것같지요? 오히려 천식이 없습니다. 깨끗하게, 청결하게 공기청정기까지 놓고 난리를 치니까 천식 걸립니다. 좀 되는대로 키워야 건강하고, 면역성이 생기는데, 너무 깨끗하게 해서 문제인 것입니다.

고난이라는 것, 어려움이라는 것이 우리에게 무엇을 말해줍니까? 많이 생각을 하게 합니다. 사도 바울은 예수님의 생애에 동참하지 못한 분입니다. 그래서 예수님께서 하신 말씀을 직접 인용한 일이 거의 없습니다. 예수님의 제자 야고보는 특별히 예수님의 친동생입니다. 동생 야고보는 야고보서에 보면 3분의 1 이상이 예수님께서 친히 하신 말씀을 인용합니다. 그것은 예수님과 같이 다니면서 말씀을 많이 들었으니까 그대로 인용하게 됩니다마는, 사도 바울은 그 많은 서신들 가운데 예수님의 말씀을 인용한 바가 없습니다. 들은 바가 없으니까요. 들어도 간접적으로 들었을 뿐입니다. 그래서 오늘 본문에 딱 한마디가 인용됩니다. "주는 것이 받는 것보다 복이 있다 하심을 기억하여야 할지니라(35절)." 아마 어디서 전해 들었는가본데, '주는 것이 받는 것보다 낫다. 그리스도께서 하신 말씀을 기억하라'는 이 한마디 인용구입니다. 복이라는 것이 무엇입니까? 우리가 흔히 말할 때 '복 받았다' 하게 되면 내 노력과 수고와 관계없이 받는 것, 주어지는 것을 복이라고 합니다. 우리가 흔히 쓰는 말대로 하면 재수 좋게 어찌어찌 되어 거저 받을 때, 그것을 복이라고 생각하고, 또 하나는 그 받은 바를 소유하고 지켜갈 때 오랫동안 지켜갈 수 있으면 그것을 복이라고 합니다.

그런데 복 중에 나쁜 복이 하나 있습니다. 빼앗는 복입니다. 남의 것을 빼앗으면서 통쾌해 하는 것, 못된 마음입니다. 우리가 시장에 가서 물건을 살 때와 같습니다. 그때 가급적 깎아서 사려고 합니다. 두 번, 세 번 얘기하고, 좀 더 깎아서 사는 그 심사가 무엇입니까? '내가 오늘 재수 좋다.' 많이 깎아서 샀다는 것입니다. 만 원짜리를 오천 원에 샀다 하면 물건을 판 사람은 만 원짜리를 오천 원에 빼앗긴 것입니다. 남을 슬프게 하면서 내가 기뻐하는 것입니다. '많이 깎을수록 기분이 좋아. 오늘 좋은날이다.' 못된 마음입니다. 남을 마음 아프게 하면서 좋아지려 하는 것은 잘못된 마음 아니겠습니까. 더불어 행복해 하는 것입니다. 빼앗는 기쁨, 갈취하는 기쁨, 어려운 말로 하면 착취하는 기쁨, 그것은 사단의 마음입니다. 그러니까 상점에 가서 너무 물건 값 많이 깎지 마십시오. 그 사람도 장사해서 먹고 살아야 합니다. 우리가 깊이 생각해보아야 되지 않겠습니까. 빼앗는 기쁨, 남을 짓누르고 일어나는 기쁨, 이것은 아닙니다.

그런가하면 또 하나는 주는 기쁨이 있습니다. 이것은 받는 기쁨이 아니라 주는 기쁨, 주면서 기뻐하는 것, 내게 있는 기쁨 위에 상대방이 기뻐하는 것을 보면서 그 기쁨 속에서 내가 더불어 기뻐하는 것, 이런 기쁨입니다. 마치 우리 할아버지 할머니들이 손자손녀들에게 무엇을 주는 것과 같습니다. 아이들이 좋아하면 할아버지 할머니는 좋습니다. 자신은 먹지 않아도 좋습니다. 아이들이 좋아하는 것을 보면서 내가 기뻐하는 것, 이것이 바로 높은 의미의 복이 아니겠습니까. 그런데 불행이 또한 있습니다. 복 아닌 불행이 있는데, 이것은 주는 불행입니다. 주는 것을 불행으로 여기는 사람도 있습니다. 제가 줄 수 있을 때 주면 '주는 것은 참 좋은 일이다'— 생각하지 못하고, 줄 때마다 아쉽고, 뭘 잃어버리는 것같은, 곧 주는 것을 불행으로 여기는 불행입니다. 또 하나는 도둑맞는 불행이 있습니다. 내가 모르는 사이에 빼앗겼습니다. 이것은 사기 당한 것입니다. 내가 미처 생각하지 못한 때에 그만 빼앗기고 마음 아파하는 그것, 참으로 불행한 일입니다. 가장 불행한 일은 빼앗기는 것입니다. 강도 만나는 것같이 부득불 안줄 수 없어서 줍니다. 주고는 마음이 아픕니다. 이 마음이 큰 문제라는 말입니다. 심지어는 자식에게 빼앗기고, 형제에게 빼앗깁니다.

제가 미국에서 공부할 때 이민 온 사람들 가운데서 많은 분들 만났었는데, 참 고생들이 많으셨습니다. 여전도 연합회 수양회를 갔었는데, 여전도회원분들이 많이 모였습니다. 고생을 많이 하면서 살고 있었습니다. "이 고생을 하면서 왜 여기 삽니까?"라고 물었더니 대답이 재미있습니다. 한국에 살면 자기가 아무리 벌어도 사돈에, 사촌에 다 빼앗긴답니다. 내가 벌어서 내가 쓸 수가 없답니다. "형제들이 많아서 다 빼앗기는데, 미국에 오면 내 것은 내 것입니다." 남편도 안주고, 자기가 번 것은 자기 것이랍니다. 그 재미에 여기 사노라고, 그런 말을 합니다. 그런데 그것 때문에 죽을 고생합니다.

형제에게 빼앗기는 것, 가정에게 빼앗기는 것, 심지어는 부모에게까지 빼앗기는 줄 압니다. 부모님이 오래 사니까 부모님께 드리는 것까지도 빼앗기는 것처럼 생각하는 불행, 이것은 정말 구제불능의 것입니다. 그렇다면 또 하나는 어떤 불행이 있느냐 하면, 주었지만 받지 못하는 불행입니다. 주기는 주는데, 투자하는 마음이었습니다. 그래 받지 못하니까 불행한 것입니다. 보상받지 못하는 선행, 칭찬받지 못하는 선행, 인정받지 못하는 선행에 대해서 불행한 것입니다. 선한 일을 하기는 하는데, 심지어는 자녀를 키우는 데도 효도 받아야겠다는 것, 좋지 못한 것입니다.

제가 소망교회에서 시무할 때 참 특별한 결혼식을 하나 주례해 주었습니다. 어머니가 아주 못됐습니다. 의과대학을 다니는 아들이 결혼을 하려고 하는데, 여자도 의과대학을 다닙니다. 그런데 참 가난합니다. 그러니까 이 어머니는 아들 하나 키워가지고 열쇠 세 개 가지고 오는 며느리를 생각했는데, 가난한 여자하고 연애를 하니까 결혼 못한다는 것입니다. 3년을 기다려도 허락을 안합니다. 그래서 내가 결혼식 해주었습니다. 어머니가 문밖에까지 와서 엉엉 울었습니다. 이럴 줄 몰랐다고 말입니다. 제가 괘씸해서 해주었습니다. 이것 무슨 소리입니까. 자식 뭣 때문에 키웠습니까? 열쇠 세 개, 이것이 무슨 망령된 얘기입니까. 뭘 받으려는 생각 하지 말아야 합니다. 줄 때 주었으면 잊어버려야 합니다. 이것을 왜 받으려고 합니까. 보상받지 못한다고요? 그래서 저렇게 일생이 불행한 것입니다. 왜 이렇게 생각해야 되는 것입니까? 칭찬받지 못하고, 인정받지 못한다고 속이 상한 것입니다. 그렇다면 준 것이 아닙니다. 빼앗긴 것입니다. 그래서 예수님 말씀하십니다. '거저 받았으니 거저 주라.' '하나님께로부터 거저 받았으니까' 하는 마음, '나 공짜로 받은 것이다' 하고 생각하는 것입니다. '분에 넘치도록 받은 것이다. 오, 하나님, 감사합니다.' 거저 줍니다. 거저 받은 마음으로 이제 거저 주는 그것이 기본신앙입니다.

그러면 우리가 받은 입장에서 주는 자에게는 자유함이 있어야 합니다. 이 자유가 흔들리면 안됩니다. 보십시오. 준 자가 된 것을 감사해야 됩니다. 받는 자, 주는 자 어느 쪽입니까? 다시 또 생각하면 강도하고, 강도 만난 사람하고 어느 쪽이 되고 싶습니까? 강도가 되기보다야 차라리 강도를 만나는 것이 낫지요. 때리는 사람하고 맞는 사람에서는 맞는 사람이 되어야지, 때려서야 되겠습니까. 주는 자, 받는 자에서는 당연히 주는 자가 되어야지, 받는 자가 되어서는 안되지요. 주는 자가 된 것을 감사하고, 또 하나는 줄 수 있는 마음을 가진 것도 감사하고, 내가 이만큼 줄 수 있는 마음의 여유를 가졌습니다. 그 마음 자체가 착하니까, 복 된 마음이니까, 감사하고 또 이웃을 내 몸같이 사랑하라 하셨으니까 내 몸의 영역을 넓히는 것, 사랑의 영역을 넓히는 그런 기쁨이 있는 것입니다. 가장 중요한 것은 자유함입니다. 받으면 매입니다. 이것을 알아야 합니다. 주면 자유한 것입니다.

언젠가 결혼주례를 한 적이 있는데 신랑이 공장에서 막일을 하는 사람입니다. 그런데 이 노총각이 결혼을 하면서 신부에게 보석반지, 목걸이를 해주었습니다. 그래서 "자네가 이렇게 어려운 생활을 하는데, 이렇게 많은 보석을 준비했다 주는가?" 하고 물었더니, 그 신랑 대답하는 말입니다. "가지고 올 건데요, 뭐. 적당한 때 팔아 쓰지요." 남자들이 그런 줄 알아야 합니다. 받았다고 좋아하지 마십시오. 그런데 그 다음 말이 더 중요합니다. "이것 주고 내가 신부를 낚아오거든요." 그렇습니다. 그러니까 반지 꼈다고 좋아하지 마십시오. 그냥 매이는 것입니다. 이것이 얼마나 중요한 의미를 가집니까. 주는 자만이 자유할 수 있습니다. 받는 자는 자유가 없습니다. 어떤 모양으로든지 주는 자 편에 서야지, 받는 자가 되어서는 안되고, 또 받지 못한다는 원망에 휩싸여 사는 유치한 불행이 있어서는 안됩니다.

그래서 예수님은 마태복음 20장에서 말씀하십니다. "인자가 온 것은 섬김을 받으려 함이 아니라 도리어 섬기려 하고 자기 목숨을 많은 사람의 대속물로 주려 함이니라(28절)." 세상에 온 목적 자체가 주시는 것입니다. 주시려, 대속물로 주시려고 오셨습니다. 아니, '대신 죽으러 왔다'고 말씀하십니다. 그리고 아무것도 바라는 것이 없습니다. 그것이 바로 예수님께서 세상에 오신 목적이었습니다. 김대규 교수의 저서에 「사랑과 인생의 아포리즘 999」라고 있습니다. 이 책에 사랑의 십계명이 있어서 말씀드립니다. 사랑의 십계명, 이 분은 깊이 생각했습니다. '첫째, 사랑할 때는 계산하지 말라. 둘째, 사랑에 후회하지 말라. 셋째, 되돌려 받으려 하지 말라. 넷째, 조건을 달지 말라. 다섯째, 다짐하지 말라. 여섯째, 기대하지 말라. 주고 끝내라. 일곱째, 의심하지 말라. 여덟째, 비교하지 말라. 아홉째, 결과를 확인하려 하지 말라. 마지막 열째, 상황에 따라 기쁜 마음으로 주고 잊어버리라.' 이것이 사랑이라고 합니다.

예수님께서는 말씀하셨습니다. 보물을 하늘에 쌓아두라— 하늘에 쌓아두는 것입니다. 이것은 하늘에 저금하는 것입니다. 잊지 마십시오. 언젠가 말씀드렸습니다마는, 제가 5년을 유학했습니다. 하지만 미국에서 장학금에 비행기 표까지 받아서 한국 돈 한 푼도 안가지고 갔습니다. 가서 5년 동안을 공부했는데, 너무나 고맙습니다. 이름도 모르는 그 누군가가 나에게 이렇게 해준 것입니다. 감사했습니다. 그러나 그것을 언제 알았느냐 하면 한국에서 원로 목사님들을 만났을 때입니다. "자네가 곽선희인가?" "예, 그렇습니다." "할아버지가 곽치형 어른인가?" "맞습니다." "이제 만났구먼. 자네 할아버지가 장학금을 주셔서 내가 목사가 됐어." 그런 사람을 많이 만났습니다. 우리 할아버지가 장학금을 주었더니 그 손자가 장학금을 받았습니다. 이것이 바로 진정한 아름다운 선행이 아니겠습니까. 보물을 하늘에 쌓아두라—

또 한 가지는 잘 기억하십시다. 오른손이 하는 것 왼손이 모르게 하라— 얼마나 귀중한 얘기입니까. 은밀하게 하라는 것입니다. '선한 일은 하나님께 꾸이는 것이다.' '냉수 한 그릇이라도 내 이름으로 주는 자는 결단코 상을 잃지 아니하리라.' 냉수 한 그릇이라도 결단코 상을 잃지 아니하리라는 주님의 말씀입니다. 가장 귀중한 신학적 의미가 있습니다. '소자 중에 한 것이 곧 나에게 한 것이니라. 그를 영접한 것이 나를 영접한 것이니라.' 말씀하십니다. 사람이 죽을 때가 되면 세 가지 후회를 한다고 합니다. 하나는 좀 더 베풀 걸, 그렇게 인색하게 살지 말 걸…… 좀 더 베풀 수 있었는데 그것이 후회스럽습니다. 두 번째는 좀 더 즐길 걸, 하는 것입니다. 세 번째는 좀 더 참을 걸, 하는 것입니다. 한번만 더 참았으면 얘기가 달라지는데, 하는 말입니다. 은혜가 무엇입니까? 주는 마음이 은혜요, 줄 수 있는 것이 은혜요, 줄 수 있는 기회가 왔다는 것이 은혜요, 주고 나서 아무것도 바라지 않는 마음이 은혜입니다. 이 은혜가 우리와 함께하기를 바랍니다. △

평안하기를 빌라

예수께서 이 열 둘을 내어 보내시며 명하여 가라사대 이방인의 길로도 가지 말고 사마리아인의 고을에도 들어가지 말고 차라리 이스라엘 집의 잃어버린 양에게로 가라 가면서 전파하여 말하되 천국이 가까왔다 하고 병든 자를 고치며 죽은 자를 살리며 문둥이를 깨끗하게 하며 귀신을 쫓아내되 너희가 거저 받았으니 거저 주어라 너희 전대에 금이나 은이나 동이나 가지지 말고 여행을 위하여 주머니나 두 벌 옷이나 신이나 지팡이를 가지지 말라 이는 일군이 저 먹을 것 받는 것이 마땅함이니라 아무 성이나 촌에 들어가든지 그 중에 합당한 자를 찾아내어 너희 떠나기까지 거기서 머물라 또 그 집에 들어가면서 평안하기를 빌라 그 집이 이에 합당하면 너희 빈 평안이 거기 임할 것이요 만일 합당치 아니하면 그 평안이 너희에게 돌아올 것이니라 누구든지 너희를 영접도 아니하고 너희 말을 듣지도 아니하거든 그 집이나 성에서 나가 너희 발의 먼지를 떨어 버리라 내가 진실로 너희에게 이르노니 심판 날에 소돔과 고모라 땅이 그 성보다 견디기 쉬우리라

(마태복음 10 : 5 - 15)

평안하기를 빌라

조지 번이라고 하는 유명한 코미디언이 있습니다. 그의 코미디 가운데 이런 재미있는 이야기가 있습니다. '하나님께서 아담과 이브를 에덴동산에 창조하실 때 왜 옷을 주지 아니하시고 벌거벗겨서 그렇게 창조하셨을까?'라고 하는 것입니다. 이에 대한 자신의 대답은 이렇습니다. 만일에 옷을 주었다면 틀림없이 옷에다가 주머니를 달아달라고 했을 것이고, 주머니를 달아주었다면 주머니에 금덩어리를 채워달라고 했을 것이라는 것입니다. 그래서 아예 옷을 벗겨버렸다는 것입니다. 그런 재미있는 이야기가 있습니다. 인간의 끝없는 욕망을 비웃는 것입니다. 어디에나 욕심은 있습니다. 우리는 욕심하면 꼭 물질을 생각하고, 간혹 권세나 명예까지도 생각을 합니다마는, 그보다 더 중요한 많은 욕심이 사람의 마음속에 도사리고 있습니다. 문제는 이것을 욕심이라고 생각하지도 못하고, 이것이 얼마나 무서운 죄의 뿌리가 된다는 것도 미처 생각하지 못하는 깊은 심리상태가 있다는 것입니다. 어디에나 있습니다. 선한 목적에도 욕심이 있습니다. 주는 마음에도 받으려는 마음이 있습니다. 선한 일을 하면서도 사람들이 알아주기를 바라고, 무엇인가 인정해주기를 바라고, 가능하면 존경과 칭찬이 있었으면 하는 마음이 있습니다. 명예와 물질 가운데 어느 쪽이 큽니까. 우리는 물질을 주고 명예를 얻으려고 합니다. 이것 굉장한 거래입니다. 그런데 우리는 물질만 주면 굉장한 것을 준 줄 알지마는, 아닙니다. 그보다 훨씬 큰 것이 명예와 존경입니다. 그러니까 우리는 선한 일 하면서 뭔가 많은 대가성을 요구하고 있습니다.

마태복음 10장은 성경으로 생각할 때 이것은 제자 파송장이라고 부릅니다. 10장 1절에서부터 계속 읽으면 예수님께서 제자들을 파송하시면서 하신 당부의 말씀입니다. 먼저는 제자들을 부르셨습니다. 부르시고, 그 다음에는 권능을 주시고, 그 다음에는 보내십니다. 그래 이것을 연구하는 사람들이 간단하게 이렇게 말합니다. "Calling, Giving, Sending." 다시 말해서 부르시고, 권능을 주시고, 그리고 보내신다는 것입니다. 이것이 예수님의 제자를 파송하는 과정입니다. 그런데 파송하시면서 하신 말씀을 요약해보면 어떤 마음으로 가져야 할지, 이 거룩한 사역에 어떤 자세로 임해야 할지를 자세하게 일러주고 있습니다.

피에르 상소라고 하는 프랑스의 어느 교수가 「느리게 산다는 것의 의미」라고 하는 재미있는 교양서적을 출판했습니다. 우리는 너무 서두릅니다. 우리 문화는 '빨리빨리 문화'입니다. 그저 빨리빨리 덕에 밥을 먹고 사는지는 모르겠습니다. 그러나 부작용이 너무 많습니다. 아주 유명합니다. 언젠가 한번 동남아시아의 어느 중국집에 가서 식사를 하는데, 중국집에서 음식 나오는 것이 좀 달랐습니다. 중국집 음식이라는 것은 한 가지가 나온 다음에 다 먹고 나면 그 다음 그 다음 그러지 않습니까. 이 집에는 한꺼번에 세 접시씩 나옵니다. 왜 그러냐고 물었더니 설명은 간단합니다. 한국 사람들이 빨리빨리 하니까 빨리 먹고 나가라는 것입니다. 그것만이 아닙니다. 그 다음 일은 더 부끄럽습니다. 하도 빨리 먹고 나가니까 DC를 해준다고 합니다. 값을 깎아줍니다. 왜냐하면 자리를 빨리 비워주니까 그 다음 손님을 받을 수 있기 때문입니다. 빨리빨리, 이것이 참 문제입니다.

제가 LA에서 공부할 때입니다. 점점 한국에 있는 분들이 미국으로 이민을 많이 왔고, 거기에 화교들도 이민을 왔습니다. 거기서 제가 자장면을 먹을 수 없었는데, 70년대 초 얼마 뒤에 자장면 집이 생겼습니다. 만두집, 자장면 집이 있어서 갔습니다. 자장면 질도 좋고 많이 주어서 맛있게 먹었습니다. 옆에 한국 사람들이 와서 자장면과 이런 저런 음식을 먹고 있었습니다. 역시 버릇이 있어서 "빨리빨리" 하니까 그 중국화교가 한국말 잘하지 않습니까. "나 저 소리 듣기 싫어서 미국까지 왔더니 또 따라 와가지고 저러네." 이 빨리빨리, 생각 좀 해봐야겠습니다.

그런데 이 느리게 산다는 의미, 이것은 너무나 속도에 문제가 있기에 첫째는 좀 느리게 해야 한다는 것입니다. 너무 촉박하게 해가지고 몰아치지 말고, 시간관념에 있어서 좀 느리게, 여유 있게 하라는 말입니다. 두 번째 말이 마음에 듭니다. 사람을 신뢰해서 일을 맡겼으면 일단 사람을 믿은 것이니, 그 사람에 대한 판단을 느리게 하라는 것입니다. 우리가 종종 사람에게 일을 맡겨놓고 내 생각대로 안된다고, 그따위로 하느냐고 벌컥 화를 내버립니다. 그 사람은 그 사람대로 생각이 있습니다. 그 사람이 하는 것을 좀 기다려볼 필요가 있습니다. 이것 굉장히 중요한 것입니다. 사람을 신뢰했으면 비판을 느리게 하라는 것, 굉장히 중요합니다. 그런가하면 내면의 음성을 듣기 위해서 느리게 하라는 것입니다. 좀 깊이 생각하기 위해서는 느려야 하지, 급하면 생각이 없습니다. 생각 없이 저질러놓고 뒤에 고생하는 경우가 많습니다. 좀 더 많이 생각하면서 내면에서 오는 양심의 소리, 하나님의 음성도 들을 수 있어야 하겠다, 하는 얘기입니다.

문제는 오늘본문에 나타난 내용을 보면 어떤 선한 일에도 방법도 선해야 되고, 목적도 방법도 다 선해도 또 문제가 있다는 것입니다. 선한 목적으로 하는 일이라고 모두에게 환영받는 것 아닙니다. 이것을 잊지 말아야 합니다. '좋은 목적과 좋은 뜻으로 하면 모두가 지지하고 환영해줄 것이다.' 안그렇습니다. 그것을 알아야 되겠고, 또한 선한 목적이라고 해서 만사형통하는 것이 아닙니다. 그냥 하나님께서 복을 팍 주셔서 선한 일은 모든 일이 형통할 것이라고 생각해서는 안됩니다. 우리 인간의 짧은 판단이지, 하나님의 축복은 넓고 더 큰 것이기 때문입니다. 또 하나는 복음을 전하고 사람을 구원하는 일입니다. 이렇게 아름답고 선한 일, 이 제자들이 가는 길이 막혀서는 안됩니다. 그들에게 어려움이 있었다는 것입니다. 그러면 우리가 어떤 자세로 임해야 하느냐, 그 자세가 중요합니다. 오늘본문을 자세히 읽으면 이런 깊은 뜻이 있습니다. 먼저는 복음을 전합니다. 얼마나 좋습니까. 좋은 소식, 복된 소식, 생명의 소식, 복음을 전하고 있습니다. 그런데 왜 핍박이 있습니까. 또 하나는 오늘본문 말씀대로 병을 고치고 있습니다. 병도 고치고, 문둥병도 깨끗하게 하고 죽은 자를 살리고, 이런 능력을 주셨습니다. 이런 이적을 행하면서 가는 것입니다. 큰 은사를 받고 제자들이 능력을 행하면서 복음을 전하고 있습니다. 이 착한 일, 이것이 왜 핍박을 받아야 합니까. 또 하나는 오늘본문말씀대로 거저 받았으니 거저 주라 그랬습니다. 거저 받고 거저 주고 있습니다. 대가성 없이 거저 주는데 왜 환영을 못받습니까. 여기에 깊은 문제가 있다는 말입니다.

오늘본문을 자세히 읽으면 우리 하나님 일을 하는 사람의 마음속에 가져야 될 기본자세 세 가지를 말씀하고 있습니다. 먼저는 거저 받았으니 거저 주라는 것입니다. '거저 받은 마음으로 거저 주라.' 이것을 잊지 말아야 합니다. 언젠가 우리 장로님 가운데 한분의 자녀들이 부모 속을 어지간히 썩게 하는 것을 본 적이 있습니다. 우리가 보기 딱할 정도로 말입니다. 그 권사님 부인 되는 분은 항상 아주 얼굴을 찡그리고 다니고, 입만 열면 저놈들 때문에 못살겠다고 합니다. 그런데 장로님은 안그렇습니다. 그 장로님은 편안하시고 언제나 조그만 근심도 없는 것같습니다. 그것이 알고 싶어 제가 한번 물어봤습니다. "장로님, 이 상황에서도 태연하십니까?" 그랬더니 대답은 간단합니다. "제가 그랬거든요. 제가 옛날에 부모님 속을 어지간히 썩였거든요. 지금 생각해봐도 정신이 아찔해요. 그렇게 속을 썩였는데, 우리 아버지는 참 좋았어요. 우리 어머니는 좀 말씀했지만, 우리 아버지는 아무 말씀도 한 일이 없었어요. 끝까지 잘 대해주셔서 저는 제 아버지가 제게 하신 것처럼 생각하면 제가 지금 아이들에게 하는 것은 아무것도 아닙니다. 아버지가 저를 참아주시고 믿어주신데 대면 저는 아이들에게 오히려 부족함이 많습니다." 이것이 무엇입니까? '거저 받았으니 거저 주라.' 거저 받은 마음에 감격하고 있다면 거저 주는 일은 쉬운 일 아닙니까. 내 것을 가지고 주는 줄 아니까 문제가 되는 것입니다. 아닙니다. 받은 것 주는 것입니다. 처음부터가 내 것 아닙니다. 엄청나게 받고 작은 것 주는 것입니다. 이것이 무슨 얘기가 됩니까. 이 마음으로 살라, 이것입니다. 그렇다면 우리 앞에 문제 될 것이 하나도 없습니다.

정말 우리들은 다 그렇습니다. 옛날 우리 부모님들이 얼마나 고생했습니까. 그 고생하면서 우리를 키웠습니다. 죄송한 얘기지만, 제 좁은 소견을 하나 말씀드리겠습니다. 저는 누구든지 손톱 다듬는 것을 좋게 안봅니다. 왜요, 우리 어머니가 들일을 하고, 부엌일 하고, 가끔 손톱을 깎는데, 손톱깎이라는 것은 없으니까 가위로 깎는데, 가위를 쥐고서는 양쪽 귀퉁이만 자르셨습니다. 딱딱 두 번, 그리고 하신 말씀이 있습니다. 이것이 내 가슴에 사무쳤습니다. "나는 손톱 가운데를 깎아 본 일이 없다. 다 닳아서." 이렇게 제가 자랐는데, 누구 손톱을 예쁘게 보겠습니까. 손톱이나 다듬고 있으면 되겠습니까. 이것 아닙니다. 우리가 지금 어떻게 자랐습니까? 부모님들이 이렇게 고생하면서 우리를 키워서 이렇게 엄청난 은혜를 입고 살았는데, 우리가 지금 자식들에게 하는 것은 아무것도 아닙니다. 우리 이웃에게 하는 것도 그렇습니다. '거저 받았으니 그 받은 마음으로 거저 주라.' 아무 대가성도, 아무 바람도 없이 주라는 것입니다.

또 여기 주신 말씀에 재미있는 말씀이 하나 있습니다. 어느 동네에 들어가거든 합당한 자를 만나거든— 요새말로 하면 민박입니다. 그 집에 그냥 머무르라고 했습니다. 아주 중요한 얘기입니다. 어느 집에 가서 머무르는데, 누가 와서 보니 가난한 집입니다. 부자가 와서 "우리 집에 갑시다" 한다고 자리를 옮기지 말라는 얘기입니다. 제가 33살에 서울 영락교회에 한경직 목사님 시무하실 때 부흥회를 인도하러 갔습니다. 제게는 굉장한 영광이기도 하고, 큰 사건입니다. 그때는 월요일 저녁에 시작해서 다음 월요일 새벽까지입니다. 그렇게 만 일주일 동안 새벽기도 인도하고, 낮 공부 하고, 저녁하고, 하루에 세 번씩 설교를 해야 되는데, 참 힘든 일이었습니다. 그런데 그 주관을 하는 것이 누구냐 하면 전도부장이었습니다. 남전도회 전도부장 정 장로님이 주관해서 오라고 해서 갔습니다. 갔더니 숙소를 정해주는데, 영락교회 정문 앞의 조그마한 여관이었습니다. 여관에 들어가 보니 방하나가 있는데, 옷장이 없습니다. 그런 방에 들어가니 깨끗하긴 하더라고요. 거기에 이부자리 하나가 아랫목에 놓여 있었습니다. 여기서 일주일 동안 머무르시라고, 왜냐하면 가까워서 새벽기도회 나가기 좋고, 그래서 정했다고 했습니다. 잘했다고 칭찬을 해드리고, 거기에서 자기로 했습니다. 그리고 저녁예배 설교를 했습니다. 설교 뒤에 한 목사님께서 부흥강사 목사님 숙소를 보아야겠다고 오셔서 보시고는 화를 내셨습니다. "이것 뭐하는 짓이야, 바로 길 건너편에 호텔 있잖아. 호텔에다 모셔야지!" 이것이 뭐냐고 이렇게 소리를 지르니까 정 장로님이 쩔쩔매면서 가까워서 그렇게 했노라고 말씀하는데, 한 목사님께서 "안돼, 옮겨!" 그러셨습니다. 그래서 제가 안된다고 말씀드렸습니다. 왜 안되냐고 물으시기에 "성경대로 안됩니다. 성경에 거기 머물라 그랬잖아요. 이제 옮기면 안되지요" 했더니 한 목사님 껄껄 웃으시면서 "성경대로 한다니까 어찌 할 순 없는데, 어디 가서 영락교회 부흥회 갔다가 여관방에 잤다고 하지 마!" 그러셨습니다. 그래서 제가 "그 말까지 하겠습니다" 하고 농담을 한 적이 있습니다. 얼마나 열악했는지 여전도사님이 이불을 갖다 주어서 그 이불 덮고 일주일 있었습니다.

아무튼, 거기에 머물라— 인정에 끌리지 말라는 것입니다. 무엇을 하러 갔는지 알라는 것입니다. 인정에 좌우되지 말라, 대우를 하고, 친절하게 하고, 환대한다고 해서 그런 것에 관심 가지지 말라…… 거기 간 목적이 무엇이냐? 거기 머물라— 아주 중요한 말씀입니다. '나그네라고 하는 심정을 잊지 말아라! 그저 다녀가는 거야. 처음도 끝도 인생은 나그네야. 이부자리가 좋으면 어떻고, 아니면 어때? 집이 크면 어떻고 아니면 어때?' 이런 것 상관없습니다. 어차피 잠깐 지나가는 것입니다. 그 마음을 가지라는 말씀입니다.

그 다음에는 평안을 빌라— 어느 집에 가든지 '샬롬!' 평안을 빌어라, 축복하고, 평안을 빌라…… 대상과 상관없이 그들이 내게 어떻게 대하는지, 그 접대에 상관없이 복을 빌라고 하십니다. 제가 이 말씀을 읽으면서 가끔 웃을 때가 있습니다. 우리를 환영해주는 자를 위해서 복을 빌면 복이 그 집으로 갑니다. 또 우리를 반대하는 자를 위해서 복을 빌면 성경에 내게로 돌아온다고 했습니다. 그러면 어느 쪽에 복을 빌어야겠습니까? 경제적으로 생각하면 핍박하는 자를 위해서 될 수 있는 대로 복을 많이 빌어야 내게 돌아오는 것이 많아지게 됩니다. 실리적으로 그렇습니다. 뭐 이런 얘기 하자는 것이 아닙니다. 중요한 것은 복을 빌라— 언제나 복 비는 마음을 말합니다.

가게에 들어갈 때 복 비는 마음으로 장사하는 사람하고 물건 거래를 합니까? "많이 파세요, 즐거운 하루가 되세요." 그런 복 비는 마음으로 말입니다. 너무 물건 값 깍지 말고, 항상 이런 축복하는 마음으로 살아야 됩니다. 이것이 연결이 되어 스데반은 돌에 맞아 죽으면서도 자기를 죽이는 자를 위하여 기도했고, 예수님께서는 십자가를 지면서도 십자가에 못박는 자들을 위해서 기도하셨습니다. "복을 빌라!" 계속 복을 비는 것입니다. 우리는 아무도 미워할 권리가 없습니다. 아무도 저주해서는 안됩니다. 항상 복 비는 마음, 그렇게 살라는 얘기입니다.

유명한 이야기가 있습니다. 고대 중국에서 있었던 이야기인데, 두 나라가 싸우게 되었습니다. 군사력이 비슷해서 싸움이 끝나지 않았습니다. 이러다가는 두 나라가 다 망하게 됩니다. 그때에 어느 현자가 하나 나타나서 두 나라를 방문하게 됩니다. 한쪽 나라에 가서 말하기를 "내가 보기에 당신 나라는 아주 만월과 같습니다. 둥그런 달과 같이, 이렇게 세력이 큰데, 조그마한 나라하고 싸우는 것이 체면이 말이 아닙니다. 저 나라는 초승달 같은 나라인데, 그냥 용서하시지요." 이 나라가 우쭐합니다. 만월 같다니까 기분이 좋았습니다. 그래서 "그러지. 좀 너그럽게 봐주지" 그랬습니다. 다른 쪽 나라에 가서 또 하니까, 이쪽 나라에서 만월이라고 하고 자기 나라를 초승달이라고 했다는 말을 듣고 화가 났습니다. "아니, 우리를 무엇으로 알고 초승달이라고 했나?" 현자가 말합니다. "잘 들어보세요. 만월은 이제부터 기울고 초승달은 이제부터 커집니다." "아, 그렇구나. 나 전쟁 안할래!" 이렇게 해서 두 나라가 화평했다고 합니다.

무슨 말을 하든지 내 한 사람의 평화, 내 마음 속에 있는 충만함으로 인해서 내가 가는 곳에 복을 받고, 내가 만나는 사람이 복을 받고 그러려면 어찌해야 되겠습니까? 거저 주는 마음, 거기 머무는 마음, 평안을 비는 그 마음으로 살아야 합니다. 넉넉한 마음, 초연한 자세, 받은 바에 충만해서 받은 바를 생각하며 내게 주신 그분을 생각합니다. 하나님을 생각하고, 하나님께로부터 받은 은혜를 생각하며 사람을 볼 것입니다. 거저 받았으니 거저 주고 보냄 받았으니 나를 보내 자를 생각해야 합니다. 그리고 씨 뿌리는 마음으로, 예수님 말씀하시지 않았습니까. 씨를 뿌리고 잊어버리라— 언젠가는 싹이 날 것이요, 언젠가는 거두게 될 것입니다. 단순한 마음으로 시종 평화를 말하고, 평화를 전하는 은혜로운 생을 살라고 하십니다. △

자기 십자가의 의미

네 형제가 죄를 범하거든 가서 너와 그 사람과만 상대하여 권고하라 만일 들으면 네가 네 형제를 얻은 것이요 만일 듣지 않거든 한 두 사람을 데리고 가서 두 세 증인의 입으로 말마다 증참케 하라 만일 그들의 말도 듣지 않거든 교회에 말하고 교회의 말도 듣지 않거든 이방인과 세리와 같이 여기라 진실로 너희에게 이르노니 무엇이든지 너희가 땅에서 매면 하늘에서도 매일 것이요 무엇이든지 땅에서 풀면 하늘에서도 풀리리라 진실로 다시 너희에게 이르노니 너희 중에 두 사람이 땅에서 합심하여 무엇이든지 구하면 하늘에 계신 내 아버지께서 저희를 위하여 이루게 하시리라 두 세 사람이 내 이름으로 모인 곳에는 나도 그들 중에 있느니라

(마태복음 16 : 24 - 28)

자기 십자가의 의미

어찌 생각하면 재미있기도 하지만, 의미심장한 이야기가 하나 있습니다. 어느 시골 마을에 사는 여자 집사님 한 분이 있었습니다. 혼자 생활하면서 너무나 힘들었습니다. 몹시도 힘들고, 사는 것 자체가 너무나 고달팠습니다. 게다가 신앙생활을 하면서 믿음으로 살려고 하니까 더 힘들고, 불의와 타협하지 않으며 좀 더 거룩하고 정결하게 믿음으로 사는 것이 너무 힘들었습니다. 그래서 늘 기도할 때마다 하나님 앞에 푸념을 했습니다. "주여, 너무 힘듭니다. 산다는 것 자체가 진짜 힘듭니다." 어느 날 밤에 꿈을 꾸었습니다. 그가 커다란 십자가를 질질 끌고 언덕을 올라가고 있는 것입니다. 그런데 마침 눈앞에 예수님께서 나타나셨습니다. 예수님을 만날 때 반갑기도 했지마는, 만나자마자 입버릇처럼 한마디 했습니다. "주님, 너무 힘듭니다. 산다는 것이 너무 힘듭니다. 이 십자가가 너무 무겁습니다. 예수님, 예수님께서는 목수 아니십니까. 제가 매고 가는 십자가를 좀 잘라주십시오. 좀 줄여주십시오" 했더니 예수님께서 빙그레 웃으시면서 "그래라" 하시고, 십자가를 좀 잘라주셨습니다. 얼마 있다가 또 예수님께 "좀 더 잘라주세요" 부탁을 드렸고, 이럭저럭 세 번을 잘랐습니다. 십자가가 많이 가벼워졌습니다. 그래 매고 가는 중에 눈앞에 요단강이 보입니다. 많은 사람들이 십자가를 매고 와서는 그 십자가를 내려놓고 십자가를 걸쳐서 다리로 삼아 건너갑니다. 그런데 이 사람은 십자가가 작아져서 걸쳐놓고 건너갈 수가 없습니다. 그래서 털썩 주저앉으면서 엉엉 소리 내어 울었답니다. 깨고 보니 꿈이더랍니다. 많은 것을 우리에게 시사해주지 않습니까. 우리는 십자가가 무겁다고 합니다. 질질 끌고 가기가 너무나 힘이 듭니다. 그러나 이것은 내가 메어야 되는 것입니다. 내 몫의 십자가는 내가 메고 가야 됩니다. 이 십자가를 메고 끝까지 가야 요단강을 건너갈 수 있기 때문입니다.

오늘본문에는 아주 심오하고, 또 가장 귀중한 기독교 진리가 기록되어 있습니다. 예수님께서 제자들에게 물어보십니다. “너희들은 나를 누구라 하느냐?” 마침내는 베드로에게 물으십니다. “너는 나를 누구라 하느냐?” “주는 그리스도시요, 살아 계신 하나님의 아들이십니다.” 아주 귀중한 고백입니다. 그때 예수님께서 아마도 베드로에게 “너 그동안 많이 컸다” 하셨으면 차라리 좋았을 텐데, 그러지 않으시고 “그건 네가 안 것이 아니라 하나님께서 너에게 이 귀중한 신앙고백을 가르쳐주신 것이다”라고 말씀을 하십니다. 그리고 천국열쇠를 주신다고 하셨습니다. 베드로가 원래 앞에 서기를 좋아하는 사람입니다. 좀 우쭐하기를 좋아하는 사람인데 천국열쇠를 주신다 하셨으니 이 얼마나 굉장합니까. 그는 아마 굉장히 가슴이 부풀었던 것같습니다. 예수님께서는 돌이키셔서 ‘내가 십자가를 져야겠고, 많은 고난을 당하고 죽고, 그리고 부활할 것’이라고 말씀하십니다. 베드로가 깜짝 놀라서 “그리 마옵소서. 그런 일이 없을 것입니다” 합니다. 이 만류에는 몇 가지 의미가 있습니다. 먼저는 자기가 아는 성경대로는 ‘메시야께서 영광의 메시야로 가시는데 어찌 그런 고난이 있겠습니까’ 하는 것입니다. 또 하나는 나라고 하는 충성된 자가 있는데 그렇게는 되지 않는다는 것입니다. 또 다른 하나는 지금 대세가 예수님께 대해서 아주 최고의 존경을 보내고 있는데 십자가라니, 불

길하게 무슨 그런 말씀입니까, 하는 뜻이 포함되어 있습니다. '절대로 그리 마소서. 그런 생각도 마세요.' 그런 만류를 하게 됩니다. 그때에 예수님께서 단호하게 말씀하십니다. "사단아, 물러가라!" 베드로가 아무리 베드로라도 그 속에 성령께서 계실 때 주께서는 그리스도시요, 살아 계신 하나님의 아들이시라고 고백할 수가 있었지만, 이제 십자가를 부인하고 세상 영광으로 전락할 때 저는 사단입니다. "사단아, 물러가라!" 단호하게 예수님께서 이렇게 말씀하십니다.

그리고 주신 말씀이 오늘본문의 말씀입니다. '누구든지 나를 따라오려거든 내 제자가 되려거든, 너 베드로도 내 제자가 되려거든 세 가지 조건이 있다'고 말씀하십니다. 첫째는 자기를 부인하고, 둘째는 자기 십자가를 지고, 셋째는 나를 따르라— 이렇게 세 가지를 말씀하고 계십니다. 이것은 기독교 교리의 가장 핵심이 되는 귀중한 말씀입니다. 오늘본문을 정말 깊이 생각해야 합니다. 십자가가 무엇입니까? 예수님의 십자가는 그렇다 치고, 자기 십자가, 곧 내가 지는 십자가는 무엇입니까? 이것을 깊이 생각해야 합니다. 십자가는 고난이 아닙니다. 괴로움이 아닙니다. 질병도 아니고, 가난도 아닙니다. 십자가는 죽음입니다. 십자가는 그대로가 죽음을 의미하는 것입니다. 그 외에 다른 의미가 없습니다. 곧 죽음입니다. 고통의 극치가 아니라, 곧 죽음을 말하는 것입니다. 그렇다면 주께서는 이렇게 말씀하십니다. '죽어가지고 나를 따라야 한다. 살아가지고는 안된다.' 자기 자신이 살아 있으면 안된다는 것입니다. 세속적인 욕망을 지닌 그 허영 된 인간이 살아 있으면 안된다는 말씀입니다. 구석구석이 어디라도 내 존재가 깨끗이 죽어야 비로소 예수님의 제자가 될 수 있다고 예수님께서 말씀하십니다.

여기서 우리가 깨달아야 할 소중한 진리가 있습니다. 십자가가 무엇입니까? 십자가에 대한 오해를 잊지 마십시다. 많은 사람들이 십자가를 오해하고 있습니다. '예수님께서 왜 십자가를 지셨나?' 거기서부터 생각해야 됩니다. 기독교 교리의 뿌리입니다. 예수님께서 십자가를 지실 때 무능하셔서 지신 것입니까? 무지하셔서 지신 것입니까? 상황이 그럴 수밖에 없었습니까? 깊이 생각해야 됩니다. 복음서가 우리에게 가르쳐주는 진리를 자세히 읽어보면 크게 우리에게 말씀해주는 바가 있습니다. 예수님께서는 십자가를 알고 있었습니다. 누가복음 9장에서부터 말씀합니다. 예루살렘을 향하여 올라가시기로 굳게 결심하시고, 벌써부터 예루살렘을 향하여 올라갈 때부터 십자가를 머리에 두고 계셨습니다. 한마디로 말하면 십자가에 죽으시기 위하여 일부러 담대하게, 과감하게 예루살렘을 향하여 올라가셨습니다. 그것을 강조하고 있습니다. 복음서가 말씀하는 가장 중요한 것이 뭐냐 하면, 예수님께서는 십자가를 알고 계셨다는 것입니다. 십자가에 죽을 것도 알고 계셨습니다. 그리고 결심하시고, 예루살렘을 향하여 올라가셨습니다. 이것을 알아야 됩니다.

또 하나 우리가 기억해야 됩니다. 예수님께서 그 유월절에 예루살렘으로 올라가지만 않으셨더라도 십자가 지지 않으실 수 있었습니다. 또 하나는 다음 주일에 말씀드리겠습니다마는, 예수님께서 나귀를 타고 올라가십니다. 이 퍼레이드를 벌이지 않으셨더라면, 이런 이벤트를 하지 않으셨더라면 십자가를 피해가실 수 있었습니다. 더 큰 사건이 있습니다. 예루살렘 성전에 올라가셔서 그 더러워진 성전을 청소하셨습니다. 다 내보내셨습니다. 깨끗하게 청소하셨습니다. 그러면서 대제사장과 정면충돌을 하십니다. 예수를 십자가에 못박은 자가 누구입니까? 사도신경을 보십시오. '본디오 빌라도에게 고난을 받으사 십자가에 못박혀 죽으시고'라고 합니다. 사실 본디오 빌라도는 억울합니다. 빌라도는 어찌하든지 예수님을 놓아주려고 노력했습니다. 이모저모로 방법이 좀 잘못됐습니다. 그러다 결국은 자기가 당했습니다. 십자가에 못박게 됩니다마는, 본심은 충분히 말해줍니다. 빌라도는 예수를 죽일 생각이 없었습니다. 누가 죽였느냐, 가야바입니다. 대제사장 가야바가 계속 음모를 꾸밉니다. 안나스와 이 가야바, 이 두 사람이 결국 예수를 십자가에 못박은 원흉입니다.

그런데 그 대제사장의 성전에 들어가서 정면으로 충돌했으니 되겠습니까. '어찌하여 만민이 기도하는 집을 강도의 굴을 만드느냐!' 이렇게 예수님께서 소리를 지르셨으니 살아남으실 수 있겠습니까. 이것은 꼭 기억해야 됩니다. 예수님께서는 상황에 밀려서 할 수 없이 십자가를 지신 것이 아닙니다. 안지려고 몸부림치시다가 걸려드신 것이 아닙니다. 예수님께서는 담대하게 처음부터 십자가를 지시기 위하여 예루살렘에 오셨고, 십자가를 지시기 위하여 행사를 하신 것입니다. 그러니까 무지하셔서 십자가를 지신 것이 아닙니다. 무능하셔서 십자가를 지신 것도 아닙니다. 예수님께서 재판받으실 때에도 그런 이야기가 나오지 않습니까. 죽은 사람을 살리셨고, 병자를 고치셨고, 문둥병을 깨끗케 하셨습니다. 한데 '자기가 자기를 구원할 수 없더냐?' 하며 예수님을 십자가에 못박아놓고도 밑에서 그런 말들을 했습니다. '십자가에서 뛰어내리라. 그러면 우리가 믿겠노라.' 이렇게까지 퍼부었습니다. 무엇을 말하는 것입니까? 그럼에도 불구하고 예수님께서는 아무 능력도 없으신 것처럼, 아무것도 못들으시는 것처럼 그냥 십자가에 죽으셨습니다. 다시 말하면 얼마든지 피해가실 수 있고, 안지실 수 있고, 안죽으실 수 있는데 죽으셨습니다.

베드로전서 2장 19절에 보면 우리가 고난당할 때 애매하게 고난당하는 수가 있다는 말씀이 있습니다. 요새 애매하다는 것이 유행 아닙니까. 도대체 이것을 어떻게 설명해야 되나? 애매하게 이럴 수도 없고, 저럴 수도 없고…… 하지만 예수님의 십자가는 애매한 것이 아니더라는 말씀입니다. 분명한 것입니다. 피할 수 없이 당하는 것이 아니고, 부득불 당하는 것이 아니고, 부득불 당하며 원망하며 불평하며 탄식하며, 그렇게 당한 십자가가 아니라는 것입니다. 그래서 중요합니다. 예수님께서는 십자가에 돌아가시기 바로 전날 밤 불과 몇 시간을 앞에 두고 '내 평안을 너희에게 주노라' 하고 말씀하십니다. 예수님께서는 십자가를 향하여 가시면서 마음이 평안하셨습니다. 다 알고 계셨습니다. '내 평안을 너희에게 주노라.' 피할 수 없이, 부득불 당한 것이 아니라는 것을 말해줍니다. 그 말은 무엇입니까? 자원적으로, 또 선택적으로 당한 고난이라는 것입니다. 십자가는 그런 것입니다. 할 수 없이 지는 십자가는 십자가가 아닙니다.

어떤 고난이든지 묻지 않습니다. 단 내가 기도하며 자발적으로, 선택적으로 오늘도 또 선택하고, 오늘도 감사하며, 그렇게 지면 십자가인 것입니다. 피해가려고 이리저리 도망가다가 할 수 없이 당하고, 또 원망하고 불평합니다. 세상을 원망하며, 누구를 원망하며, 이렇게 당하는 십자가— 아니, 자기 자신을 원망하며, 지난 일을 후회하면 십자가가 아닙니다. 십자가를 진다는 말의 그 깊은 뜻을 알아야 합니다. 가끔 우리가 실수하는 것이 있습니다. 그것이 뭐냐 하면 자녀를 낳아 키우면서 속을 썩이고 할 때 십자가를 진다고 말하는 것입니다. 아닙니다. 어떤 아이들이 설명을 대신해줍니다. "제 자식 낳아 키우면서 왜 그렇게 말이 많아요?" 내가 낳아서 내가 키우는데, 무슨 그것을 십자가 진다고 생각합니까. 내가 사업이 좀 안돼서 고난당하면서 이것을 십자가 진다고 생각합니다. 내가 병들었다고 이것을 십자가라고 생각합니다. 십자가에 대한 오해가 너무나 많습니다. 오늘 예수님께서 말씀하십니다. '자기 십자가를 져라.' 십자가는 하나님의 의를 앞세워야 합니다. 이 일을 통해서 하나님의 의를 이루기 위하여 내가 고난을 선택할 때, 하나님의 의를 이루기 위하여 내가 스스로, 자발적으로 고난의 길을 택할 때 그것이 십자가입니다. 또한 하나님께 대한 깊은 사랑을 느끼며, 하나님에 대한 사랑의 반응으로서의 고난을 받는 것이 십자가입니다.

요한복음에 유명한 말씀이 있습니다. 겟세마네 동산에서 예수님께서 내려오십니다. 체포되어 내려오시는 바로 그 장면에서 말씀하십니다. 십자가로 향하시는 바로 그 문턱에서 하시는 말씀입니다. '아버지께서 주신 잔을 내가 마시지 아니하겠느냐.' 예수님의 마음속에는 가야바가 없습니다. 가룟 유다도 없습니다. 정신 못차린 제자들도 없습니다. 십자가를 앞에 두신 예수님의 마음속에는 오로지 아버지 하나님 한 분뿐입니다. '사랑하는 아버지께서 사랑하시는 아들에게 이 십자가를 요구하시는데 내가 무슨 말을 할 것이냐? 아버지께서 내게 주신 잔을 내가 마시지 않겠느냐?' 저는 이 요절을 너무나 중요하게 생각하고 항상 외웁니다. 어떤 모순된 일이라도 그것 복잡하게 생각할 것 하나도 없습니다. 누구 때문도 아닙니다. 아버지께서 내게 주시는 잔입니다. 사랑하는 아버지께서 사랑하시는 아들에게 주시는 이 고난의 잔입니다. 이렇게 생각하고 받을 때만 십자가입니다. 이것이 자기 십자가입니다. 우리 모두에게 자기 십자가를 주셨습니다. 하나님께서 우리에게 주셨습니다. 우리가 어떻게 받아들이느냐가 문제입니다.

제 아버지가 제 목전에서 총살당하시는 것을 볼 때 마음이 많이 아팠습니다. 왜 이런 일이 있어야 하나? 왜 여기까지 와야 하나? 그런가 하면 내가 또 광산에 끌려가서 7개월 동안 강제노동수용소에서 지옥 같은 고생을 할 때 '아, 여기서 생이 끝나는가보다. 이 고난이 내게 왜 있어야 하나.' 많이 생각했습니다. 하지만 오늘 생각합니다. 그 모든 날이 있었기에 오늘 내가 있는 것이 있다고 말입니다. 사랑하는 아버지가 사랑하는 아들에게 주는 고난입니다. 하나님의 마음이 더 아프십니다. 그 고통이 더 크십니다. 그리고 우리에게 이 고난을 주십니다. 하나님의 그 큰 사랑을 오로지 하나님과 나와의 관계 속에서 사랑을 느끼면서 이 십자가를 내가 질 것입니다. 또한 백성을 향한 사랑이 있습니다. 내가 이렇게 죽음으로 만백성을 구원합니다. 예수님께서 십자가에 죽음으로 구원합니다. 그 형편없는 제자들, 그 열한 제자가 다 예수께서 죽으심으로 중생하여 예수를 위하여 순교합니다. 그리고 큰 교회를 세워갑니다. 아름다운 장래를 환히 보시면서 예수님께서는 이 십자가를 지십니다. 내가 이렇게 고난당함으로 다른 사람이 삽니다. 내가 어려워지므로 다른 사람이 평안해집니다. 내가 죽음으로 다른 사람이 삽니다.

예수님께서 친히 말씀하셨습니다. '밀알 한 알이 땅에 떨어져 죽지 아니하면 그대로 있고, 땅에 떨어져 죽으면 많은 열매를 맺느니라.' 내 수고가 많은 사람의 기쁨이 되고, 내 희생이 다른 사람에게 생명이 되는 것, 바로 그것을 환히 바라보면서 십자가를 지는 것입니다. 그런고로 자기 십자가는 가난과 질병과 억울함이나 형벌 같은 것이 아닙니다. 우리가 겪는 고난, 그 고통 따위가 아닙니다. 문제는 하나님의 의를 생각하고, 하나님의 사랑을 생각하고, 많은 사람에게 베풀어지는 은총을 생각하면서 십자가를 지느냐에 있습니다. 하나님의 뜻을 알기에 순종합니다. 하나님의 이 귀한 역사를 알기에 감사합니다. 기쁜 마음으로 집니다. 그럴 때 십자가입니다. 똑같은 고난을 당한다 하더라도 혹이라도 슬퍼하고 탄식하고 원망하면 그것은 십자가가 아닙니다. 십자가를 진다는 것은 기쁨으로 감당하는 것입니다. 그리고 넉넉한 마음으로 받아들이는 것입니다. 하나님 앞에 감사하고, 하나님을 찬양하는 것— 바로 거기에 십자가의 의미가 있습니다.

사도 바울은 늘 말씀합니다. '나는 예수 그리스도와 함께 십자가에 못박혔다(I am crucified with Christ).' '정과 욕심도 십자가에 못박혔다.' 갈라디아서 5장에서 말씀하고 있습니다. 고린도전서 15장에서는 이렇게 말씀합니다. '나는 날마다 죽노라(I die daily).' 아주 중요한 말씀입니다. 날마다 새롭게 죽어야 새롭게 살아가니까요. 예수님의 사랑하는 제자 안드레가 있습니다. 안드레의 순교에 대한 아주 많은 에피소드가 전해집니다마는, 한마디로 마음에 깊은 감동을 줍니다. 그가 마지막에 순교할 때 십자가에 못박혀 죽게 됩니다. 그때 그는 외칩니다. '내가 지극히 바랐고, 오랫동안 구했던 오, 십자가! 그대에게 매달려 죽은 주님의 제자로서 기쁘고 달갑게 즐거운 마음으로 그대를 맞으리라' 하며 그는 사랑하는 마음으로 십자가를 졌습니다. 여기에 신비가 있습니다. 그리스도와 함께 죽으면 그리스도와 함께 삽니다. 이 십자가의 신비는 십자가를 피하는 자에게는 고통이 되고, 십자가를 달게 지는 자에게는 영광이 되고, 생명이 된다는 데 있습니다. 그래서 25절에 이렇게 말씀합니다. '누구든지 제 목숨을 구원하고자 하면 잃을 것이요, 누구든지 나를 위하여 제 목숨을 잃으면 (십자가를 지면) 찾으리라.' 이 십자가 속에 있는 무궁무진한 능력과 신비, 이것을 날마다 간증하며 살아가는 것이 그리스도인의 생활입니다. △

겸손한 왕 예수

저희가 예루살렘에 가까이 와서 감람산 벳바게에 이르렀을 때에 예수께서 두 제자를 보내시며 이르시되 너희 맞은편 마을로 가라 곧 매인 나귀와 나귀 새끼가 함께 있는 것을 보리니 풀어 내게로 끌고 오너라 만일 누가 무슨 말을 하거든 주가 쓰시겠다 하라 그리하면 즉시 보내리라 하시니 이는 선지자로 하신 말씀을 이루려 하심이라 일렀으되 시온 딸에게 이르기를 네 왕이 네게 임하나니 그는 겸손하여 나귀, 곧 멍에 메는 짐승의 새끼를 탔도다 하라 하였느니라 제자들이 가서 예수의 명하신 대로 하여 나귀와 나귀 새끼를 끌고 와서 자기들의 겉옷을 그 위에 얹으매 예수께서 그 위에 타시니 무리의 대부분은 그 겉옷을 길에 펴며 다른 이는 나무가지를 베어 길에 펴고 앞에서 가고 뒤에서 따르는 무리가 소리 질러 가로되 호산나 다윗의 자손이여 찬송하리로다 주의 이름으로 오시는 이여 가장 높은 곳에서 호산나 하더라 예수께서 예루살렘에 들어가시니 온 성이 소동하여 가로되 이는 누구뇨 하거늘 무리가 가로되 갈릴리 나사렛에서 나온 선지자 예수라 하니라

(마태복음 21 : 1 - 11)

겸손한 왕 예수

「크리스천 센츄리」라는 세계적으로 유명한 기독교 잡지가 있습니다. 여기에 기고된 로널드 고에츠 박사님의 글이 있습니다. 'A period of anti-modesty'라는 주제가 아주 의미심장합니다. '이 세대는 반겸손의 시대다. 겸손이라고 하는 미덕은 완전히 사라지고 증발해버렸다. 이제는 점점 교만해져서 어린아이 할 것 없이 모두가 다 교만합니다. 바로 그 교만 때문에 스스로의 절망과 무덤을 파고 있는 것이다.' 그는 이렇게 지적하고 있습니다. 반겸손의 시대, 그 근거로서 대표적인 인물을 들었습니다. 칼 마르크스, 프로이드, 니체— 이 세 사람을 들어서 누누이 증거하고 있습니다. 마르크스는 하나님의 형상인 인간을 동물로 만들어버렸습니다. 프로이드는 하나님의 거룩한 우리 사람에게 주신 고귀한 사랑을 아예 동물의 그것으로 만들어버리고 말았습니다. 니체는 하나님까지 부인하고 초인간을 말하면서 하나님이 없어야 인간은 산다고 못된 말을 하면서 비참하게 죽어갔습니다. 교만한 세상이 됐습니다.

요새 특별히 지도자에 대해서 신경을 많이 쓰는 계절입니다. 선거가 앞에 있기 때문에 그러나 한 가지 눈에 보이는 것이 있습니다. 모두가 잘났다고 합니다. 다 자기만 잘났습니다. 사람의 마음을 얻는 것은 감동입니다. 감동을 주려면 겸손해야 됩니다. 잘났다고 하면서 사람을 얻을 수는 없습니다. 이것이 얼마나 중요한 진리입니까. 참인간, 참지도자, 감동을 주는 인간, 그것의 절대조건은 겸손입니다. 겸손은 정치수단이 아닙니다. 겸손에 더하여 진실이 있어야 합니다. 이것은 절대로 수단이 아닙니다. 깊은 곳에서부터 겸손해야 됩니다. 그럴 때에 힘이 되고, 존경이 되고, 지도력이 되는 것입니다. 사람의 마음을 얻는, 바로 그런 지도력이 여기서 나오는 것입니다.

그 옛날 노자는 그의 「도덕경」에서 지도자의 네 가지 등급을 말해주고 있습니다. 우리 다같이 옛날 얘기지만, 오늘 우리에게 적절한 얘기이기 때문에 한번 생각해보면 좋을 것같습니다. 첫째는 가장 높은 단계는 유지라고 말하고 있습니다. 유지 등급이 있다는 것이지요. 최고의 지도자는 부하들이 생각하기를 지도자가 있는지 없는지 모르게 느껴져야 한다는 것입니다. 윗사람이 있는지 없는지, 그리고 모두가 자유롭게 자기 하고 싶은 일을 열심히 할 수 있는 분위기를 만들어주는 이 사람이 최고의 지도자라는 것입니다. 미국의 10대 대통령을 열거하고 비판해놓은 책이 있습니다. 그 10대 대통령 가운데 최고가 레이건입니다. 그 사람은 영화배우입니다. 그리고 자기의 예쁜 부인은 네 번째 부인입니다. 부인을 데리고 다니면서 말 타고 놀러 다녔습니다. 백악관에는 별로 있지 않았습니다. 그리고 정치하는 사람들 한번 장관에 세워 놓으면 4년 동안 놔두었습니다. 중간에 바꾼 일이 없습니다. 그리고 일하는데, 가서 한번씩 “That's good for you”, “Good welcome” 하고 다녔습니다. 그리고 골프만 치러 다녔는데, 일등 대통령입니다. 모든 사람으로 하여금 즐겁게 일하도록 해주었습니다. 이것이 지도자라는 것입니다. 우리 지도자는 너무 바쁩니다. 그게 잘못된 것입니다. 지도자가 바쁘면 안됩니다. 아랫사람이 바빠야지, 왜 윗사람이 바쁩니까. 왜 이렇게 참견을 많이 합니까. 그러면 모두가 그의 책임으로 돌아갑니다. 안되는 것이지요. 우리의 잠재적인 능력을 다 발휘할 수 있도록 분위기만 만들어주면 되는 것입니다. 그래서 이 유지라는 말은 뭐냐 하면, 이렇게까지 표현합니다. 있는 듯, 없는 듯, 윗사람이 있는지 없는지, 이렇게 돼야 진짜로 훌륭한 리더라는 것입니다.

두 번째는 예지입니다. 부하들이 늘 윗사람을 칭찬합니다. 혹은 존경합니다. 언제든지 칭찬하고 존경하고, 그러면서 윗사람을 따릅니다. 그것이 좋아 보이기는 하는데, 이렇게 칭찬하다가 휙 돌아가면 또 비난하게 된다는 것입니다. 그러니까 너무 윗사람 의식하고 칭찬하는 것도 좋은 관계가 아니라는 것입니다. 세 번째는 외지라고 말하고 있습니다. 부하들을 두렵게 만드는 것입니다. 아랫사람들이 벌벌 떨면서 순종하도록 만드는 것— 그것 좋은 지도자가 못됩니다. 가장 못된 지도자는 모지라고 말하고 있습니다. 모욕을 하고 사람들을 깔보고, 밑엣 사람을 멸시하여 그렇게 때려가면서 부려가는 사람, 이런 지도자는 최하의 지도자라는 것입니다. 그렇게 그의 도덕경에서 말하고 있습니다.

오늘본문에서 봅니다. 예수님께서 나귀를 타고 입성하십니다. 하나의 퍼레이드가 오늘본문에 나타나 있습니다. 이 사건은 매우 중요합니다. 언뜻 보기에는 아무 의미도 없는 것같지마는, 이것은 정면으로 당시 종교지도자들을 향해서 도전하는 것입니다. 나귀를 타고 가는 순간, 이것은 이스라엘의 전통으로 보면 왕의 대관식입니다. 옛날에 다윗이 그랬습니다. 사울도 그랬습니다. 이렇게 왕의 대관식 퍼레이드를 벌이는 것입니다. 이것은 굉장한 사건입니다. 어쩌자고 이러는 것입니까. 이것 때문에 결국은 직접적으로는 십자가를 지게 되지 않습니까. 그런데 왜 이랬을까요? 왜 이 퍼레이드를 벌여야 했느냐, 이것입니다. 이 무모한 행사를 왜 했는가? 거기에 깊은 뜻이 있고, 여기에 계시되는 말씀이 있습니다. 오늘본문 5절에서 우리에게 깊은 인상을 주는 말씀이 있습니다. "겸손하여 나귀, 곧 멍에 메는 짐승의 새끼를 탔도다……" 겸손한 왕으로 예수님께서는 성전을 향하여 올라가게 됩니다. 화려한 대관식을 하지 않았습니다. 가장 겸손하고, 가장 조촐한 대관식이면서, 더 중요한 것은, 아무도 이 뜻을 아는 자가 없습니다. 솔직히 말하면 예수님의 제자까지도 예수님의 마음속에 있는 깊은 뜻을 아무도 모릅니다. 그러나 예수님만 아십니다. 그리고 이 행사를 한 것입니다.

여기에 겸손이 무엇인가 말해주는 귀중한 사건이 있습니다. 빌립보서 2장 6절, 7절에 사도 바울의 기독론이라는 귀중한 말씀이 있습니다. "그는 근본 하나님의 본체시나 하나님과 동등 됨을 취할 것으로 여기지 아니하시고 오히려 자기를 비어 종의 형체를 가져 사람들과 같이 되었고." 자기를 비웠습니다. 곧 empty, 완전히 비워버렸다는 것입니다. 알고 있지만 모르는 척이 아닙니다. 몰라버리는 것입니다. 할 말 다하고 겸손이 될 수는 없습니다. 없는 것처럼이 아닙니다. 할 수 없습니다. 드라마틱한 장면이 있습니다. 예수님께서 십자가 지실 때 밑에서 사람들이 비방합니다. "뛰어 내리라. 죽은 사람을 살리고, 문둥병을 깨끗케 하던 분이 뭐 하러 매달려 있느냐. 뛰어 내리라! 그러면 우리가 믿겠다." 어떨 것같습니까? 한 번 뛰어 내려서 "웃기지 마라, 이놈들아!" 하면 어떻게 되겠습니까. 그것이 해결이 되겠습니까. 그러므로 하나님의 역사를 이룰 수 있는 것입니까. 뛰어내릴 수 있습니다. 그러나 뛰어내리지 않았습니다. 안한 것만이 아닙니다. 뛰어내리지 못했습니다. 마치 못할 것처럼. 그것이 겸손이라는 말입니다. 있으나 없는 것입니다. 알고도 모르는 것입니다. 할 수 있으면서도 할 수 없는 것입니다. 바로 거기에 겸손이 있는 것입니다.

겸손한 자의 대표자를 말하자면 저는 늘 생각합니다. 성 프란체스코를 생각합니다. 성 프란체스코가 크게 감동을 주고, 많은 사람 앞에 귀한 역사를 이루고 있을 때입니다. 그의 제자가 묵상 중에 하늘나라에 올라가 봤답니다. 하늘나라에 올라가서 그 화려한 세계를 구경을 하고 다닙니다. 감탄했습니다. '참 좋은 곳이다!' 여기저기 다니다보니 아주 화려하게 생긴 높은 보좌가 하나 있습니다. 그런데 그 보좌에는 앉아 있어야 될 사람이 없어 천사에게 물었답니다. "보좌가 비어 있는데, 저긴 누가 앉게 될 보좌입니까?" 천사가 말합니다. "가장 겸손한 성 프란체스코가 높임을 받아서 앉게 될 보좌입니다." 그리고 꿈에서 깨어났습니다. 그러고 나서 성 프란체스코를 딱 보니 초라하기 짝이 없는 삐쩍 마른 사람입니다. '아니, 이 사람이 하늘나라에서는 최고의 높은 보좌에 앉을 분이란 말인가?' 무척 궁금했습니다. 그래서 자기 스승을 시험했답니다. 가까이 있을 때 조용하게 한마디 했습니다. "선생님, 선생님은 자기 자신을 어떤 사람이라고 생각하십니까?" 성 프란체스코는 그 질문을 받자마자 대답합니다. "어, 그거 나는 나 스스로 내가 세상에서 가장 악한 놈이라고 생각을 하지." 제자가 그때 아주 크게 비난을 했습니다. "선생님, 그건 거짓말입니다. 아니, 그건 위선입니다. 여기에 강도도 많고, 못된 사람도 많고, 거짓말도 많이 하고, 그런 죄악 된 사람들이 많은데, 성 프란체스코인 선생님이 세상에서 가장 악하다니요? 그건 말이 안되지 않습니까. 그것은 거짓말이고 위선이지요!" 그러니까 성 프란체스코가 껄껄 웃으면서 마지막 대답을 합니다. "내가 누구인지 몰라서 그래. 내 속에는 많은 거짓과 악이 있어. 그런데 나는 이렇게 생각해. 그러나 하나님께서 내게 큰 은혜를 베풀어주셔서 그 은혜로 말미암아 오늘 내가 있는 것뿐이야. 만일에 내게 주신 이 은혜를 다른 사람들에게도 베풀었다면 그 사람들은 나보다 훨씬 더 훌륭한 하나님의 사람들이 됐을 거라고 믿어." 이 말에 제자가 그 앞에서 무릎을 꿇었답니다. "과연 성 프란체스코이십니다."

자기 스스로 겸손하다는 사람은 교만한 사람입니다. "나는 교만하다" 하는 사람이 겸손한 사람입니다. "나는 선한 사람이다"라는 사람은 악한 사람입니다. "나는 누구보다도 악한 사람이다." 그 사람이 선한 사람입니다. 이것을 잊지 말아야 합니다. 제가 잘 아는 특별한 분이 있습니다. 제 선친의 친구 되는 분입니다. 이 남쪽에 나와서 어쩌다 한 번씩 만날 때가 있습니다. "김 박사님, 안녕하십니까?" 하면 그 대답이 너무나 재미있습니다. "어, 자넨가? 반갑네. 처 덕에 잘 있지." 얼마 있다 만나서 "안녕하십니까?" 하니 또 "어, 처 덕에 잘 있지" 합니다. 세 번을 듣고 나니까 이제 더는 안되겠는 것입니다. 그래 마음을 단단히 먹고 물었습니다. "처 덕에 잘 있다는 말이 무슨 말이에요? 설명 없이 그러시니까 못알아듣겠습니다" 했습니다. 김 박사님이 이렇게 대답했습니다. "아, 이 사람아! 내가 어떤 놈인지 자네가 모르나? 내 성격이 못됐잖아. 좌우간 병원장으로 있으면서 복도를 지나가다가 간호사들이 저쪽에 앉아서 좀 떠들고 있었거든. 나오라고 해서 '파면!' 그랬거든. 눈앞에서 당장 잘라버렸어." 그분 성격이 얼마나 불같은지 모릅니다. 그런 분입니다. '어디 근무시간에 노닥거리고 있어?' 바로 파면입니다. 이런 사람입니다. 자기도 알고 있습니다. 성격이 불같고, 얼마나 못됐다고 생각했으면요, 남대문교회에서 장로투표 세 번이나 당선됐는데도 장로 안 했습니다. "난 장로 될 자격 없어." 그러면서 자기 스스로 도망갔습니다. 다른 사람들은 장로인 줄 알지만 그분은 장로였던 적이 없습니다. 그런 사람입니다. 아주 성격이 불같습니다. 그런데 본인이 하는 말입니다. "내가 이렇게 못됐지만, 집에 들어가 보면 내 마누라는 천사야. 내가 아무리 화를 내고 골을 부려도 그저 '어서 오세요' 하니 그 얼굴만 보면 내가 꼼짝 못하네. 아마도 하나님께서 나를 보아서는 복을 안주시겠지만, 내 마누라를 보시고 내게 복을 주시는 줄로 나는 믿고 있어. 그래서 내 고백이야, 이것이. 내 신앙고백이야. 내가 처 덕에 살지."

"내가 당신 덕에 살지. 당신은 내 천사야." 이것이 겸손이라는 것입니다. 교만한 사람들은 자기만 잘났고, '어쩌다가 이런 사람을 만났나?' 생각하고 삽니다. 그것은 못된 것입니다. '나 같은 것이, 나 같은 죄인이 이렇게 살아!' 이것이 겸손입니다. 잊지 말아야 합니다. 겸손은 하나님께 위탁함을 말합니다. 하나님께 복종하는 것입니다. 겸손이란 자기 정체의식을 잊어버리지 않습니다. 정체의식이 흔들려서는 안됩니다. 내가 누구냐, 하는 것이 흔들리면 안됩니다. 예수님께서는 지금 십자가 앞에 계시는데도 자기 정체가 흔들리시지 않습니다. 나는 메시야다— 만백성을 구원하시는 메시야께서 그 위기 상황에서 정체의식에 조금도 흔들림이 없으십니다. 그래서 나귀 새끼를 타고 올라가시는 것입니다. 겸손이란 자기를 잃어버린다는 뜻이 아닙니다. 하나님 앞에 자기 존재의 정체의식을 바로 해야 됩니다. 뿐만 아니라, 예수님께서는 사람들의 평판과 오해를 두려워하지 않으셨습니다. 사람 눈치 너무 많이 볼 필요 없습니다. 사람들이 나를 누구라 하느냐, 그게 뭐 그리 중요합니까. 이것 다 생각하고 나면 아무 일도 못합니다. 안됩니다. 모든 오해를 무릅쓰고, 모든 오해를 극복하고, 용기 있게 예루살렘 성전을 향해 올라가십니다. 이것은 겸손에서 나오는 용기입니다. 확실한 미래, 약속된 미래를 바라보는 확실함이 여유를 주고, 겸손을 주는 것입니다. 미래에 대한 확실함이 여유입니다. 그리고 결코 겸손은 비굴함이 아닙니다. 무서운 용기입니다. 그 큰 용기가 능력으로 작용합니다. 그리고 그는 평안합니다. 이것은 큰 해학이라고 보입니다. 호산나, 만세소리를 들으면서, 저 앞에 십자가가 있는 것을 알면서 나귀를 타고 입성하는 예수님의 모습을 보십시다. 겸손한 왕, 그 예수, 우리는 그 제자입니다. △

미리 가본 부활의 영광

또 저희에게 이르시되 내가 진실로 너희에게 이르노니 여기 섰는 사람 중에 죽기 전에 하나님의 나라가 권능으로 임하는 것을 볼 자들도 있느니라 하시니라 엿새 후에 예수께서 베드로와 야고보와 요한을 데리시고 따로 높은 산에 올라가셨더니 저희 앞에서 변형되사 그 옷이 광채가 나며 세상에서 빨래하는 자가 그렇게 희게 할 수 없을 만큼 심히 희어졌더라 이에 엘리야가 모세와 함께 저희에게 나타나 예수로 더불어 말씀하거늘 베드로가 예수께 고하되 랍비여 우리가 여기 있는 것이 좋사오니 우리가 초막 셋을 짓되 하나는 주를 위하여, 하나는 모세를 위하여, 하나는 엘리야를 위하여 하사이다 하니 이는 저희가 심히 무서워하므로 저가 무슨 말을 할는지 알지 못함이더라 마침 구름이 와서 저희를 덮으며 구름 속에서 소리가 나되 이는 내 사랑하는 아들이니 너희는 저의 말을 들으라 하는지라 문득 둘러보니 아무도 보이지 아니하고 오직 예수와 자기들 뿐이었더라 저희가 산에서 내려 올 때에 예수께서 경계하시되 인자가 죽은 자 가운데서 살아날 때까지는 본 것을 아무에게도 이르지 말라 하시니

(마가복음 9 : 1 – 9)

미리 가본 부활의 영광

미국에서는 미국식 축구, 곧 풋볼이라고 하는 것이 인기가 하늘을 찌를 정도입니다. 결승전 티켓을 구한다는 것은 하늘의 별따기입니다. 엄청나게 비싸기도 하거니와, 구하기가 몹시 힘들다고 합니다. 여기에 이런 재미있는 에피소드가 하나 있습니다. 바로 그 결승전이 열리는 날 한 남자가 어렵사리 한 장의 티켓을 구했습니다. 입장을 하고 보니 자기 좌석이 맨 뒤에 있는데, 너무 멀어서 선수들의 등번호도 안보일 정도로 가물가물합니다. 혹시나 해서 주변을 둘러보았더니 맨 앞자리에 한자리가 비어 있는 것입니다. 그래서 슬슬 그리로 걸어 내려가서 그 옆자리에 앉아 있는 분한테 "혹, 이 자리가 비어 있는 자리가 아닙니까? 제가 앉아도 되겠습니까?" 하고 물었더니 "그러시죠" 합니다. 그렇게 해서 이 사람은 굉장히 비싼 자리에 앉았습니다. 앉고 나서 너무나 고마워서 한마디 했습니다. "이 자리가 어떻게 해서 비어 있습니까?" 했더니 그분이 하는 말이 "제 아내를 위해서 준비했던 자리인데, 아내가 여기에 못왔어요. 그러니 당신 앉아도 괜찮습니다." 이런 고마울 데가 있나요? 그래 너무나 궁금해서 왜 아내가 오지 못했는지를 물었습니다. 그러자 아내가 죽었다는 것입니다. 또 다시 생각하다가, 아내가 죽었으면 친구가 대신 오든지 친척 중에 누가 오든지 하면 될 텐데, 어떻게 비어 있느냐고 다시 물었더니, 그 사람의 대답입니다. "모두 아내 장례식에 갔어요." 구경에 미친 사람들이 그렇습니다. 정신이 없습니다. 저는 여러 사람 보았습니다. 병원에 입원했다가 환자복을 입고도 그냥 구경 나간 사람이 있습니다. 좌우간 한 가지 일에 집착하고, 또 한 가지 일에 미치면 이렇게 정상적이지 않은 일들이 많이 생깁니다. 우리나라에도 구경 중에 제일 큰 구경이 야구라고 합니다. 금년에 7백만 명을 동원할 것이라고 합니다. 굉장한 사건이 아닐 수 없습니다.

오늘본문을 자세히 보면 베드로가 변화산에서 이런 말씀을 합니다. "여기 있는 것이 좋사오니……(5절)" 그런데 성경은 분명히 6절에서 이렇게 설명해주고 있습니다. "이는 저희가 심히 무서워하므로 저가 무슨 말을 할는지 알지 못함이더라." 정신없는 소리를 했다는 것이지요. 이 변화산의 이 경험, 이 놀라운 영광 속에서 그만 녹아지면서 정신없는 소리를 했습니다. '여기 있는 것이 좋습니다.' 여러분 어떻게 생각합니까? '여기 있는 것이 좋습니다' 하면 마누라와 자식은 어떻게 합니까. 안그렇습니까. 도대체가 아무 생각도 없습니다. '여기 있는 것이 좋습니다.' 그것뿐입니다. 과거, 현재, 미래를 통틀어서 아무 생각도 없습니다. 과거의 기억도 없고, 미래에 대한 공포도 없고, 걱정도 없고, 그저 지금 여기 이대로가 좋다는 것입니다. 이것이 베드로의 고백입니다.

유진 피터슨의 「부활」이라는 유명한 책이 있습니다. 이 책에서 예수님의 부활의 5가지 특징을 설명해주고 있습니다. 첫째, 부활사건은 예수님께서 암시해주셨고, 또 계속 말씀해 주셨지만, 아무도 예수님께서 하시는 말씀을 들으면서 정말 부활이 있다고 믿은 사람이 아무도 없다는 것입니다. 예수님께서 그렇게 누누이 말씀하셨습니다. '내가 십자가에 죽고 부활해야 될 것'이라고요. 그러나 이것을 알아들은 사람이 없었습니다. 대체 무슨 말로 들었는지 모르겠습니다. 이것이 사실입니다. 둘째, 당시 사회적으로 보잘 것 없는 사람들, 유명한 학자도 아니고, 큰 권력자도 아니고, 권세자도 아니고, 가장 평범한 사람들 가운데서 부활은 증거되기 시작했다는 것입니다. 셋째, 부활은 광고도 없고, 보는 사람도 없고, 떠들썩한 일도 없는 조용한 곳에서 이루어진 신비로운 사건이었다는 것입니다. 넷째, 부활사건은 사전 준비하는 사람도 없고, 이 엄청난 사건을 미리 알고 깨달은 사람이 없었더라는 말입니다. 그리고 다섯째, 부활은 두 가지 반응으로 나타난다는 것입니다. 하나는 두려움이요, 하나는 기쁨입니다. 기쁨이라고 해도 이것이 무엇을 의미하는지 모르겠고, 두려워해도 왜 두려운지도 모릅니다. 어쩌면 가야바나 빌라도는 두려웠을 것입니다. 내가 죽인 자가 살아났으니 어떻게 되겠습니까. 그런 두려움이 있겠습니다마는, 일반적으로 볼 때는 예수님의 제자들도 예수님 부활을 만났습니다. 만날 때마다 똑같은 반응이 옵니다. 두려워했습니다. 또 한쪽으로는 기뻤습니다. 기쁨과 두려움이 함께 엇갈리는 그것이 부활사건입니다. 원래 신비로운 체험이란 그런 것 아니겠습니까. 말로 설명할 수 없는 것이니, 그 사건 자체를 접하는 순간 깜짝 놀라는 두려움과 동시에 엄청난 기쁨과 환상적인 행복이 거기에 함께하는 것이 사실입니다.

예수 그리스도는 본래 이 세상에 오시기 전에 소위 신학적 용어로 선재(先在)적 존재입니다. 세상에 오시기 전부터 계셨던 분입니다. 그래서 성경은 이렇게 말씀합니다. '말씀이 육신이 되어 우리 가운데 거하시다.' 말씀으로 존재하십니다. 먼저 계셨고, 육신을 입고 이 땅에 잠깐 오셨습니다. 이것이 신앙고백의 기초입니다. 빌립보 2장 6절로 8절까지에서 사도 바울은 기독론에서 또 말씀합니다. "그는 근본 하나님의 본체이시나 하나님과 동등 됨을 취할 것으로 여기지 아니하시고 오히려 자기를 비어 종의 형체를 가져 사람들과 같이 되었고 사람의 모양으로 나타나셨으매……" 사도 요한의 고백이나 사도 바울의 고백이 다 무엇을 말하는 것입니까? 예수님께서는 육체를 입으시고 이 땅에 오시기 전에 영광된 세계에 계신 분이고, 또 우리가 생각하는 존재 이전의 존재, 하나님의 영광 속에 계셨던 분이라는 것을 우리에게 말씀해주고 있습니다. 그런데 이분이 육체를 입고 이 땅에 오셔서 우리를 위하여 여러 모양으로 말씀하시고, 행동하시고, 사역하셨는데, 이것은 전부가 계시적 사건입니다. 이 사건에 말씀이 있습니다. '병을 고치셨다.' 단순한 병 고침이 아닙니다. 문둥병을 깨끗케 하셨다는 것은 그것만이 아닙니다. 죽은 자를 살리셨다는 것도 그것만이 아닙니다. 그 속에 말씀이 있습니다. 죽은 자를 살리는 능력을 가지신 분— 그것을 말씀하고 있는 것입니다.

계속적으로 이런 계시적인 사역을 다 이루시는 중에 앞에 십자가가 오고 있습니다. 베드로, 요한, 야고보…… 제자들이 걱정이 많습니다. 예수님께서 자꾸 십자가를 지신다, 십자가를 지신다고 하니까 근심이 많습니다. 근심하다보니 그 다음에 부활한다는 말은 또 무슨 뜻인지 알 수도 없고, 이렇게 지내는 중에 여기서 머물지 아니하시고, 예수님께서는 이 세 제자를 데리고 변화산에 올라가서 변화하셨습니다. 모양을 변화시키셨습니다. 모양을 변형시키셨습니다. 그래서 영광된 모습으로 나타나시게 됩니다. 이런 신비로운 이야기를 무슨 말로 표현하겠습니까. 그러니까 옷이 너무나 희어져서 어떤 빨래하는 자가 빨래를 해도 이렇게 희게 할 수 없을 만큼 매우 희어졌다고 표현하고 있습니다. 이것 유치한 소리지, 이것 가지고 설명이 됩니까. 어쨌든 흰옷을 입은 예수님, 모세와 엘리야가 함께하는 영광된 자리에 눈앞에 딱 나타나게 됩니다. 그러나 알아야 됩니다. 그것은 예수님의 본래성입니다. 본래 그러신 분입니다. 영광된 곳에 계신 존재입니다. 그리고 또 십자가를 지신 다음, 곧 부활하신 다음에 영광된 예수, 영원에서 영원으로, 영광에서 영광으로, 이 사이에 십자가라는 사건이 있고, 부활이라는 사건이 있었던 것입니다.

그래서 오늘 이 귀중한 진리를 변화산에서 보여주십니다. '나는 본래 이러한 존재다. 알았느냐? 앞으로 내가 십자가를 지겠지만, 그 다음에, 부활한 다음에 또 이렇게 영광된 모습으로 나타날 것이다. 이것이 내 본래성이고, 본래적 존재다.' 그리고 눈앞에 십자가가 있는 것입니다. 이 얼마나 중요한 의미가 있습니까. 영광에서 영광으로, 그 사이에 십자가가 있습니다. 이렇게 미리 영광된 세계를 보여주시고, 앞에 있을 세계를 보여주시고, 제자들에게 십자가 지실 것을 말씀하고 계십니다. 이 얼마나 신비롭고 놀라운 말씀입니까. 저도 50년 동안 설교했지만, 그래 해마다 부활절을 맞이하지만, 이런 제목으로 설교해본 일은 없습니다. '미리 가본 부활의 영광.' 이 얼마나 굉장합니까. 미리 보여준 것입니다. 이것을 보고 난 다음에 십자가 지는 것은 어려운 일이 아닙니다. 그 영광의 세계를 체험하고 나서 그 영광의 세계로 가는 과정인데, 잠깐 남은 세상 사는 것, 뭐 그렇게 힘들겠습니까. 그것 별 일 아니지 않습니까. 이 얼마나 소중한 교훈입니까. 제자들에게 이 놀라운 역사와 영광의 세계를 미리 보여주셨습니다. 아주 신비로운 체험을 보여주셨습니다. 그 영광에 대한 감격으로 오늘의 고난을 해석하고, 우리 앞에 다가오는 모든 현실을 쉽게 극복하도록 저들을 인도하고 계십니다. 현재의 고난, 별 것 아니라는 것입니다. 오늘의 이 위기, 어떻게 대처해야 될지 귀중한 진리를 오늘 우리에게 말씀하고 계십니다.

이 베드로라는 사람을 보십시오. 이 영광의 세계를 보는 순간 감격하고 놀라서 정신없는 말을 하는데, 가만히 보면 이것이 무엇을 의미하는지, 왜 이런 일이 있는지 전혀 알 바가 아니고, 천막 셋을 짓고 예수님, 엘리야, 모세 하나씩…… 이러지 않습니까. 그럼 자기들은 어디에 삽니까? 자기들의 처소는 생각을 안했습니다. 예수님만 생각했지요. 이것도 정신없는 소리입니다. 또 천막만 짓고, 거기에 유한다고 합니다. 뭘 먹고 삽니까. 이 산속에서 말입니다. 또 베드로는 그렇다 치고, 남은 친구와 제자들과 가족들은 어떡합니까? 저는 이 장면에서 재미있는 것이 '여기 있는 것이 좋사오니' 할 때 이 사람 가족 생각은 안하더라는 것입니다. 천당 가서 가족 생각 할 생각은 하지 마십시오. 미리부터 걱정하지 않아도 되니까, 아무 걱정이 되지 않는 것입니다. 유명한 철학자 찰스 다드(Charles H. Dodd)는 이렇게 말합니다. '과거와 현재로부터 생각해서 미래를 보는 것은 미래학이고, 미래로부터 현재로 생각하는 것이 신앙이다.' 미리 가봐야 됩니다. 신앙으로 먼저 가보고 오늘을 생각하는 것입니다. 이것이 신앙입니다. 끝을 먼저 생각해야 합니다. 베드로에게 이 귀중한 영광을 보여준 것은 이 영광 속에서 앞에 있는 십자가와 남은 생애에 모든 사건을 해석하고 처리하게 하기 위해서이고, 극복하게 하기 위한 것입니다.

요한복음 16장 28절에 보면 예수님께서 제자들에게 십자가 지시기 전날 밤에 말씀하시는 중에 아주 짧고 귀중한 말씀을 하십니다. 내가 아버지께로 가노라— 이것이 무슨 말씀입니까? 여기에는 가야바가 있고, 빌라도가 있고, 십자가가 있습니다. 엄청난 사건이 앞에 있는데도 이것이 아닙니다. 예수님께서는 그 영광 속에서 다 소화하고 나니까 '내가 아버지께 가노라', 좀 험하기도 하고, 아프기도 하고, 좀 부끄럽기도 하고, 좀 모순이 되기도 하지만, 아닙니다. 나는 아버지께로 가노라— 이것이 예수님의 말씀입니다. 현실을 너무 구구하게 해석하려고 하지 마십시오. 내가 아버지께로 가노라— 이것이 주님의 말씀입니다.

저는 미국에서 공부할 때에 마틴 루터 킹 목사님이 세상을 떠나는 사건을 보게 되었습니다. 그리고 마틴 루터 킹 목사님이 돌아가시기 전에 맨 마지막으로 설교한 그 설교문이 나와 있었습니다. 그것을 테이프로 들을 수 있었습니다. 참 특별합니다. 그분이 병들어 죽은 것이 아니고, 암살당했습니다. 그러니까 언제 죽을지 모릅니다. 병자하고는 다릅니다. 그런데도 불구하고 미리 뭔가 영감이 있었던 것같습니다. 사람이 죽어 장례식을 할 때 그 사람을 위해 조사를 하는 사람이 시체를 앞에 놓고 말을 하지 않습니까. '여기에 누워 있는 사람은 이런 사람입니다.' 마틴 루터 킹 목사님은 나를 위해 조사하는 사람에게서 이런 말 한마디를 듣고 싶다고 했습니다. '저는 모든 사람을 사랑한 사람'이라고 듣기를 원한다고 했습니다. 눈을 감고 여러분의 장례식을 생각해보십시오. 내 장례식에 사람들은 무슨 말을 할까? 어떻게 한마디로 표현할 수 있을까? 내 장례식을 내가 먼저 가봐야 됩니다. 그리고 부활의 아침을 바라보아야 됩니다. 죽은 다음에 부활입니다. 죽음이 없는 부활은 없습니다. 십자가를 지고 그 다음에 부활입니다. 그런데 중요한 것은 십자가 뒤의 부활이 아니라, 부활을 알고, 부활을 믿고, 부활을 경험하고, 오늘 십자가를 지는 것입니다. 이것이 신앙인의 모습입니다.

그래서 사도 바울은 말씀합니다. 로마서 8장입니다. “생각건대 현재의 고난은 장차 우리에게 나타날 영광과 족히 비교할 수 없도다.” 장차 나타날 영광— 칼뱅 목사님이 마지막 세상 떠날 때 이 요절을 스물일곱 번 외웠답니다. 똑같은 말씀을 외우고 또 외우다가 마지막으로 다 못외우면서 숨을 거두었습니다. 그가 마지막 외운 성경, 생각해봅시다. “생각건대 현재의 고난은 장차 우리에게 나타날 영광과 족히 비교할 수 없도다.” 영광을 바라보며 이 세상을 마친 것입니다. 인도의 성자라고 불리는 썬다 싱이라는 분이 있습니다. 그 분이 영국의 초청을 받아서 영국을 순회하는 중에 국회의사당에 들어가 연설을 했습니다. 국회의원 한 사람이 정중하게 그에게 물어보았습니다. “당신은 뿌리 깊은 힌두교인이요, 힌두교 학자이기도 한데, 어떻게 돼서 그 전통적인 힌두교를 버리고 기독교인이 됐으며, 또 선교사가 되었습니까?” 썬다 싱은 빙그레 웃으면서 딱 한마디로 대답했습니다. “예수님께서는 부활하셨어요. 부활 때문입니다. 영원한 부활, 그 때문에 나는 힌두교를 버리고 기독교의 부활의 증인이 되었습니다.”

우리는 현재에 삽니다. 복잡하고 어려운 세대를 삽니다. 그러나 한번 뛰어 넘어봅시다. 이것은 지나갈 것이기에 그렇습니다. 확실한 것은 우리 앞에 죽음이 있습니다. 죽은 다음에 부활이 있습니다. 순간마다 깊은 신앙 속에서, 또 오늘본문에 나타난 이 귀한 성경을 통하여 부활의 영광을 미리 맛보고, 또 미리 가보고 오늘을 사는 부활의 증인으로서 소중한 하루하루의 생이 될 수 있기를 바랍니다. △

약속하신 것을 기다리라

데오빌로여 내가 먼저 쓴 글에는 무릇 예수의 행하시며 가르치시기를 시작하심부터 그의 택하신 사도들에게 성령으로 명하시고 승천하신 날까지의 일을 기록하였노라 해 받으신 후에 또한 저희에게 확실한 많은 증거로 친히 사심을 나타내사 사십 일 동안 저희에게 보이시며 하나님 나라의 일을 말씀하시니라 사도와 같이 모이사 저희에게 분부하여 가라사대 예루살렘을 떠나지 말고 내게 들은 바 아버지의 약속하신 것을 기다리라 요한은 물로 세례를 베풀었으나 너희는 몇 날이 못되어 성령으로 세례를 받으리라 하셨느니라

(사도행전 1 : 1 - 5)

약속하신 것을 기다리라

‘나이아가라 신드롬’이라고 하는 유행어가 있습니다. 이것은 앤서니 라빈스가 그의 저서 「네 안에 잠든 거인을 깨우라」는 책에서 말하기 시작해서 많은 사람들이 동의하고 이 개념을 사용하게 되었습니다. 나이아가라라고 하는 폭포가 미국과 캐나다 사이에 있습니다. 세계적으로 엄청난 폭포이지만, 그 상류로 올라가면 아주 조용한 강입니다. 강물이 아주 천천히 흐르고 있습니다. 그 강물에서 사람들이 뱃놀이를 합니다. 바로 그 강둑에 시설이 있습니다. 제가 교역자들 세미나 할 때 거기 가서 사흘 동안 같이 머물렀는데, 우리 한강같이 아주 조용하고 고요하게 물이 흐르는 강입니다. 문제는 조용한 것같은데 물은 급하게 흐른다는 것입니다. 또 아무 일도 없는 것같은데 아주 위험한 일이 있습니다. 정지된 것같은데 급한 변화가 이루어지고 있습니다. 그래서 여기서 뱃놀이를 할 수 있지만, 줄을 그려놓고 여기까지만 가라는 것입니다. 그 이상은 위험해서 금지되어 있습니다. 왜냐하면 가만히 있어도 배가 흘러가기 때문입니다. 거기까지 간 다음에는 다시 노를 저어서 올라가야 합니다. 이것이 나이아가라의 현상입니다. 상류에는 평온하지만 흘러가고 있고, 아무것도 없는 것같은데 아주 위험한 일이 그 안에 있다는 것입니다. 무서운 변화가 있습니다. 마치 세상에 아무 일도 없는 것같지만, 실은 엄청난 하나님의 역사가 이루어지고 있는 것과도 같습니다. 제일 걱정은 이것입니다. 공의가 무너지는 것같습니다. 진리가 없는 것같고, 아주 막된 세상인 것같습니다. 이대로 가서는 큰일 같습니다. 하지만 하나님의 공의는 정확하게 이루어지고 있습니다.

역사가 베하드의 유명한 말이 있습니다. '하나님의 심판 연좌 맷돌은 너무 천천히 돌아가기 때문에 사람들이 의식하지 못하지만, 정확하게 하나님께서는 심판하신다.' 때때로 이 세상이 이대로 망가지는 것같습니다. 그러나 아닙니다. 하나님의 선에 의해서 진행되고 있고, 하나님께서 세밀하게 심판하고 계시고, 우리가 이것을 날마다 경험하고 있습니다. 강물이 흘러가는 대로 자신을 방임하고 사는 사람들이 있습니다. 이 강이 그냥 강이 아닙니다. 나이아가라 폭포로 가는 강입니다. 여기서 그냥 방임하다가는 그 결과가 어떻게 되겠습니까. 그런데 이렇게 흘러가다가 어느 순간 깨닫습니다. '아이쿠, 잘못됐구나!' 하고 위험 앞에서 돌이키려고 하지마는, 이미 기회는 지났습니다. 한계를 딱 넘으면 다시 돌아올 수 없습니다. 그래서 한 해 평균 3명에서 4명이 나이아가라 폭포로 그냥 떨어져 죽는 현상이 있다고 합니다. 기회를 놓쳤다는 것— 여유 있는 것같은데, 아닙니다. 아무 일도 없는 것같은데, 있습니다. 무서운 위기가 우리 앞에 다가오고 있다는 말입니다. 이것을 모르고 살다가 그대로 망가지는 인간상을 우리가 얼마나 많이 보고 있습니까.

여기에 앤서니 라빈스는 이렇게 경고합니다. 이 나이아가라 증후군에 사는 사람들한테 충고하는 것은 세 가지입니다. 하나는 '깨어 있으라!'는 것입니다. 정신을 차리라는 것입니다. 고요하다고 고요한 것이 아니고, 평안하다고 평안한 것이 아니라는 것입니다. 아무 일도 없는 것같지만, 없는 것이 아닙니다. 감각을 분명히 해야겠습니다. 지속적으로 성찰해야 한다는 것입니다. 또 하나는 결단입니다. 잘못된 줄 알게 되거든 확 돌이키라는 것입니다. 이것이 얼마나 중요합니까. 이번에도 우리가 보지 않았습니까. 이번 투표를 통해서도 잘못된 줄 알면 잘못됐다고 하고 끊어야지, 미련을 떨면 다 같이 망하는 것입니다. 이것이 얼마나 중요한 사건입니까. 결단이 필요합니다. 어느 순간에는 완전한 결단이 필요합니다. 유명한 아우구스티누스의 말 가운데 '판단 중지'라는 것이 있습니다. 어차피 사람들이란 그 생각에 한계가 있어서 이렇게 생각하면 이것이 옳고, 저렇게 생각하면 저것이 옳고, 분명히 이런 때가 있습니다. 좌우를 가릴 수가 없습니다. 이것 끝까지 가면 세상 다 가고 맙니다. 어떻게 해야 되겠습니까? 어느 순간에는 부득불 판단 중지령을 내려야 합니다. 여기까지만 생각하기로요. 결혼도 그렇습니다. '이 사람은 경제력이 좋고, 저 사람은 성격이 좋으니, 이쪽으로 할까, 저쪽으로 할까?' 이것 죽을 때까지 생각해도 끝이 나지 않습니다. 어느 때에 가서는 결단을 내려야 합니다. 하나를 택하고 하나를 버려야 합니다. 어느 순간에는 결단이 필요합니다. 부득불 선택과 함께 포기를 해야 합니다. 이것을 제대로 못하면 다 망가지고 마는 것입니다.

또 다른 하나는 선택한 데에 대한 책임을 지고 정진해야 한다는 것입니다. 선택하는 것으로 머물지 말고, 이제 선택한 바를 향해서 정진해야 비로소 나이아가라 신드롬에서 벗어날 수 있다는 것입니다. 예수님의 제자들, 허황된 꿈을 가지고 예수님을 따른 것같습니다. 3년 동안을 예수님의 제자로 살았다고 하지마는, 그들의 욕심은 변하지 못했습니다. 사람도 변하지 않았습니다. 세속적인 욕망을 그대로 가지고 따랐습니다. 어쩌면 예수님의 능력과 지혜를 통해서 자기 욕망을 이루려고 한 것같습니다. 예수님의 크신 역사에 편승해서 자기출세를 생각했던 것같습니다. 그런데 예수님께서 십자가에 돌아가셨습니다. 그 순간 대표적인 사람, 엠마오로 가는 제자가 이렇게 고백합니다. '우리는 그가 이스라엘을 구속할 자라고 바랐노라.' 예수가 이스라엘을 구속할 자라고 생각했다는 것입니다. 속국으로 있는 이스라엘을 구원할 사람으로 믿었다는 것입니다. 그런데 죽었다고 실망을 하게 됩니다. 그러나 다시 예수님께서 부활하셨습니다. 사도행전 1장 6절을 보면 부활하신 예수님을 만나 뵙고 나서 그들이 예수님께 나아와 말합니다. "이스라엘 나라를 회복하심이 이 때니이까." 아직도 그 욕망을 가지고 있습니다. 지금 예수님께서 하실 것이냐고 물어봅니다. 이 세속적인 욕망, 정말 끈질깁니다. 바로 이 순간입니다. 예수님께서 이제 중요한 말씀을 하십니다. 약속하신 것을 기다리라— 기다리라고 말씀하십니다. 누가복음 24장 49절에서 예수님 말씀하십니다. "볼지어다 내가 내 아버지의 약속하신 것을 너희에게 보내리니 너희는 위로부터 능력을 입히울 때까지 이 성에 유하라……" 이 말씀과 같은 맥락입니다. '이 성, 곧 예루살렘에 유하라.' '성령께서 임하실 때까지는 움직이지 말라.' '이 성에 유하라.' 대단히 중요한 말씀입니다. 그리고 오늘본문에서 예수님 말씀하십니다. "예루살렘을 떠나지 말고 내게 들은 바 아버지의 약속하신 것을 기다리라(4절)." 기다리라고 하십니다. 그리고 성령께서 임하실 때 움직이라— 이것이 주님의 마지막 부탁입니다. 예수님 자신도 그리하셨던 것같습니다. 겟세마네동산에서 피땀 흘려 기도하셨습니다. 아버지의 뜻을 여쭙니다. '아버지의 뜻이 어디에 있습니까?' 상황이 아닙니다. 내게 온 이득도 아닙니다. 안일도 아닙니다. 아버지의 뜻이 어디 있습니까?—

아버지의 뜻을 묻고, 이것이 하나님 아버지의 뜻이라고 할 때

비로소 움직여야 하는 것입니다. 어떤 일이든지 간에 하나님 아버지의 뜻을 먼저 묻고 결정해야 합니다. 요한복음 18장 11절에 유명한 말씀이 있습니다. "아버지께서 주신 잔을 내가 마시지 아니하겠느냐……" 이 십자가를 앞에 놓고 예수님의 결론은 이렇습니다. 이 십자가는 아버지께서 아들에게 주시는 십자가라고 받아들이십니다. 가야바를 원망하지 않으십니다. 빌라도를 저주하지도 않으십니다. 도망가는 제자들을 섭섭히 여기지도 않으십니다. 예수님의 마음에는 아버지의 사랑이 있습니다. '사랑하는 아버지가 사랑하는 아들에게 주는 십자가'라고 확실하게 믿으시고, 이 결정과 함께 십자가를 지십니다. 또 한 가지 있습니다. 마태복음 26장 54절에서 예수님 말씀하십니다. "내가 만일 그렇게 하면 이런 일이 있으리라 한 성경이 어떻게 이루어지리요……" 예수님께서는 언제나 성경말씀을 생각하셨습니다. 자기에 대하여 예언해주신 성경말씀을 생각하셨습니다. 성경말씀의 예언이 여기서 이루어져야 하는데, 어떻게 해야 이루어질 수 있을지, 예수님께서는 그 타이밍까지 계산하셨습니다. 그래서 누가복음 9장 51절은 말씀합니다. "승천하실 기약이 차가매……" 항상 성경적입니다. 성경 안에서 내 사건, 내가 오늘 취할 태도를 정합니다. 이것이 예수님의 말씀입니다. 예수님의 결단입니다. 하나님의 뜻과 성경— 성경이 내게 뭐라고 말씀하나? 오늘 우리에게 예수님께서는 이렇게 당부하십니다. 약속하신 것을 기다리라— 서두르지 말고, 속단하지도 말고, 초조해하지도 말고, 약속한 것을 기다리라고 말씀합니다.

오늘도 우리 마음속에 복잡한 생각이 있습니다. 다 정리하고 하늘을 쳐다보며 성경을 펴놓고 하늘로부터 주신 약속을 기다려야 됩니다. 조용히 정숙한 마음으로 기다려야 할 것입니다. 2005년에 베스트셀러로 한동안 유명해졌던 책이 한 권 있습니다. 아주 재미있는 책입니다. 바로「마시멜로 이야기」입니다. 원제목은「아직은 마시멜로를 먹지 말라」입니다. 너무나 재미있는 이야기입니다. 미국의 스탠퍼드 대학의 교수가 네 살짜리 어린 아이들 600명을 모아놓고 실험을 합니다. 우리는 잘 모릅니다마는, 마시멜로라는 것은 아이들이 참 좋아하는 사탕이라고 생각하면 됩니다. 미국 아이들은 이것을 굉장히 좋아합니다. 그 어린아이들이 좋아하는 부드러운 사탕이 있는데, 이 마시멜로를 갖다놓고 한 아이 앞에 하나씩 주었습니다. 다 하나씩 주고, 이제 교수님이 설명을 합니다. "이것을 지금부터 15분 동안만 먹지 않고 기다리면 또 하나 줄게." 그러면 2개를 먹게 됩니다. 15분만 기다리면 하나 더 준다는 것입니다. 여러분 어떻게 될 것같습니까? 대부분이 다 먹었습니다. 15분 있다가 2개 먹는 것보다 지금 하나 먹고 싶다는 것입니다. 그런데 이제 10년 뒤에 이 아이들이 어떻게 되었는지 조사해보았습니다. 참지 못하고 먹은 아이들은 다 그렇게 그렇게 살았습니다. 그런데 15분 뒤에 하나 더 먹을 것을 생각하고 꾹 참고 기다린 아이들은 아주 훌륭하게 되었다는 것입니다.

이 얼마나 중요한 교훈입니까. 제가 어린아이들을 키울 때 이 책을 못봐서 그대로 키우지는 못했습니다. 그러나 뒤에라도 이것은 제가 생각해서 지금 손자 손녀들 키울 때는 제가 꼭 이대로 합니다. 아이들이 뭘 달라고 하면 즉각적으로 주지는 않습니다. "준다. 반드시 준다. 내일 아침에 준다." 아이들은 하룻밤 잔다는 것을 좋아합니다. 시계는 모르니까 "하룻밤 자면 준다" 이렇게 합니다. 그러고는 아무리 울어도 안줍니다. 이것은 울어도 못하고, 힘써도 못한다—

그리고 참고 기다려서 그 다음날 아침이 되면 아이들은 다 잊어버렸습니다. 그래도 깨워가지고 “어제 약속한 것이다” 하고 줍니다. 계속 이렇게 훈련해나가면 아이들은 오늘 당장 받으려고 하지 않습니다. 약속을 해주면 그 약속을 믿고 기다립니다. 이것이 하룻밤이 되고, 이틀 밤이 되고, 사흘 밤이 되고, 마지막에는 십 년 뒤에 준다고 해도 믿습니다. 준다는 약속이 떨어졌으면 받은 것입니다. 이것 확실하게 받은 것입니다. 이 믿음이 중요합니다.

그 다음에 우리가 결정적으로 약한 것이 무엇입니까? 어떻게 보면 민족적으로도 생각합니다. 이 빨리빨리 문화가 문제입니다. 너무 서두릅니다. 말도 서두르고, 행동도 서두르고, 그냥 생각나는 대로 말하고…… 이것이 망조입니다. 나라도 망하고, 개인도 망하고, 다 망하는 것입니다. 너무 서두릅니다. 약속한 것을 기다리라— 이것이 주님의 말씀입니다. 제자들은 아주 서두르고 있습니다. 십자가 때문에 실망했다가 부활하신 예수를 만날 때 ‘나라에 임하실 때가 지금입니까?’ 궁금하고 조바심이 납니다. 서두릅니다. 하지만 ‘성령께서 임하실 때까지 기다리라’ 하고 말씀합니다. 사도행전 1장 8절은 말씀합니다. “성령이 너희에게 임하시면 너희가 권능을 받고 예루살렘과 온 유대와 사마리아와 땅 끝까지 이르러 내 증인이 되리라……” 성경에 아무리 보아도 증인이 되라는 말은 없습니다. 증인이 되리라고 하셨습니다. 예수님께서 무엇이 모자라서 우리에게 증인이 되어달라고 부탁하시겠습니까. 그것이 아닙니다. 성령께서 임하시면 증인이 되리라— 이 성령이 먼저입니다. 그러면 성령에 대한 것은 약속한 것을 기다리는 것입니다. 오늘도 약속한 성령을 기다립니다.

여러분은 혹 실패한 일이 있습니까? 기도를 안했기 때문입니다. 야고보서 4장 2절, 3절은 말씀합니다. "너희가 얻지 못함은 구하지 아니함이요 구하여도 받지 못함은 정욕으로 쓰려고 잘못 구함이니라." 첫째는 기도 안했기 때문이고, 둘째는 성령의 지시를 기다리지 않았기 때문입니다. 성령께서 말씀하신 다음에 행해야 합니다. 성령께서 지시한 다음에 행해야 됩니다. 이것이 그리스도인의 모습입니다. 그래서 말씀합니다. 약속한 것을 기다리라— 그것은 바로 기도요, 응답이요, 겸손이요, 순종입니다. 조용하게 기다립시다. 여러분 중대한 문제가 있습니까? 성경을 펴놓고 기도하며 성령께서 말씀하실 때까지 기다리기를 바랍니다. 그리고 결정하십시오. 아주 중요한 것입니다. 제가 목회할 때 가끔 낮에도 본당에 들어가 보면 본당에 이렇게 여기저기 기도하시는 분들이 한 십여 분 있는 것을 보았습니다. 어떤 때는 상당히 바쁘신 것같은데, 와서 기도하고 나가는 것을 붙들고 제가 물어보면, 중요한 계약을 해야 되는데, 마음이 불안해서 기도하러 왔다고 하는 대답을 여러 번 들은 적이 있습니다. 실패한 원인은 기도 안했기 때문이요, 기도하고도 실패했다면 정욕에 붙들려서 기도가 잘못된 것입니다. 성령 안에서 기도해야 합니다. 성령 곧 그리스도의 영이 없으면 그리스도의 사람이 아니라고 로마서 8장 9절에서 말씀합니다. 그리스도의 영에 이끌리어 사는 것입니다. 육체에 이끌리어 사는 것은 동물이요, 이성에 이끌리어 사는 것이 인간이요, 성령에 이끌리어 사는 것이 그리스도인입니다. 그리스도인은 오늘도 성령의 지시를 받습니다.

다 같이 느낍니다. 성령을 느낍니다. 들려옵니다. 그런데 거역했습니다. 그런고로 성령께서는 우리 안에서 탄식하십니다. 로마서

8장은 분명히 말씀합니다. 성령께서 우리 안에서 탄식하신다— 인격적 관계에 있기 때문입니다. 성령의 음성을 듣고 기다려서 그 허락이 떨어진 다음에 행동해야 됩니다. 거기에 진정한 그리스도인의 모습이 있고, 용기가 있는 것입니다. 예수님께서 불안에 떨고 있는 제자들에게 말씀하십니다. '약속하신 성령을 기다리라. 그 성령을 받으면 권능을 얻고 이제 땅 끝까지 이르러 내 증인이 되리라!' △

진리를 구하는 한 사람

너희는 예루살렘 거리로 빨리 왕래하며 그 넓은 거리에서 찾아보고 알라 너희가 만일 공의를 행하며 진리를 구하는 자를 한 사람이라도 찾으면 내가 이 성을 사하리라 그들이 여호와의 사심으로 맹세할지라도 실상은 거짓 맹세니라 여호와여 주의 눈이 성실을 돌아보지 아니하시나이까 주께서 그들을 치셨을지라도 그들이 아픈 줄을 알지 못하며 그들을 거진 멸하셨을지라도 그들이 징계를 받지 아니하고 그 얼굴을 반석보다 굳게 하여 돌아오기를 싫어하므로 내가 말하기를 이 무리는 비천하고 우준한 것 뿐이라 여호와의 길, 자기 하나님의 법을 알지 못하니 내가 귀인들에게 가서 그들에게 말하리라 그들은 여호와의 길, 자기 하나님의 법을 안다 하였더니 그들도 일제히 그 멍에를 꺾고 결박을 끊은지라 그러므로 수풀에서 나오는 사자가 그들을 죽이며 사막의 이리가 그들을 멸하며 표범이 성읍들을 엿보온즉 그리로 나오는 자마다 찢기오리니 이는 그들의 허물이 많고 패역이 심함이니이다

(예레미야 5 : 1 - 6)

진리를 구하는 한 사람

옛날 중국의 노나라에 의고시라고 하는 가난한 여자가 살고 있었습니다. 어느 날 제나라가 노나라에 쳐들어왔습니다. 그 여자는 한 아이를 품에 안고, 또 한 아이는 손에 잡고, 성을 빠져나와 도망치고 있었습니다. 그러다가 적군이 점점 가까이 왔습니다. 너무나 가까이 와서 이제 잡힐 지경까지 되었을 때 그 여자는 안고 있던 아이를 버립니다. 그리고 손을 잡고 있던 아이만 데리고 다시 도망을 갔습니다. 그러나 마침내는 적군에게 붙잡혔습니다. 이제 그 장수가 물었습니다. "너는 아이 둘을 데리고 가다가 하나는 어리고 하나는 걸을 정도인데, 어째서 마지막에 품에 안고 있던 어린 아이는 버리고 손에 잡고 있던 아이를 데리고 갔느냐?" 그것이 알고 싶다고 했습니다. 그때에 이 여인은 정중하게 대답했습니다. "제가 품에 안고 있던 아이는 제 아이입니다. 손에 잡고 있던 아이는 제 형의 자식입니다. 제 아이는 사적인 사랑이고, 형의 자식에 대한 사랑은 공적인 의입니다. 의를 버리고 사적인 사랑을 택하여 제 자식을 구하면 좋겠지만, 이렇게 된다면 나라꼴이 어찌되겠습니까." 이 말을 듣고 제나라 장군은 크게 감동을 받아서 군사를 몰고 철군했다는 것입니다. 의를 아는 한 여인이 여기에 있습니다. 그런고로 이 성을 쳐들어가서는 안된다고 했습니다. 많은 것을 시사해주는 중요한 역사적 사건이라고 생각합니다.

의인은 나라를 영화롭게 하고 죄는 백성을 욕되게 한다고 잠언 14장 34절은 말씀합니다. 정도 있고, 사랑도 있고, 기술도 있고, 능력도 있고, 때로는 웬만큼 살 수 있는 경제력도 있습니다. 그러나 가장 중요한 의를 잃어버렸습니다. 의를 잃어버리고 나면 다 무너지는 것입니다. 의는 덕목 가운데 하나가 아닙니다. 모든 덕의 기초입니다. 의가 무너지면 다 무너지는 것입니다. 사랑도, 노력도, 수고도, 정도 좋습니다. 그러나 의를 잃어버리면 다 무너지고 맙니다. 하나님께서 공의를 해하는 자, 의를 찾는 자 한 사람을 오늘도 찾고 계신다는 것이 오늘본문의 내용입니다. 그 핵심은 '한 사람, 의를 찾는 한 사람이 있으면 이 성을 사하리라'입니다. 이것이 무슨 뜻입니까? 모든 백성이 의로워야 합니다. 또 요새 우리 민주주의방식대로 말하면 과반수, 50퍼센트 이상이 의로워야 합니다. 수적으로 전체가 의로워야 하겠지만, 오늘 하나님께서는 마지막 카드를 우리에게 보여주십니다. 아니, 온 백성이 의롭지 못하기에 위에서부터 밑에까지 다 의롭지 못하다 하더라도, 그래서 멸망할 수밖에 없지마는, 의를 찾는 사람 하나만 있으면 내가 이 성을 사하신다는 것입니다. 이것이 복음입니다. 이것이 진리입니다. 왜냐하면 한 사람이 있으면 소망이 있기 때문입니다. 거기다가 소망을 거는 것입니다. 언젠가는 저 의로운 한 사람 때문에 전체가 파급효과를 얻을 수 있고, 그 한 사람의 의가 하나님 앞에 상달할 때 하나님께서는 진노를 참아주시는 것입니다. 진노를 거두어주시기도 하고, 자비와 긍휼을 백성에게 베풀어주신다는 말입니다. 이 대속의 교리, 놀라운 말씀입니다. 두고두고 생각해야 될 말씀입니다.

소돔과 고모라가 멸망했습니다. 이스라엘 나라를 구경 가서 소돔과 고모라가 있던 곳, 멸망되어 사해가 된 자리에 가서 그 옛날을 생각해봅니다. 소돔과 고모라가 결국은 죄로 인해서 망합니다. 쾅하고 내려앉아서 오늘도 사해라고 하는 바다를 만들어서 우리에게 가슴 서늘하게 뭔가 교훈을 주고 있습니다. 그런데 소돔과 고모라가 멸망된 이유가 무엇입니까? 물론 죄가 많고, 도덕적으로 타락했고, 종교적으로 타락했고, 모든 타락이 있고, 죄가 관영했다고 했습니다. 꽉 찼습니다마는, 마지막 코드는 이것입니다. 하나님께서 찾으시는 의인 열 명이 없었습니다. 이 사실을 잊지 말아야 합니다. 아브라함이 하나님 앞에 기도합니다. '의인 오십 명이 있다면 어떻게 하시겠습니까? 사십 명이 있다면 어떻게 하시겠습니까?' 마지막에는 '의인 열 명이 있다면 어떻게 하시겠습니까?' 합니다. 하나님께서는 말씀하십니다. '의인 열 명만 있으면 그 의인 열 명으로 인하여 소돔과 고모라 전체를 사하리라.' 하나님께서 찾으시는 그 의인 열 명이 없었습니다. 그래서 소돔과 고모라는 무너진 것입니다.

너무나도 놀라운 사건, 노아의 홍수 사건을 봅니다. 홍수 사건의 긴 기록이 없습니다마는, 딱 한마디가 있습니다. '모든 사람, 하나님의 사람들, 하나님의 아들들이 육체가 되니라.' 하나님의 형상으로서가 인간인데, 고기 덩어리와 육체만 남았습니다. 동물성만 남고 하나님의 형상이 사라져버렸습니다. 그래서 하나님께서 진멸하셨다고 말합니다. 하나님의 심판, 아주 무서운 것입니다마는, 그 마지막 코드가 뭐냐 하면 의인 한 사람, 의인 열 명, 하나님께서 원하시는 의인이, 진리를 구하는 자가 그 속에 있으면 하나님께서 전체를 사하신다고 말씀하십니다. 이것은 마지막 통첩이요, 마지막 코드입니다. 하나님께서 찾으시는 의, 의인 한 사람, 문제는 그 한 사람도 없어서 멸망되더라는 말입니다. 좀 더 이 문제를 실존적으로 생각하면 우리 한 사람 한 사람한테도 그렇습니다. 우리 한 사람의 행위 전부가 의롭고, 전부가 선하고, 그렇지는 않습니다. 그러기를 바라지 않습니다. 그렇게 기대하기도 어렵습니다. 가끔 우리는 그런 얘기를 듣습니다. '저 사람 나쁘고, 저 사람이 못됐는데, 하나님께서는 왜 내버려두실까?' 하나님의 판단을 우리가 다 알겠습니까마는, 그러나 한 가지는 잊지 말아야 합니다. 하나님께서는 이것을 수학적으로 풀이하지 않습니다. 하나님께서 찾으시는 의가 있으면 그 나머지 모든것이 다 불의하고 잘못됐다 하더라도 그를 용서하십니다.

탕자가 집에 돌아옵니다. 아무리 봐도 성경의 그 탕자는 회개하고 중생해서 돌아온 것이 아닙니다. 배가 고파서 들어온 것입니다. 그러나 아버지는 그를 사랑합니다. 그가 무슨 마음으로 왔든지, 그 돌아왔다는 것 한 가지 때문에 아버지는 그 아들을 환영합니다. 용서하고 기뻐합니다. 성경에 보면 다윗이라는 사람이 있습니다. 다윗 왕은 아무리 봐도 의인이 아닙니다. 그는 전쟁을 치른 장군이기도 합니다. 많은 사람을 죽이기도 했고, 도덕적으로 타락하기도 했습니다. 다윗의 범죄와 부족한 점만 상고해보면 그는 용서받을 수 없는 죄인입니다. 그러나 하나님께서는 다윗을 사랑하셨습니다. 신구약을 통해서 다윗이라는 이름이 8백 번이나 나옵니다. 하나님께서 사랑하시는 자의 대표자입니다. 내가 내 사랑하는 다윗처럼, 다윗처럼, 다윗처럼…… 하나님께서는 다윗을 엄청나게 사랑하셨습니다. 왜 그에게는 정직함이 있었습니다. 죄를 지었습니다마는, 회개할 줄을 압니다.

극적 장면이 있습니다. 그가 밧세바를 취하고 못할 짓을 했습니다. 살인죄를 지었습니다마는, 나단 선지가 와서 그를 책망합니다. '당신이 그 사람입니다'라고 지적할 때 다윗은 그대로 엎드립니다.

왕으로서 이같은 죄를 지었고, 이것이 폭로가 되었는데, 어떻게 설 수 있습니까. 그럼에도 불구하고 '내가 죄를 지었나이다' 하고 무릎을 꿇습니다. 하나님께서는 그래서 다윗을 사랑하셨습니다. 다윗은 결코 의인이 아닙니다. 그는 정직한 사람입니다. '내 종 다윗처럼'이라고 말씀하십니다. 다윗의 회개는 정직했습니다. 저는 심리학적으로 이렇게 생각하고 싶습니다. 다윗이 회개한 다음에 '아, 부끄럽다. 이것은 참을 수 없는 부끄러움이다' 하고 왕관을 벗어던지고 베들레헴으로 돌아갔다면 그는 회개한 것이 아닙니다. 그것은 잘못한 것입니다. 내가 다윗을 존경하는 것은 그 점에 있습니다. 다윗이 회개할 뿐만 아니라 도피하지 않았다는 것입니다. 그 부끄러운 얼굴로, 그 죄스러운 모습을 가지고 그대로 하나님께서 주신 사명을 감당합니다. 그 점이 아름답습니다. 회개란 무엇입니까? 내가 회개함으로 해서 이 정직한 회개를 그 다음에 오는 모든 능력과 굴욕과 고통을 그대로 다 감수하는 것이 회개입니다. 회개는 하고, 벌은 싫다고 도망다니면 안됩니다. 숨겨도 안됩니다. 다윗은 이 점에서 훌륭합니다. 회개할 뿐더러 절대 왕관을 벗어던지지 않았습니다. 그 부끄러운 얼굴로 그대로 재판을 합니다. 왕의 직무를 다했습니다. 이것이 다윗의 진실입니다. 다윗은 정직했습니다. 그러므로 하나님께서 그를 사랑하셨습니다.

모세라는 사람도 실수 많이 한 사람입니다. 혈기도 많았습니다. 그러나 민수기 12장 3절에 이상한 말씀이 있습니다. "이 사람 모세는 온유함이 지면의 모든 사람보다 승하더라." 모세는 온유했습니다. 혈기의 사람 같아 보이지만, 하나님 앞에 온유하고 겸손했습니다. 그래서 모세를 사랑하셨습니다. 성경에 야곱이라는 사람은 아무리 보아도 좋은 사람이 아닙니다. 못된 사람입니다. 간사한 사람입니다마는, 하나님께서는 야곱을 사랑하셨습니다. 그에게는 열정이 있습니다. 하나님의 축복을 기다리는 열정이 있습니다. 가장 위대한 이야기는 아브라함입니다. 아브라함이 얼마나 실수가 많습니까. 제가 언젠가 교회에서 아브라함에 대해서 설교를 했는데, 그의 일생이 너무나 길어서 두 시간으로 나누어 한번은 아브라함의 실수와 부족한 점을, 또 한번은 아브라함의 장점을, 이렇게 나누어서 설교했습니다. 아브라함의 허물된 바를 죽 나열하는 설교를 했더니요, 집에 돌아가는데 집사람이 왜 이렇게 믿음의 조상을 난도질하느냐고 제게 물었습니다. 그런데 사실입니다. 아브라함은 실수를 참 많이 했습니다. 하나님께서 이 땅을 너와 네 후손에게 주겠다고 하셨지만, 흉년이 되니까 애굽으로 피난을 갔습니다. 아내를 잃어버릴까봐 거짓말도 했습니다. 또 그런가하면 10년을 기다리다가 아이가 생기지 않으니까 생각을 좀 바꿔서 밭은 달라도 종자는 같으니까 하갈을 취해서 이스마엘이라는 아들을 낳았습니다. 이것이 될 일입니까. 아브라함이 구십구 세 때 그 이스마엘이 열네 살이 된 다음에 찾아오셔서 하나님께서는 천사를 통하여 일 년 뒤에 아이가 생길 것이라고 말씀하십니다. 아브라함은 대답합니다. '이것은 제가 25년 전에 듣던 말씀이거든요. 단산하기 전에 이 얘기를 하셔야지, 내년 이때라니요?' 그는 부끄러움이 많습니다. 너무나 실수가 많았습니다. 그러나 아브라함의 위대한 점은 여기에 있습니다. 아브라함이 하나님을 믿으매— 그대로 믿었습니다. 그대로 믿고, 그 아내를 다시 만납니다. 결국은 이삭이 태어납니다. 그 순간, 아브라함이 하나님을 믿을 때, 하나님께서는 그를 의로 여기시고 그 과거를 묻지 않으십니다. 모든 허물을 다 도말해주셨습니다.

아브라함은 오직 하나, 믿음 때문에 아브라함이 됩니다. 하나님께서는 그에게 복을 주셨고, 복의 근원이 되게 하셨습니다. 한 가지의— 얼마나 중요합니까. 우리는 여러 가지가 다 있어야 되는 것 아닙니다. 간혹 보면 어떤 때는 '저 사람 잘못하는 것 많은데, 저 사람 허물이 많은데……' 그러지 마시기를 바랍니다. 하나님께서 보시는 것은 따로 있습니다. 오직 한 가지, 오직 하나님께서 찾으시는 의 하나가 있고, 그 믿음 하나가 있을 때 하나님께서는 전체를 사하십니다. 그것이 하나님의 축복입니다. 모세는 출애굽기 32장에서 말씀합니다. 이스라엘 백성이 하나님 앞에 범죄 했을 때 하나님께서 진노하사 이 백성을 멸하겠다고 하십니다. 모세 한 사람이 하나님 앞에 기도합니다. '정 그리하시려거든 하나님의 생명책에서 제 이름을 지워주십시오.' 쉽게 생각합시다. '나를 죽여주세요'입니다. 하나님께서 진노를 거두시고, 이스라엘을 용서하시는 것을 볼 수 있습니다. 의를 구하는 한 사람— 이 얼마나 중요합니까.

「탈무드의 해학」이라고 하는 「탈무드」를 현대개념으로 풀이한 책이 하나 있습니다. 마빈 토케이어의 책인데, 여기에 재미있는 이야기가 하나 있습니다. 자세히 들어야 뜻을 알 수 있습니다. 초등학교에 다니는 벤위민이라는 아이가 있는데, 아주 말썽꾸러기입니다. 도대체 부모가 감당할 수 없을 정도로 말썽꾸러기인데, 학교에서 돌아와 아버지 어머니한테 자랑을 합니다. "오늘 우리 선생님이 저밖에 대답할 수 없는 질문을 하셔서 제가 대답을 잘하여 칭찬을 받았어요." 그리고 자랑을 합니다. 선생님이 자기밖에 대답할 수 없는 어려운 문제를 질문하셨다고 합니다. 아버지 어머니가 자랑스러워서

"그래 잘했다. 그런데 뭘 질문하더냐?"라고 물었습니다. "저 유리창을 누가 깼느냐?"라고 물으셨습니다. 이 얼마나 중요한 애기입니까.

너무나도 유명한 이야기가 우리 한국교회에 있습니다. '한국유리'의 최태섭 회장님은 장로님입니다. 그 이야기는 역사적인 중요한 이야기입니다. 1·4 후퇴 때 중공군이 막 서울로 들어올 때 이분이 은행에서 대출한 것이 있었는데, 안되겠다 싶어 돈을 다 걷어서 은행에 대출금을 갚으러 갔습니다. 창구에 앉은 사람이 거기의 지점장까지도 지금 서류를 불태우는 판입니다. 피란을 가기 위해서 그때에 이것을 내놓았습니다. 직원 하는 말입니다. "지금 이런 때 돈 그냥 가지고 가시지 뭘……" "아니오, 이것은 제 돈이 아닙니다." 장로님은 돈을 내려놓고 영수증 하나 써달라고 해서 영수증을 받고 나왔습니다. 그리고 피란을 갔습니다. 제주도에 가서 군부대에 생선을 납품하는 일을 열심히 하면서 돈을 좀 벌었습니다. 일이 좀 잘돼서 원양어선을 하나 하려고 부산은행에 가서 돈을 대출받으려고 하는데, 어림도 없습니다. 담보도 아무 것도 없었습니다. 안된다고 할 때 이분이 그 영수증을 내놓으면서 말했습니다. "제가 옛날에 이렇게 은행에서 돈을 꾸었던 사람입니다." 그때 저쪽에 앉아 있던 은행장이 이 애기를 듣고 깜짝 놀랐습니다. 그때 영수증을 발급해주었던 사람입니다. 이리 들어오시라고, 그리고 얼마든지 돈을 쓰시라고 해서 그분이 한국의 재벌급 부자가 되었습니다. 최태섭 장로님 같은 사람이 이 땅에 있습니다. 그래서 하나님께서는 이 땅에 복을 주십니다.

요새 하는 것을 보면 신문 보고 싶지 않을 때가 있습니다. 뉴스 잘 안듣습니다. 그러나 하나님께서는 숨어 있는 의로운 사람들, 의를 찾는 한 사람 한 사람을 보시고 우리 모두를 사하십니다. 그리고 기다리신다는 말입니다. 하나님께서 찾으시는 그 한 사람, 그 누군가가 있겠지만, 그 한 사람이 바로 여러분이 되어야 될 것입니다. 나 하나의 의로 인하여 온 백성이 사함을 얻는, 내 속에 있는 한 가지의, 그 한 가지 선으로 인하여 하나님께서 내 모든것을 받아주시는 축복이 우리 가운데 함께하기를 바랍니다. △

복음의 진보가 된 사건

형제들아 나의 당한 일이 도리어 복음의 진보가 된 줄을 너희가 알기를 원하노라 이러므로 나의 매임이 그리스도 안에서 온 시위대 안과 기타 모든 사람에게 나타났으니 형제 중 다수가 나의 매임을 인하여 주 안에서 신뢰하므로 겁 없이 하나님의 말씀을 더욱 담대히 말하게 되었느니라 어떤이들은 투기와 분쟁으로, 어떤이들은 착한 뜻으로 그리스도를 전파하나니 이들은 내가 복음을 변명하기 위하여 세우심을 받은 줄 알고 사랑으로 하나 저들은 나의 매임에 괴로움을 더하게 할 줄로 생각하여 순전치 못하게 다툼으로 그리스도를 전파하느니라 그러면 무엇이뇨 외모로 하나 참으로 하나 무슨 방도로 하든지 전파되는 것은 그리스도니 이로써 내가 기뻐하고 또한 기뻐하리라

(빌립보서 1 : 12 - 18)

복음의 진보가 된 사건

정규교육이라고는 초등학교 1학년 밖에 다닌 바 없는 아브라함 링컨은 대통령이 되었습니다. 이것은 놀라운 역사적 사건이며 또 기적이기도 했습니다. 바로 그때 누군가가 그에게 물었습니다. "대통령께서 이렇게 큰 성공을 이루었는데, 그 비결이 뭐라고 생각하십니까?" 링컨은 이렇게 간단하게 대답했다고 합니다. "많이 실패했거든요." 그는 무려 15번 사업에 실패하고 또 국회의원으로 출마했다가 낙선하고, 그 15번이라는 실패를 통해서 오늘의 대통령이 되었다고 말했습니다. 그뿐 아니라 이 모든 과정을 통해서 많은 것을 배우고 익혔고, 이 모든 사건들이 오늘의 내가 될 수 있고, 그렇게 만들어주었다고 고백했습니다.

심리학자 스콧팩의 「아직도 가야 할 길」이라고 하는 유명한 책이 있습니다. 이 책에서 그는 '삶은 반전의 연속'이라는 명언을 합니다. 아프리카 선교사로 한평생을 살았던 성자 대접까지 받았던 리빙스턴이라고 있습니다. 그분이 영국에 돌아와서 귀국보고를 하게 될 때 많은 사람들이 그를 쳐다보면서 정말 우러러 높은 존경심을 가지고 그를 축하하며 물었습니다. "그 아프리카 오지에서 얼마나 고생을 했습니까? 얼마나 희생을 했습니까?" 그때에 리빙스턴은 빙그레 웃으면서 또 유명한 말을 했습니다. "희생이라는 용어를 쓰지 마세요. 저는 희생해본 일이 없습니다. 항상 즐기고 있었습니다." 정말 희생이 있습니까? 꼭 희생뿐이겠습니까? 그 속에 엄청난 즐거움이 함께 있다는 것을 우리는 잊어버리고 있습니다. 그래서 이 스콧 팩은 말합니다. '삶의 고통과 즐거움은 항상 공존하는 것이다.' 고통이라고 고통만 아니요, 즐거움이라고 즐거움만이 아니라, 즐거움과 고통은 항상 공존하고 있습니다.

우리가 이제 반생을 지냈고, 남은 하프타임을 살아가는데 지난 일을 가만히 생각해보십시오. 고통이 고통뿐이었습니까? 그 속에 기쁨이 있었습니다. 기쁨이 있다고 해서 기쁨뿐이었습니까? 그 속에 엄청난 고통이 또 있었다는 말입니다. 둘째로 생각할 것은 일의 가치와 의미를 앞세워야 한다는 것입니다. 고통이냐, 즐거움이냐?— 이것이 중요한 것이 아니라 그 사건의 의미, 그 깊은 곳에 있는 의미 창조 쪽을 생각했어야 한다는 것입니다. 그러기 위해서는 진실에 충실해야 한다— 아주 귀중한 교훈입니다. 세상을 분석하고, 자기 자신을 분석하고, 반성하는 데 정직해야 한다— 모든것에 근본은 정직하지 못한 데 있는 것입니다. 정직하고 나면 길이 있는 것인데, 아직도 정직의 그 기본을 찾지 못했다는 데 문제가 있다— 그리고 포기와 선택의 균형을 잡을 때 새로운 역사를 창조할 수 있다고 스콧 팩은 우리에게 조언하고 있습니다.

사도 바울은 지금 로마 감옥에 있습니다. 지금도 우리가 가서 그 옛날 그 로마 감옥을 볼 수 있습니다. 돌로 된 침침한 굴 같은 지하실 감옥입니다. 이곳에서 그는 쇠사슬에 묶여 있었습니다. 인간적으로는 절망적인 고난의 시련을 겪고 있었습니다. 그러나 오늘본문 18절을 다시한번 눈여겨봐야 합니다. "그러면 무엇이뇨 외모로 하나 참으로 하나 무슨 방도로 하든지 전파되는 것은 그리스도니 이로써 내가 기뻐하고 또한 기뻐하리라." 어찌 감옥에서, 내일을 알 수 없는 절망적인 상황에서 이 같은 고백을 할 수 있겠습니까. 놀라운 것입니다. 기뻐하고 또한 기뻐하리라— 고난 중에서 큰 기쁨을 만끽하고 있습니다. 빌립보서는 옥중서신입니다. 감옥에서 쓴 편지입니다. 그러나 행복과 기쁨으로 충만합니다. 그래서 흔히 빌립보서를 가리켜 '희락의 복음'이라고 말합니다. 기쁨으로 충만한 복음입니다.

그는 신비로운 사건을 알고 있었습니다. 오늘본문은 말씀합니다. "나의 당한 일이 도리어 복음의 진보가 된 줄을 너희가 알기를 원하노라(12절)." 나는 알고 있다는 뜻입니다. 나는 알고 있는데, 내가 아는 바를 너희도 알기를 원한다는 것입니다. 얼마나 감격스러운지 모릅니다. 이것은 제가 한평생 외우는 요절입니다. 나의 당한 일이 복음의 진보가 되고 있다— 예외 없이 그것을 간증할 뿐만 아니라, 사도 바울은 이렇게 말씀합니다. 너희가 알기를 원하노라— '내가 감옥에 있다고 슬퍼하지도 말고, 절망하지도 말고, 낙심하지도 마라.' '나의 당한 일이 신비롭게 복음의 진보가 되고 있다는 걸 내가 알듯이 너희들도 알기를 바라노라.' 얼마나 엄청난 고백입니까. 사도 바울은 철저하게 복음 중심적이요, 그것이 신조요, 그것이 교리요, 동시에 개인적으로도 철저하게 생활철학이었습니다. 복음 중심입니다. 복음만 전파되면 되는 것이요, 자신은 아무것도 아닙니다. 나는 이래도 그만, 저래도 그만, 오늘 죽어도 그만, 내일 죽어도 그만입니다. 감옥에 있어도 되고, 감옥 밖에 있어도 되고, 아무 상관이 없습니다. 현실 상황이라는 것은 그에게 그리 중요하지 않습니다. 문제는 복음만 전해지면 된다는 것입니다. 철저한 복음 중심적 생활철학, 곧 그의 인생관이 이 같은 놀라운 고백을 하게 만들었다는 말입니다.

갈라디아 1장 15절, 16절에 유명한 말씀이 있습니다. "내 어머니의 태로부터 나를 택정하시고 은혜로 나를 부르신 이가 그 아들을 이방에 전하기 위하여……" 가만히 생각해보니까 내가 세상에 태어난 것 자체, 곧 길리기아의 다소에서 디아스포라(흩어진 백성)로 태어난 자체가 근본적으로 오로지 이방인에게 복음을 전하기 위한 것이었습니다. 내 존재의 목적이 여기에 있다는 것입니다. 복음을 이방에 전하기 위하여, 그래서 어머니의 태로부터 태어났다— 그렇다면 이것만 이루어질 수 있다면 무엇을 마다하겠습니까. 복음이 이방에 전해질 수만 있고, 만방에 전해질 수 있다면 나 하나쯤 제물 되는 것은 아무것도 아니요, 오늘 내가 좀 고생하는 것은 아무것도 아니라는 것입니다. 본질적으로 복음을 위해서 존재한다는 존재론적 의미가 사도 바울을 이렇게 낙관적인 복음의 사람으로 만들었다는 것입니다. 현실, 상황, 환경은 아무 상관이 없습니다. 흔히 인간적으로 말하는 성공, 실패, 건강, 병이 아무것도 아닙니다. 오래 살고 못살고가 다 중요하지 않습니다.

오늘본문을 보니까 사도 바울은 감옥에 앉아 있으면서 그 귀중한 진리를 완전히 깨달았습니다. 그래서 하나님의 섭리와 하나님의 위대한 경륜과 하나님의 계획 속에 내가 있음을 압니다. 내 현재와 상황과 현실이 있다는 것을 알고 있습니다. 그 속에 하나님의 능력이 있고, 그분의 무궁무진한 지혜가 있습니다. 이것을 조금씩 깨달아갑니다. 제가 바울의 마음을 어찌 다 알겠습니까마는, 사도 바울이 로마 감옥에 갈 때까지는 이렇게까지 깨닫지는 못한 것같습니다. 그래서 그는 여기저기 선교하고 다닐 때 고민도 좀 많았고, 예루살렘에서는 이래저래 어떻게 좀 피해보려고 여러 가지로 생각하고 계책도 세워보았습니다. 그러나 그는 결국 로마로 배를 타고 가다가

배마저도 파손이 되는 고난을 겪습니다. 로마 감옥에 들어가서 비로소 하루하루 지내면서 하나님의 위대한 섭리를 알게 됩니다. 바울이 바랐던 것을 인간적으로 생각한다면 아마 당시 세계의 중심인 로마에 가서 원형극장에 수만 명을 모아놓고 복음을 전하고 싶었을 것입니다. 정말 화끈하게 복음의 역사를 이루어보고 싶었을 것입니다. 그래서 로마로 가는 것이 소원이었습니다. 그렇게 소원했던 것입니다마는, 웬일입니까. 로마에 가기는 갔는데, 감옥에 갔습니다. 자유가 없었습니다. 감옥에 갇혀서 세월을 보내야 됩니다. 재판도 없이 이런 모순과 부조리가 어디에 있습니까. 이런 캄캄한 일이 어디에 있다는 말입니까.

그런데 여기서 그는 생각을 바꿉니다. 하나님의 위대한 섭리, 실수도 없고, 패할 수도 없는 놀랍고 신비로운 경륜을 깨닫기 시작합니다. 그것이 뭐냐 하면 친위대 사람을 만나기 시작했다는 것입니다. 옛날의 정치는 더욱 그렇습니다. 요새도 측근자들 때문에 시끄럽습니다마는, 사실로 정치라는 것이 그렇지 않습니까. 권력을 쥐고 나면 도대체 누구하고 얘기를 해야 됩니까? 가까운 사람하고만 얘기가 되다 보니 이제 권력구조가 이렇게 되는 것인데, 옛날에는 근위대, 친위대라는 것이 있었습니다. 만 명이라고 하는 친위대가 있습니다. 이것이 로마의 수십만의 군사를 대표하고, 이 만 명에 의해서 정치가 이루어집니다. 이 사람들 전부가 대체로 군대로 세계에 다니면서 전쟁 공로를 세운 사람들입니다. 최고의 공로를 세운 사람과 그 아들들입니다. 바로 이들이 친위대가 됩니다. 왕이 믿을 수 있는 사람입니다. 왕을 보호하는 사람들입니다. 또 친위대생활을 잘하고 나이가 좀 들면 호민관이 됩니다. 요새말로 국회의원이 되고, 이 사람들이 상원의원과 하원의원이 됩니다. 이렇게 해서 정치가 이어지는 것입니다. 그러니까 이 친위대라는 것은 굉장히 중요한 정치적 의미가 있습니다. 그리고 다 앞으로 미래의 로마의 지도자들입니다.

그런데 사도 바울이 이 감옥에 있는 동안 친위대 사람들이 하루에 한 사람씩 와서 사도 바울과 쇠사슬로 각각 묶어서 하루 24시간을 지냅니다. 그리고 또 다음날은 다른 사람이 옵니다. 하루에 한 사람씩 계속 24시간동안 친위대 사람들과 같이 있게 됩니다. 그러니까 24시간 동안 전도할 수 있습니다. 날마다 하루에 한 사람씩 1년이면 365명입니다. 이렇게 전도를 하는 것입니다. 소문 중에 입소문이라고 있지 않습니까. 이 사람들 가운데 예수를 믿게 되고 중생하는 사람이 생겼습니다. 그들이 돌아가서 소문을 냅니다. "이번에 예루살렘에서 온 죄수라는 사람이 하나 있는데, 그 양반이 하나님의 사람이더라." 이래저래 소문을 내니까 그 다음에는 고관들이 몰래 감옥에 들어와서 "당신이 그 수상한 사람이요?" 하고 물어봅니다. 그러면 또 '기회다'싶어 붙들고 전도를 합니다. 이렇게 해서 점점 복음이 전파되는데, 이 친위대가 아주 중요한 것입니다. 옛날이나 오늘이나 교회도 그렇습니다. 다 교인들이지마는, 이 가운데도 어쩌면 하나님만이 아시겠지만, A급 교인이 있고, B급 교인이 있습니다. A급 교인이 10분의 1이요, 이 10분의 1, 그 교인에 의해서 이 교회가 되는 것입니다. 한 달에 한 번씩 오는 것 가지고 되는 것이 아닙니다. 이 교회에 소위 책임 있는 멤버가 있습니다. '이 교회는 내 교회다. 내가 이 교회와 함께 죽을 것이다.' 이렇게 생각하는 사람 말입니다. 전적으로 헌신한 사람들이 꼭 10분의 1이 있습니다. 그것이 바로 교회의 중심입니다.

조금 다른 얘기입니다마는, 아프리카나 동남아시아에 가게 되면 지금도 추장제도가 있습니다. 부족들이 사는데, 각 마을에는 대표격인 추장이 있습니다. 그 추장이 먼저 예수를 믿어야 합니다. 이 밑엣 사람 100명이 믿어도 소용없습니다. 교회를 세우지 못합니다. 또 어떤 일도 이루어지지 않습니다. 그런데 추장 한 명이 예수 믿으면 당장 그날로 "다 이리 와 세례 받아" 하면 다 받는 것입니다. 이렇게 해서 교회가 됩니다. 그래서 추장이 중요합니다. 우리나라 옛날에는 양반이 있고, 또 하나 있습니다. 유지라는 것이 동네마다 있었습니다. 동네마다 기와집 몇 개가 있는데, 그 기와집 사람이 예수를 믿어야 됩니다. 그래야 교회가 빨리 됩니다. 이것을 알아야 됩니다. 이래서 친위대가 중요합니다. 로마를 복음화하기 위해서는 로마 정부, 정치, 권력자가 먼저 믿어야 합니다. 이를 위해서 사도 바울로 하여금 감옥에 들어가게 합니다. 그리고 친위대 사람을 만나게 됩니다. 그래서 유명한 얘기지만, 앞으로 2백년 뒤에 대로마 제국이 기독교 국가가 됩니다. 콘스탄티누스 대제가 기독교를 선포하게 되는데, 그때에 기독교인이 9퍼센트밖에 없었습니다. 그러나 예수 믿는 사람들이 전부 고관들입니다. 그래서 기독교 국가가 되는 것입니다. 이래서 오늘까지 내려오는 것입니다.

깊이 생각할 사건 아닙니까. 이 놀라운 역사, 서민으로부터 시작한 것이 아닙니다. 고관으로부터 시작했습니다. 그 고관을 만나는 방법이 친위대라는 말입니다. 이 친위대를 만나는 곳이 또 감옥입니다. 그래서 하나님께서 위대한 사도를 감옥에 넣어놓으신 것입니다. 그리고 오늘본문에 친위대 사람들이 예수 믿게 된 것을 그렇게 감사하고 있습니다. 또 그런가하면 사도 바울이 감옥에 들어가 있어서 겁 없이 복음을 전하는 사람들이 생겼습니다. 바울은 감옥에 있고, 감옥 밖에는 그리스도인들이 용기를 내어 복음을 전하게 되었습니다. 저는 여기에 일가견이 있습니다. 8·15 해방 직후에 6·25까지 그 사이에 공산당이 들어와 있으면서 핍박이 심했습니다. 교회에 가면 목사님도 안계시고, 장로님은 감옥에 가 있고, 어려웠습니다. 그리고 신학교를 한 번도 가본 일 없는 전도사님들이 와서 설교하다가 또 그분들도 감옥에 갇혔습니다. 상상을 해보십시오. 그때 제가 19살인데, 제가 설교했습니다. 이제 생각해보면 장로님이 감옥에 있고, 목사님도 감옥에 있습니다. 교인들이 열심을 냅니다. 새벽에 나가보면 캄캄한데도 교인들이 엎드려서 기도하는데, 발 들여놓을 데가 없을 정도로 꽉 차 있습니다. 조용히 기도합니다. 열심히 기도합니다. 왜요? 핍박을 당하고 있고, 목사님이 감옥에 있기 때문입니다.

사도 바울이 감옥에 있으므로 밖에 있는 사람들이 겁 없이 복음을 전하더라는 것입니다. 이래서 엄청난 복음의 역사는 이루어지게 됩니다. 그런가하면 재미있는 말씀이 있습니다. 시기와 질투로— 선한 일에도 꼭 경쟁의식이 있습니다. 바울과 경쟁하던 사람들이 바울이 감옥에 갇히니까 '옳다, 지금이 기회다. 우리가 열심히 복음을 전하면 사도 바울이 얼마나 배가 아플까' 하고 시기와 질투로 열심히 복음을 전했습니다. 어쨌든 복음은 전해지는 것입니다. 이래서 사도 바울이 말씀합니다. '이렇게 하나 저렇게 하나 전파되는 것은 그리스도니 나는 기뻐하노라.' 모든 자기 명예, 자기 자존심 다 포기하고 나니까 전파되는 것은 그리스도니 나는 기쁘다고 말씀하고 있습니다. 오직 복음— 얼마나 귀중한 말씀입니까.

심리학자 바론은 이런 말을 합니다. 자기실현 할 수 있는 인간의 기준이라는 것이 세 가지가 있는데, 하나는 신축성이라고 합니다. 도전을 기쁘게 받아들일 줄 아는 신축성이 먼저라는 것입니다. 어떤 고난에서도 여유 있게 받아들일 수 있어야 되고, 둘째는 자발성입니다. 그래서 회피하지 말고 적극적으로, 자발적으로 대해야 합니다. 그리고 셋째는 창조성입니다. 이 모든것을 통해서 하나님의 창조의 역사를 바라볼 수 있어야 합니다. 내가 감옥에 있으면서 하나님의 창조의 역사, 내가 병들어 있으면서 이를 통하여 이루시는 창조의 역사, 내가 실패하면서 실패를 통하여 이루시는 위대한 역사, 이것을 바라볼 수 있어야 합니다. 얼마나 귀중한 말씀입니까. 모름지기 사도 바울은 이 날까지 이 귀중한 사실을 다 알았던 것같지는 않습니다. 그러나 로마 감옥에 있으면서 세월이 흘러가면서 '내가 왜 감옥에 있어야 하나?' 하고 감옥에 있는 이 사건을 통하여 신비롭고 위대한 역사가 이루어지는 것을 그는 이렇게 바라보면서 하나님께 감사하고 있습니다. 이제 깨달았습니다. '내가 깨달은 것을 너희도 깨닫기를 원하노라.' 오늘도 우리 생각하십시다. 내가 당한 현실, 내가 당한 사건, 우연한 일이 없습니다. 그 속에 또 다른 하나님의 섭리가 있고, 하나님의 사랑이 있고, 하나님의 선교적 계획이 있습니다. 내가 당한 사건, 그 선교적 의미를 깊이 깨달을 때 비록 감옥에 있어도 그 영광의 세계를 바라볼 수 있는 것이라는 말씀입니다. △

그리스도의 형상을 이루기까지

저희가 너희를 대하여 열심 내는 것이 좋은 뜻이 아니요 오직 너희를 이간 붙여 너희로 저희를 대하여 열심 내게 하려 함이라 좋은 일에 대하여 열심으로 사모함을 받음은 내가 너희를 대하였을 때 뿐아니라 언제든지 좋으니라 나의 자녀들아 너희 속에 그리스도의 형상이 이루기까지 다시 너희를 위하여 해산하는 수고를 하노니 내가 이제라도 너희와 함께 있어 내 음성을 변하려 함은 너희를 대하여 의심이 있음이라

(갈라디아서 4 : 17 - 20)

그리스도의 형상을 이루기까지

어머니 옆에서 놀던 어린이가 가지고 있던 장난감을 내 던지는 것을 보고 어머니가 갑자기 "아니 이놈이!" 하고 소리를 쳤습니다. 이 아이가 곧 따라하는 말이 "이놈이!" 그러더랍니다. 교육이라는 것이 말에 있는 것이 아닙니다. 문제는 따라한다는 데 있습니다. 우리는 교육이 말로 되는 줄 알아서 말을 많이 합니다. 이론적으로 또 변증적으로 말하고, 나름대로 말을 많이 해보려고 하지마는, 그것은 전혀 효력이 없습니다. 문제는 따라한다는 데 있습니다. 먼저 가는 사람이 어떻게 하느냐에 따라서 뒤에 따라하는 사람은 그대로 배우고 본받아 간다는 말입니다.

세계에서 가장 우수한 교육을 말하면 누구나 이구동성으로 유대 사람이라고 할 수 있을 것입니다. 유대 사람의 그 민족적인 교육은 놀랍고 또 특별한 것입니다. 온 세계가 오랫동안 이것을 연구하려고 애를 써도 아직까지 확실한 해답을 얻지 못했고, 다른 사람이 그 민족의 교육을 본받을 수가 없었습니다. 세계경제의 대가와 노벨상 수상자의 삼분의 일이 유대인입니다. 놀랍지 않습니까. 이것이 유대민족의 현주소입니다. 아인슈타인, 프로이드, 칼 융, 빅터 프랭크, 칼 막스, 루빈스타인, 키신저, 페이스북을 만든 마크 주커버그, 구글의 두 청년 창업자인 세르게이 브린과 래리 페이지, 유명한 영화감독 스티븐 스필버그, 투자의 귀재 조지 소로스…… 이 모든 사람들의 공통점이 유대 사람이라는 것입니다. 천재가 다 여기에 있습니다. 그럼 왜 그럴까요? 그 이유는 간단합니다. 교육입니다. 유대

사람들의 교육, 세계인구의 0.2퍼센트 밖에 안되는 유대 사람이 정치, 경제, 사회, 문화 모든 분야에서 막강한 영향력을 나타내고 있습니다. 그 원인이 뭐냐 하고 묻는다면 바로 교육입니다. 자본이 많은 것도 아니고 특별한 기술이 있는 것도 아닙니다. 핵심은 이 사람들의 교육입니다. 그것은 공교육, 사교육 그런 것이 아닙니다. 가정교육입니다. 어찌 생각하면, 우리가 생각하는 대로 보면 이렇다 할 교육이 없습니다. 오직 가정교육이 있을 뿐입니다.

가정교육을 연구한 사람들은 다음과 같은 결론을 얻을 수 있었습니다. 네 단어로 집약됩니다. 쉐마(Shema), 탈릿(Tallit), 테필린(Tefilin), 메주자(Mezuza)입니다. 모두 히브리말입니다. 쉐마라고 하는 것은 신명기 6장 4절에서 9절까지에 있는 말씀입니다. 쉐마는 '들으라' 하는 말입니다. 여호와 하나님께서는 한 분이시니 내 말을 들으라— 들으라는 말입니다. 간단합니다. '하나님의 음성을 들으라.' '하나님의 말씀에 귀를 기울이라.' 이것이 첫 번째 교육입니다. 들어야 됩니다. 하나님의 음성을 듣는 훈련, 어느 순간에도 양심의 소리를 듣는 훈련, 그리고 이웃의 소리를 들을 수 있는, 그래서 교육 첫째가 '들으라'입니다. 두 번째는 탈릿(Tallit)이라고 되어 있습니다. 기도할 때마다 숄을 목에 걸치고 기도합니다. 숄에는 하나님의 말씀이 많이 기록되어 있습니다. 숄을 어깨에다 메고 기도합니다. 이것은 하나님께 순종하며 기도한다는 뜻입니다. 아침마다 숄을 어깨에 걸치고 기도합니다. 곧 기도를 가르치는 것입니다. 그 다음 테피린이라고 하는 것은 말씀을 끈에다가 써놓은 것입니다. 제가 여러 번 보았습니다마는, 좀 특별합니다. 기다란 댕기 같은 데 성경말씀을 써놓았습니다. 누구와 얘기할 때 그냥 얘기하지 않고 팔에 둘둘 감고 앉아서 얘기를 합니다. '이 말씀이 내 생각과 의지를 지배한다'는 뜻입니다. 이렇게 댕기 같은 끈에 하나님의 말씀을 써가지고 양쪽 팔에 감고 앉아서 얘기를 합니다. 말씀이 내 손을 지배하고 있고, 내 의지를 주관하고 있습니다. 그 다음 메주자라고 하는 것은 하나님의 말씀을 써놓은 상자입니다. 혹은 말씀을 기록해서 요절을 넣어놓은 말씀 상자입니다. 그 상자를 문에 매달아놓고 들어가면서 나가면서 한 번씩 만져봅니다. 나갈 때 하나님의 말씀을 만져보고 나갑니다. 들어올 때 하나님의 말씀 앞에서 반성합니다. 그런 뜻입니다. 이 네 가지를 다 종합하면 첫째는 '들으라'입니다. 하나님의 말씀에 항상 귀를 기울여라— 이것이 첫째입니다. 둘째는 너의 생각, 너희 행위, 너의 출입, 모두 다 '하나님의 말씀을 따라하라'는 것입니다. 이것을 형식적으로 나타낸 것입니다.

제가 조금 전에 예배 시작 부름에서 읽었습니다. 네 자녀에게 부지런히 가르치며 앉았을 때에든지 누웠을 때에든지 이 말씀을 강론할 것이며— 이제 보십시오. '너는 또 그것을 네 손목에 매며.' 말씀을 기록한 댕기를 손목에 매며 '기호를 삼으며 네 미간에 붙여 표로 삼고 또 네 집 문설주와 바깥문에 기록할지니라'— 문설주에도 전부 성경구절이 기록되어 있습니다. 그래서 나가면서 들어오면서 이 성경을 보고 삽니다. 이것이 교육입니다. 교육의 근본은 하나님의 말씀을 듣고, 거기에 귀를 기울이는 것입니다. 그 말씀대로 생각하고, 말씀대로 행동하는 것입니다. 이것이 이스라엘 사람들의 교육의 전부입니다. 이렇게 놔두면 훌륭한 세계적인 지도자가 됩니다. 가장 쉬운 교육이 무엇입니까? 본받는 것입니다. 가장 무서운 교육도 본받는 것입니다. 좋은 것을 본받는 것은 좋지마는, 어느 사이에 나쁜 행동을 본받는 것은 무서운 것입니다. 어느 어머니가 설거지하다가 깜짝 놀랐다는 것 아닙니까. 아이가 자기 인형을 때리면서 “너 내 말 안들으면 죽어!” 그러더랍니다. 이것이 도대체 어디서 나온 말입니까? 다 배운 대로 하는 것입니다. 어떻게 그런 말이 아이들한테서 나올 수 있습니까. 세상이 이렇게 된 것입니다. 우리가 뭔가 잘못되고 있습니다. 이 본받는다는 것, 가장 무서운 것은 형상을 만들어간다는 것입니다. 그것도 무의식적으로 말입니다. 본받는 것은 선택적인 경우가 많지 않습니다. 무의식적으로 자기도 모르게, 아니, 무선택적으로 본받는 것입니다. 그냥 따라가다가보니 어느 사이에 같은 생각을 하게 되고, 같은 길, 같은 형상화가 된다는 말입니다. 형상화라는 것, 얼마나 무서운지 모릅니다. 점점 형상이 이루어집니다. 희미하던 것이 점점 분명하게 형상이 됩니다. 형상이라는 말은 빚는다는 뜻입니다. 빚어가는 것이요, 점점 빚어서 모양이 생기는 것입니다. 영어로는 form입니다. 형상화는 무방비요, 무제한이기도 합니다.

옛날은 대개 부모님한테서 배웠습니다. 부모와 형제 친척 정도에서 말입니다. 그런데 요새는 인터넷을 통하여 세계로 열리면서 무방비 상태로 세계에 노출되고 말았습니다. 여기에 문제가 있습니다. 요한네쯔 로쯔라고 하는 교수의 이런 재미있는 말이 있습니다. 중요한 명제입니다. ‘사람의 에로스가 필리아를 통해서 정화되지 아니하면 아니 되고, 필리아는 아가페를 통해서 고양되지 아니하면 안된다.’ 굉장히 중요한 말입니다. 아가페가 없는 필리아는 생명이 없고, 필리아가 없는 에로스는 타락이라는 것입니다. 여기서 에로스라고 하는 것은 본능적 사랑을 말합니다. 필리아는 인간적 사랑을 말합니다. 아가페는 신앙적 사랑입니다. 신앙적 사랑이 없는 인간적 사랑, 생명이 없습니다. 말뿐이지, 되는 것이 없습니다. 또 필리아가 없는, 곧 인간적 사랑이 없는 에로스, 이것이 바로 현대를 망치는 것이고, 이것이 타락이라는 것입니다. 인간이 동물만도 못하게 되지 않았습니까. 그래서 옛날 사람들은 '야, 이 개 같은 놈!'이라고 그랬습니다. 요새는 개가 사람 말을 알아들어서 "우리만 해봐라!" 그런답니다. 개만하면 괜찮은 것입니다. 사람들은 지금 말도 못하게 이 모양이 되었습니다. 아니, 악마가 되어버리고 말았답니다. 이것이 오늘 우리의 현주소입니다.

사도 바울은 빌립보서 3장 17절에서 말씀합니다. "함께 나를 본받으라……" 유명한 말씀입니다. 어찌 이런 말씀을 할 수 있을까 하고 많은 사람이 의심도 합니다마는, 바울은 간절한 마음으로 빌립보 교인들을 사랑하면서 '너희들은 함께 나를 본받으라'고 말씀하고 있습니다. 대단히 어려운 말씀입니다. 어찌 감히 이런 말씀을 할 수 있습니까마는, 내버려둬도 본받는데 어떡하겠습니까. 이 말을 하나마나 빌립보 교인은 사도 바울을 본받게 되어 있다는 말입니다. 그래서 고린도전서 11장 1절에서 말씀합니다. "내가 그리스도를 본받는 자 된 것같이 너희는 나를 본받는 자 되라." 사도 바울은 그리스도를 얼마나 사모하고, 얼마나 사랑하고, 얼마나 본받으려고 했는지, 그는 빌립보서 3장에서 말씀합니다. '어떻게 해서든지 죽은 자 가운데서 부활에 이르려 하노니.' 죽음까지 본받으려고 했습니다. 그리스도처럼 죽어보려고 했습니다. 이것이 그의 간절한 열망이었습니다. 그러면 '내가 그리스도를 본받는 자 된 것같이 너희는 나를 본받는 자가 되라.' 바로 이것 아니겠습니까.

우리가 자녀들한테 보일 수 있는 것은 나를 본받으라는 것 이상이어야 합니다. '그리스도를 본받으라. 바로 그것을 본받으라. 내가 그리스도를 얼마나 본받으려고 하는 바로 그것을 너희가 본받으라. 내가 기도하는 것처럼 기도하고 내가 하나님의 뜻대로 살려고 애쓰는 것처럼 그렇게 살아라.' 이런 말씀 아니겠습니까. 성경에 보면 대단히 중요한 증거가 있습니다. 아브라함이 하나님의 명령을 받들어서 이삭을 데리고 모리아 산에 올라갑니다. 거기서 이제 재단을 쌓아놓고, 장작을 올려놓고, 재물을 올려놓고, 불을 질러서 하나님 앞에 제사를 드려야겠는데, 재물이 없습니다. 그때에 이삭이 말합니다. '불도 있고 준비가 다 되어 있는데 재물이 없습니다.' 아버지가 말합니다. '하나님께서 준비하실 것이다.' 그리고 올라가서 130세가 된 아버지 아브라함이 27세가 된 청년 아들에게 말합니다. '이삭아. 내가 얼마나 하나님을 사랑하는지 알지?' '네, 압니다.' '내가 얼마나 하나님께 전적으로 순종하는지 알지?' '네, 압니다.' '또 하나 물어보마. 내가 너를 얼마나 사랑하는지 알지?' '압니다.' '얼마나 사랑하느냐?' '아버지 목숨보다 저를 더 사랑하십니다.' '그래 사실이다. 그것을 믿는다면 내 말을 들어라. 이 재단에 올라가라.' 전설에 나오는 얘기가 너무나 구구절절합니다. 어찌 백 세 넘은 아버지가 이 아들을 제어하겠습니까. '하나님께서 너를 재물로 바치라 하신다.' 그러면 '나이가 많더니 노망이 들었구먼' 하면서 하나님께서는 그런 말씀을 하시는 분이 아니라고 할 것 아니겠습니까. '사람의 생명을 재물로 요구하실 하나님이 아니십니다. 아버지, 정신 나가셨어요?' 그럴 것 아니겠습니까. 그런데 아브라함은 말합니다. '내가 하나님을 얼마나 사랑하는지 알지?' '압니다.' '내가 너를 얼마나 사랑하는지 알지?' '압니다.' '그렇다면 이 재단에 올라가라.' 이삭이 자기 발로 올라가서 눕습니다. 기가 막히지 않습니까. 그 아버지에 그 아들, 바로 이것이 본받는다는 것입니다. 아버지가 그처럼 믿음으로 살았기에 그 아들이 아버지의 뜻을 따라 재단에 올라갑니다. 이것이 아브라함과 이삭 사이에 있었던 엄청난 부자간의 사랑입니다.

오늘본문에서 사도 바울은 다시 말씀합니다. "너희 속에 그리스도의 형상이 이루기까지 다시 너희를 위하여 해산하는 수고를 하노니(19절)." 이것이 최종목표입니다. '나를 따르라'가 아니고, '그리스도를 따르라'입니다. 목표는 그리스도입니다. 그리스도의 형상을 이루기까지가, 바로 이것이 우리의 교육이요, 우리의 노력의 전부입니다. 그리스도의 형상을 이루기까지 내가 아닌 그리스도, 내가 그리스도를 본받는 자 같이, 또 다른 사람도 본받기를 바라는 간절한 본받음의 형상을 말씀합니다. 여기서 사도 바울이 표현한 귀중한 진리를 다시 터득해야 되겠습니다. 해산의 수고를 하노니— 해산의 수고, 참 힘든 것입니다. 아주 생명을 걸고 고생을 합니다마는, 해산의 수고는 사랑입니다. 해산의 수고는 자랑입니다. 고통이 있습니다마는, 희생도 있습니다. 새로운 생명을 얻는다고 하는 희망이 있습니다. 그런고로 깊이 생각해야 합니다. 진통과 고통은 다릅니다. 우리가 당하는 고통에는 소망 없는 고통도 많습니다. 무의미한 고통도 많습니다마는, 진통이라는 것은 고통이기는 하지만, 바로 앞에 귀한 생명을 맞는 기쁨이 있습니다. 그래서 유명한 말이 있습니다. '그리스도인에게는 진통은 있어도 고통은 없다.' 당연히 그러해야 하는 말입니다. 예수님께서 요한복음 16장에서 말씀하십니다. "여자가 해산하게 되면 그 때가 이르렀으므로 근심하나 아기를 낳으면 세상에 사람 난 기쁨을 인하여 그 고통을 다시 기억지 아니하느니라." 너무나 소중하니까, 너무나 소중한 의미의 고통이니까 이 고통은 고통일 수가 없는 것입니다.

칼 바르트라고 하는 유명한 스위스 신학자가 나이 많았을 때 세계 여행을 마지막으로 했습니다. 그래서 세계 이 나라 저 나라를 다니면서 그가 그동안 연구했던 신학을 많은 후배들한테 강연을 하였습니다. 시카고의 한 대학에서 강연을 하고 나오는데, 젊은 학생 한 명이 따라 나오면서 질문을 했습니다. "한평생 신학을 연구하고 신학을 가르치셨는데, 교수님의 마음속에 있는 가장 중요한, 시작도 끝도 없이 가장 중요한 인상적인 말씀은 무엇입니까?" 칼 바르트는 대답했습니다. "Jesus loves me as the Bible says so!(예수께서 나를 사랑하심은 성경에 쓰여 있네!)" 어렸을 때부터 '예수 사랑하심'이라는 그 찬송을 불렀습니다. '예수 사랑하심은 성경에 쓰여 있네……' 그는 그 말씀 한 절이 시작도 끝도 없이 자신의 마음에 있는 복음이라고 했습니다.

예수님께서 요한복음 13장에서 제자들의 발을 씻기시면서 말씀하십니다. '내가 너희에게 행한 것같이 너희도 행하게 하려 하여 본을 보였노라.' 본을 보였노라— 십자가 지시기 몇 시간 전에 제자들의 발을 씻기시며 이렇게 말씀하셨습니다. 알게 모르게 우리는 본받아 살아왔고, 또 본을 보이며 살아왔습니다. 이제 남은 시간에 무슨 본을 보일 수 있겠습니까. 쉐마가 우리에게 말해주는 가장 중요한 교육은 '들으라, 기도하라, 그리고 말씀대로 살라'입니다. 하나님의 말씀에 귀를 기울이고, 그 말씀대로 살아가는 것입니다. 이것이 교육의 근본입니다. 아니, 이것이 없다면 교육은 아닙니다. 아우구스티누스의 유명한 말이 있습니다. '하나님에 대한 참신앙이 없는 교육은 약은 악마를 만드는 것이다.' 신앙을 떠난 교육이 얼마나 무섭다는 것을 여러분 잘 알고 있지 않습니까. 이제는 알지 않습니까. 이스라엘 사람들의 교육의 근본은 쉐마입니다. '들으라. 나갈 때든지 들어올 때든지 말씀을 부지런히 가르쳐라. 그러면 이 말씀대로 살 것이다.' 그리하면 하나님의 큰 축복이 온 가정에 임할 것입니다. △

네 부모를 공경하라

자녀들아 너희 부모를 주 안에서 순종하라 이것이 옳으니라 네 아버지와 어머니를 공경하라 이것이 약속 있는 첫 계명이니 이는 네가 잘 되고 땅에서 장수하리라 또 아비들아 너희 자녀를 노엽게 하지 말고 오직 주의 교양과 훈계로 양육하라

(에베소서 6 : 1 - 4)

네 부모를 공경하라

어느 날 어떤 시어머니가 우연히 며느리와 아들이 대화하는 것을 문밖에서 엿듣게 되었다고 합니다. 며느리가 아들에게 조그마한 목소리로 물었습니다. "자기야, 이 세상에서 누가 제일 좋아?" 그러나 궁금하기 때문에 시어머니한테는 아주 크게 들렸습니다. 아들이 "그야 물론 당신이지"라고 대답합니다. 어머니는 가정이 화평하기 위해서는 그렇게 대답 할 수도 있겠다고 생각했습니다. 며느리가 또 물었습니다. "그 다음은 누가 제일 좋아?" 시어머니는 혹시라도 자기라고 할까 싶어 은근히 기대를 걸고 있었는데 아들은 "듣든한 우리 아들이지" 하고 답합니다. 어머니는 참 실망이었습니다. 대화는 계속됩니다. "세 번째는 누가 좋아?" "우리 귀염둥이 당신을 낳아준 장모님이지." 거기서부터 시어머니는 실망을 했습니다. "그 다음에는 누가 제일 좋아?" "뽀뽀지." 뽀뽀는 애완견 이름입니다. 자기가 강아지 다음으로 서열이 밀려나는 것을 들으면서 시어머니는 마음이 서글프고 어깨가 무거웠더랍니다.

빅토르 위고의 작품에 「93년」이라는 유명한 소설이 있습니다. 그 가운데 나오는 이야기입니다. 아주 평범함 이야기지만, 아주 중요한 의미를 시사합니다. 프랑스대혁명 직후에 혼란과 빈곤으로 프랑스 전국이 다 크게 어려워졌을 때입니다. 숲을 지나가는 병사가 기아에 지친 아주머니와 세 아이를 보았습니다. 그들이 너무너무 힘들어하는 것을 보고 상사가 불쌍히 여겨서 빵 하나를 던져주었습니다. 어머니는 이 빵을 손에 받아들고 고맙다고 인사하고 나서 바로 세 조각으로 나누어서 아이들에게 하나씩 줍니다. 이것을 본 하사가 물어보았습니다. "저 여자는 배고프지 않은 것같아요." 그때 상사는 대답했습니다. "어머니이기 때문이다." 어머니는 그렇습니다. 자기가 못먹어도 먹여야 하고, 자기가 불편해도 자식들을 위하고, 아니, 만일에 자기가 어려운 일이 있어 죽을 지경에 있다면 얼마든지 대신 죽을 수 있는 어머니이기 때문입니다. 세상에서 죄 가운데 가장 큰 죄가 무엇입니까? 도둑질입니까? 살인입니까? 아닙니다. 오늘 다시 한번 생각합시다. 가장 무서운 죄는 사랑의 배신입니다. 배신이라는 것, 사랑을 배신하는 것입니다. 그것은 용서할 수 없는 것입니다. 그래서 말입니다. 성경이 이 죄를 무겁게 심판하고 있습니다.

한 2백 년 전에 중국에서 배포되고 있던 복음전도지가 있습니다. 역시 중국은 유교의 나라기 때문에 그 복음전도지에서도 효도를 강조한 것을 볼 수 있었습니다. 기독교는 효의 종교입니다. 어떤 종교보다도 효도를 중요하게 여깁니다. 그 증거를 들었는데, 출애굽기 21장 15절에 부모를 치는 자는 반드시 죽이라고, 또 21장 17절에 부모를 저주하는 자는 반드시 죽이라고, 신명기 21장 18절로 21절에는 부모를 치는 자와 부모를 저주하는 자는 반드시 죽이라고 기록하고 있습니다. 만약 너희가 안죽이면 내가 죽이겠다고 하나님께서 말씀하십니다. 부모의 사랑에 대한 배신, 그것은 용서 못합니다. 하나님께서 절대로 용서하지 않으십니다. 아무리 자비로운 하나님이시지만, 이렇게 엄할 수가 없습니다. 그냥 쳐 죽일지니라— 끝입니다. 이것이 하나님의 자비의 한계입니다. 다시 말하면 사랑에 대한 배신은 용서할 수 없다는 말입니다.

오늘본문은 부모에게 순종하라 말씀합니다. "주 안에서 순종하라……(1절)” 가정 안에서도 아니고, 사회제도 안에서도 아닙니다. 도덕성을 묻지도 않습니다. 주 안에서 신앙적 관점에서 부모에게 순종하라는 것입니다. 굴종이라는 것이 있습니다. 할 수 없이 하는 것입니다. 복종이라는 것이 있습니다. 명령대로 따라가는 것입니다. 그러나 순종이라는 것은 마음을 담아서 따라가는 것입니다. 가라니까 가고, 오라니까 옵니다. 그럴 수밖에 없어 하는 것이 아닙니다. 징계가 무서워서 한다면 그것은 굴종입니다. 기쁜 마음으로 행동도 의지도 판단도 감성도 함께 갈 때 그것이 순종입니다. 특별히 이 위에 오늘본문에는 한 가지 더할 것이 있습니다. 바로 공경입니다. 마르틴 루터는 이 공경이라는 말을 길게 해석합니다. 공경은 사랑이 아니라고 해석합니다. 높은 뜻의 사랑입니다. 거룩한 사랑입니다. 이것은 존경을 의미합니다.

좋은 얘기는 아닙니다마는, 저희 어머니가 저한테 이 이야기를 그렇게 많이 해주셨습니다. 심심하면 한 번씩 이 이야기를 하셨습니다. 수십 번은 들은 것같습니다. 시골에 사는 어머니가 아들을 서울로 유학 보냈습니다. 그래놓으니 아들이 보고 싶은 것입니다. 한데 어머니는 편지 쓸 줄도 몰랐습니다. 물론 지금처럼 전화도 없고, 그래서 어느 날 걸어 걸어서, 물어 물어서 아들 학교에 찾아갔습니다. 그래 하교시간에 아이들이 학교에서 나오는데 어머니가 아들을 찾노라고 두리번두리번하고 있다가 아들이 여자 친구하고 둘이서 손을 잡고 나오고 있는 것을 보고 너무나 반가워서 “애야!” 하고 불렀습니다. 그랬더니 그 여자친구가 남자친구인 아들한테 “저 여자 누구야?” 그랬습니다. 그러니까 그 아들이 하는 말입니다. “저 여자, 옛날에 살던 우리 집 식모야.” 이 말을 듣고 어머니가 눈물을 흘리며 돌아섰습니다. 어머니가 도대체 이 이야기를 왜 나한테 또 하고, 또 하고, 자꾸 해주었는지 모르겠습니다. 짐작은 했습니다. 어머니는 그대로 계시고, 저는 자꾸 공부를 하고 있었습니다. 조금씩 지식과 모든것이 점점 커지는 것을 보면서 걱정이 되셨나봅니다. 더 긴 무슨 이야기가 필요합니까. 존경입니다. 어머니를 자랑할 수 있어야 됩니다. 아버지를 자랑해야 합니다. 어디 가서나 당당하게 말입니다. 이것이 중요합니다.

저는 그 아브라함 링컨의 이야기를 너무나 깊이 마음에 새깁니다. 대통령이 된 다음에 상하 양원 합동 국회에 나가서 연설을 하게 됩니다. 그때에 그 교만한 귀족들이 아브라함 링컨이 대통령 된 것이 못마땅해서 상원의원 한 명이 일어나서 하는 말입니다. "우리나라가 어떻게 이 모양이 돼서 초등학교 1학년 밖에 못다닌 저 무식한 아브라함 링컨이 우리나라 대통령이 됐다니 천추에 부끄러운 일입니다." 저 사람의 아버지는 구두 수선하는 사람인데, 내 이 구두도 저 아버지가 만들었고 수선해준 구두라고 언성을 높였습니다. 또 그 구두를 들고 이런 천한 사람이 우리나라 대통령이 돼서 부끄럽다고 했습니다. 그랬더니 아브라함 링컨이 빙그레 웃으면서 말했다고 합니다. "대단히 감사합니다. 상원의원, 제가 그동안 바빠서 아버지를 잊어버리고 살았는데 기억나게 해줘서 고맙습니다. 우리 아버지는 구두를 수선하고, 구두를 만들었습니다마는, 절대로 돈을 벌려고 구두를 만든 사람이 아닙니다. 정직하게 많은 사람으로 하여금 일할 수 있도록 하기 위해서 섬기는 마음으로, 자랑스러운 마음으로 구두를 만들었습니다. 저는 아버지에 대해서 자랑합니다. 아버지가 구두 수선 하는 사람이 됐다는 것, 자랑스럽게 생각합니다. 의원 구두가

해지거든 가지고 오세요. 제가 어깨너머로 배운바가 있으니까 구두를 수선해드리겠습니다." 그래서 온 국회의원들이 기립박수를 치고, 대통령은 서서 눈물을 흘렸습니다. 아버지를 자랑해야 됩니다. 어머니를 존경해야 됩니다. 이것이 바로 공경입니다. 그의 인격과 도덕성과 그의 신앙을 특별히 말입니다. 더 중요한 것이 있습니다. 그의 직업과 선택을 자랑해야 됩니다. 그의 지혜와 경륜, 내 영광처럼 내 면류관으로 생각하는 그것이 바로 효도입니다. 자랑으로 여기고 항상 그 마음으로 살아갈 것입니다. 아무 대가도 바라지 말 것입니다. 특별히 부모님의 소원에 관심을 가져야 합니다. 부모님이 무엇을 원했던가, 그 중심에서 바랐던 바가 무엇인가, 그것을 짐작하고 소원을 들어드리는 그것이 효자입니다.

1951년 1월 13일 고향을 떠날 때 어머니가 저에게 딱 두 마디 하셨습니다. "첫째, 반드시 목사가 돼라. 둘째는 내가 너를 위해서 새벽마다 기도하니까 너도 새벽에 기도해라." 그것뿐이었습니다. 저는 생각합니다. 그 소원, 바로 깊은 소원을 들어드리는 그 기도의 응답으로 사는 거기에 효가 있다는 것입니다. 유명한 얘기가 전해집니다. 미국의 제1대 대통령 조지 워싱턴이 소년 시절에 꿈을 가지고 있었습니다. 그 당시에는 배를 타는 것이 젊은이들의 소원이었습니다. 그래서 뱃사람이 되는 것이 그의 꿈이었습니다. 고향을 떠나 꿈을 가지고 배를 타고 온 세계를 누비는 사람이 되어보겠다고 생각해서 짐을 싸가지고 작별인사를 합니다. 그때에 어머니는 말릴 수 없어서 그냥 손을 잡고 조용히 울기만 했습니다. 그때에 조지 워싱턴은 이렇게 말합니다. "어머니를 슬프게 하면서 내 꿈을 따라 갈 수는 없다." 그래 꿈을 포기하고 다시 어머니 슬하에서 살아갑니다. 결국 미국 대통령이 되었습니다. 어머니를 슬프게 하며 무슨 소원을 이루겠다는 것입니까. 무슨 대단한 일을 하겠다는 것입니까. 효는 부모님의 소원, 깊은 소원, 아니, 기도 응답으로 살아가는 것이 진정한 의미의 효도라는 말입니다.

오늘본문은 우리에게 말씀합니다. 약속 있는 계명이라는 특별한 말씀을 합니다. 약속 있는 계명은 바로 이 계명을 지킴과 함께 축복이 따라옵니다. 장수하고 형통하리라— 기가 막힌 얘기입니다. 저는 생각합니다. 효도하는 가정에 장수가 있는 것입니다. 건강하게 해보겠다고 몸부림을 칩니다마는, 아닙니다. 장수하는 비결의 첫째가 효도입니다. 부모님 마음을 기쁘게 해드려야 됩니다. 부모님을 사랑해야 됩니다. '사랑의 신비학'이라는 말이 있습니다. 사랑하면 첫째 겸손해집니다. 이런 유행가가 있지요. '그대 앞에만 서면 나는 왜 작아지는가?……' 사랑하면 작아지기 마련입니다. 교만한 것은 전부 사랑이 아닙니다. 사랑하는 순간 나는 자꾸 작아집니다. 겸손해집니다. 또 하나는 사랑하면 자유로워집니다. 하늘을 보나, 땅을 보나, 사람을 보나, 친구를 보나 거칠 것이 없습니다. 아니, 성공하나 실패하나 사랑하는 자는 자유롭습니다. 또한 사랑하는 자에게는 소망이 보입니다. 미래가 보입니다. 이 신비를 잊지 말아야 합니다. 부모님을 사랑할 때 장수하게 되고, 범사에 형통하리라고 말합니다. 우리들이 흔히 말하기를 유대사람들은 강하고 특별하다고 합니다. '유대인의 강점'이라고 하는 이슈로 언제 한 번 타임지에 기사가 실린 적이 있습니다. 자세하게 읽어보았습니다. 제게 딱 큰 충격을 준 것은 이것입니다. 유대사람이 강한 것은 오직 하나, 전승(tradition)입니다. 이스라엘에 가서 오래 있던 어떤 장로님이 그럽니다. 좌우간

이스라엘 사람들 국회에 모이면 세상에서 제일 많이 싸운다고요. 말도 많고, 생각이 많아서 많이 싸운다고 합니다. 그러다가 어느 순간에 땅땅 두드리고 "이것은 우리의 전통입니다. 신앙적 전통입니다" 하는 한마디만 하면 조용해진다고 합니다. 전승— 이것이 바로 부모님의 교훈으로부터 오는 것입니다. 이것이 부모님의 교훈이요, 하나님의 뜻이요, 우리 가문의 전통이요, 그것이 바로 최고의 강점이라고 분석해놓은 것을 보았습니다. 이 말 저 말, 다 중요하지 않습니다. 마지막 결론은 전통입니다. 우리 가문의 전통입니다. 이것은 부모님의 교훈입니다. 더는 말할 필요가 없습니다.

우리가 지금은 어버이 주일이라고 부릅니다마는, 본래는 어머니 주일이라고 그랬습니다. 우리 아버지들이 섭섭하다고 해서 어버이라고 바꾼 것입니다. 애나 자비스라는 교사가 있습니다. 목사의 딸입니다. 아버지가 돌아가시고 어머니하고 둘이 살았습니다. 어머니에게 정성을 다했고, 어머니도 이 딸을 위해서 사랑을 베풀었습니다. 그런데 어머니가 돌아가셨습니다. '좀 더 잘해드릴 수 있었는데 좀 더 기쁘게 해드릴 수 있었는데' 하는 아쉬움 때문에 너무나 견디기 힘들어 어머니 생각으로 깊이 기도하는 중에 그런 생각을 합니다. '왜 내 어머니만 어머니냐? 모든 어머니, 이 세상 모든 어머니!' 그래서 그가 주일에 어머니 돌아가신 것을 기념하고, 오늘 교회에 있는 모든 어머니에게 카네이션을 하나씩 달아드리면서 극진한 사랑을 표현하기 시작했습니다. 이것이 전해지면서 1914년 5월 둘째 주일은 어머니 주일로 결정을 하게 되었습니다. 그리고 오늘까지 미국에서는 이 날을 전통적으로 이어오고 있습니다. 여기에 중요한 의미가 하나 있습니다. 돌아가신 어머니, 볼 수 없는 어머니를 그리워하는 것 좋습니다마는, 모든 어머니, 어머니에게 향한 그 귀한 거룩한 뜻을 모든 어머니에게 표현한다는 것— 이 얼마나 아름답고 귀한 신앙이요, 아름다운 덕입니까. 이것이 어버이 주일의 깊은 뜻이 되는 것입니다. 이 땅에 있는 모든 어머니에게 귀한 사랑을 전할 수 있는 아름답고 귀한 어버이 주일이 되어야 할 것입니다. △

주의 종이 듣겠나이다

아이 사무엘이 엘리 앞에서 여호와를 섬길 때에는 여호와의 말씀이 희귀하여 이상이 흔히 보이지 않았더라 엘리의 눈이 점점 어두워가서 잘 보지 못하는 그 때에 그가 자기 처소에 누웠고 하나님의 등불은 아직 꺼지지 아니하였으며 사무엘은 하나님의 궤 있는 여호와의 전 안에 누웠더니 여호와께서 사무엘을 부르시는지라 그가 대답하되 내가 여기 있나이다 하고 엘리에게로 달려가서 가로되 당신이 나를 부르셨기로 내가 여기 있나이다 가로되 나는 부르지 아니하였으니 다시 누우라 그가 가서 누웠더니 여호와께서 다시 사무엘을 부르시는지라 사무엘이 일어나서 엘리에게로 가서 가로되 당신이 나를 부르셨기로 내가 여기 있나이다 대답하되 내 아들아 내가 부르지 아니하였으니 다시 누우라 하니라 사무엘이 아직 여호와를 알지 못하고 여호와의 말씀도 아직 그에게 나타나지 아니한 때라 여호와께서 세번째 사무엘을 부르시는지라 그가 일어나서 엘리에게로 가서 가로되 당신이 나를 부르셨기로 내가 여기 있나이다 엘리가 여호와께서 이 아이를 부르신 줄을 깨닫고 이에 사무엘에게 이르되 가서 누웠다가 그가 너를 부르시거든 네가 말하기를 여호와여 말씀하옵소서 주의 종이 듣겠나이다 하라 이에 사무엘이 가서 자기 처소에 누우니라

(사무엘상 3 : 1 - 9)

주의 종이 듣겠나이다

이런 지극히 한국적인 유머가 있습니다. 날씨가 더워지는 초복이었는데, 몸보신을 위해서 영양탕 집에 사람들이 몰려들었습니다. 밀려드는 주문에 정신없는 주인이 단체 손님들을 앞에 놓고 주문을 받습니다. "여기서 개 아닌 사람 손드세요." 그랬습니다. 그 말은 개고기를 먹지 않고 삼계탕을 먹을 사람 손들라는 뜻입니다. 그런데 이것을 뚝 잘라서 "개 아닌 사람 손드세요"라고 물었던 것입니다. 몇 사람이 손을 들었습니다. 그러니까 그때 주인이 하는 말이 "나머지는 다 개죠?" 언어의 혼잡도 있지마는, 어딘가 이상하지 않습니까. 말을 하고, 말을 분명히 듣는 태도— 그런 인격이 아쉽습니다. 제가 예전에 장애인학교를 방문한 일이 있었습니다. 한 150명 되는 학생들이 있는데, 제가 설교를 하면 한쪽에서 수화로 설교통역을 하는 장면을 보았습니다. 특별한 경험이었습니다. 참 마음이 아팠습니다. 이 아이들이 다 말을 못하느냐고 물었더니, 아니랍니다. 이 가운데 80퍼센트는 입이라든가 혀라든가, 그 구조와 근육신경이 완전하다고 합니다. 말할 수 있는 구조는 완전한데, 문제는 듣지를 못한다는 것입니다. 듣지를 못해서 말을 배우지 못하고, 말을 못하는 것입니다. 입은 멀쩡한데, 이 얼마나 가슴 아픈 얘기입니까.

성경은 우리에게 말씀하고 있습니다. 로마서 10장 17절입니다. "그러므로 믿음은 들음에서 나며 들음은 그리스도의 말씀으로 말미암았느니라." 믿음은 들음에서 난다는 것입니다. 듣는다는 것, 아주 중요합니다. 그런데 문제가 있습니다. 무의식중에 듣는다는 것입니다. 꼭 들으려고 듣는 것이 아니라, 오늘 우리가 사는 이 세대에 사는 우리에게 큰 고민이 뭐냐 하면 듣고 싶지 않은 것을 많이 듣고 살아가는 것입니다. 아무 생각 없이 듣습니다. 이래저래 듣고, 그러면서 나는 변화되고 있습니다. 듣는 대로 달라집니다. 자꾸 시끄러운 소리를 듣는 사람은 작은 소리를 못듣습니다. 또 이상한 것을 들어버릇 하면 어느 사이에 그만 나도 거기에 따라가고 있습니다. 무의식중에 듣고, 무의식중에 내가 변화되어가고 있다는 것입니다. 그리고 오늘 이 자리에 온 것입니다.

제가 어느 때 한 번 어느 교회에 집회를 인도하러 갔다가 깜짝 놀란 일이 있습니다. 예배시간 직전에 우리교회에는 그런 것 없습니다마는, 준비찬송을 하고, 복음성가를 부르고 하는데, 고성능 스피커를 쌓아놓고 다섯 사람이 나와서 부르는데, 제가 저 뒤에 앉았다가 고막이 터지는 줄 알았습니다. 그래서 끝날 때까지 귀를 꼭 막고 있었습니다. 막 가슴이 울리고 고막이 터질 것같았습니다. 너무 큰 소리를 많이 듣습니다. 이제 조용한 소리를 못듣습니다. 너무 시끄러운 소리를 들어서 은은한 소리는 듣지 못하는 기형적 인간이 되어가고 있다는 것입니다. 원하든 원치 않든, 무의식중에 우리는 많은 소리를 들으면서 나 자신의 변화를 일으키고 있습니다. 또 하나는 미워하면서 듣는다는 것입니다. 욕도 좀 해보고 마음에 안들어서 말입니다. 그런데 미워하면서 닮습니다. 자꾸 미워하다보면 내가 같은 사람이 됩니다. 며느리가 시어머니 미워하다가 자기가 더 나쁜 시어머니가 되어버리고 맙니다. 미워하면서 닮는 것입니다. 이것을 잊지 말아야 됩니다. 미워하는 것도 관심이니까 자기도 모르게 미워하다보니 똑같은 재판(再版)이 나옵니다. 그러니까 너무 미워하거나 선

불리 욕하지 말아야 합니다. 그러다가는 내가 같은 사람이 될 수 있습니다.

또 하나는 존경과 사랑 속에서 듣습니다. 정말 깊은 관심을 가지고 집중하면서 듣는 것입니다. 오늘본문에 보면 어린 사무엘이 하나님의 전에서 하나님의 음성을 듣는 아름다운 장면이 여기에 있습니다. 정말 아름다운 것입니다. 어린 사무엘이 성막에 누워 있는데, 하나님께서 그를 부르십니다. "사무엘아!" 그는 벌떡 일어나서 하나님께서 부르신다는 생각은 못하고 아마 엘리 제사장이 부르는 줄 알고 엘리 제사장에게 달려갔습니다. "부르시기에 여기 왔습니다." "나는 부르지 않았다. 돌아가서 자라." 두 번 이렇게 하고 나서 엘리가 생각합니다. '아, 하나님이 부르시나보다!' 사무엘에게 이에 대해서 가르쳐줍니다. 이번에 다시 부르거든 "네, 주여 여기 종이 있나이다. 말씀하소서." 그렇게 대답하라고 말입니다. 분명히 하나님의 음성을 듣습니다마는, 그는 분별하지 못하고 있습니다. 우리도 많은 말씀을 듣는 중에 중요한 것은 하나님의 음성이 들려야 하는데, 이것 전부 사람의 이야기로만 듣기가 쉽습니다. 저는 그런 생각 합니다. 가장 불행한 사람이 누구냐? 교회에 나와서 하나님의 말씀을 못 듣는 사람, 교회 안나온 사람이야 그렇다 치고, 교회까지 나와서 여기서도 하나님의 음성을 듣지 못한다면 말입니다. 가장 우수한 교인은 누구냐? 이 예배 중에 찬송에서 성가대 소리에서, 설교 중에, 이 예배 전체 순서 중에서 계속 하나님의 음성을 듣는 사람이 진정한 교인입니다. 이렇게 들으면서 응답하고, 들으면서 내 영혼이 소생해지고, 들으면서 세상이 밝아지는 것을 느끼고, 들으면서 새로운 용기가 생기고, 아니, 들으면서 치유함도 받습니다. 그것이 바로 진정한 그리스도인입니다. 들어야 합니다. 깊이 들어야 합니다. 내게 주시는 음성을 내가 들어야 합니다. 나와 하나님과의 관계입니다.

옛날부터 전해지는 재미있는 말씀이 있습니다. 어느 날 선교사님이 시골 교회에 가서 교인들을 앞에 놓고 세례 문답을 합니다. 할머니 한 분이 부축을 받고 와서 앉았습니다. 이 선교사님이 서툰 한국말로 "예수님께서 누구를 위해 죽으셨지요?" 하고 물었더니 할머니가 "예, 우리 며느리 때문에 죽었답니다" 하고 대답합니다. 그 이유를 물었더니 며느리가 가르쳐주기를 '만약 목사님이 물으시거든 내 죄 때문에 죽었다고 대답하라'고 했다는 것입니다. 내 죄가 누구의 죄입니까? 며느리 죄입니다. 이것을 알아야 됩니다. 언제나 우리는 다 내게 주시는 말씀, 내 죄 때문에…… 이것을 꼭 잊지 말아야 됩니다. 그런데 오늘 여기 보니까 분명히 사무엘에게 주시는 음성인데, 사무엘은 그것을 미처 깨닫지 못했습니다. 하나님의 음성을 하나님의 말씀으로 듣는 시간이 옵니다. 그것이 경건입니다. 그것이 믿음입니다. 그런데 중요한 것은 사무엘이 먼저 하나님 앞에 기도하는 것이 아니라, 하나님께서 사무엘을 먼저 부르셨습니다. 이것 놀라운 이야기가 아닙니까. 우리는 우리가 기도해서 응답 받는 줄 아는데, 아닙니다. 하나님께서 먼저 우리를 부르십니다. 부르셔서 여기에 왔고, 부르셔서 여기 있고, 부르셔서 마음이 열리는 것입니다. 그리고 이제 말씀하십니다. 굉장히 중요합니다.

저는 늘 아침 7시 반에 여기서 여러분을 뵐 때마다 그런 생각을 하고, 참 깊이 감동하고, 하나님 앞에 특별히 기도도 합니다. 이 7시 반이라는 시간이 쉬운 시간이 아닙니다. 7시 반 예배는 지금 우리 교회가 전국에서 제일 많이 모이는 교회입니다. 이 시간이 주일 아닙니까. 좀 늦잠도 자고, 다 그러는 시간인데, 이렇게 일찍부터 서둘러서 모두들 왔습니다. 이 정성만 보아서라도 하나님께서 특별 보너스를 주시지 않겠습니까. 이것이 보통 마음이 아닙니다. 게다가 성가대원들, 보통 어려운 일이 아닙니다. 고마운 분들입니다. 성가대 나오려면 새벽부터 서둘러야 하는데, 보통일이 아닙니다. 그리고 예배 한 시간 전에 이 자리에 와서 연습을 하니 더욱 힘든 일입니다. '하나님, 이만하면 이제 복 주실 만한 때가 되지 않았습니까.' 그런 생각을 해봅니다. 하나님께서 나를 먼저 부르셨다는 것을 잊지 마십시오. 내가 하나님께 기도하는 것이 아니라, 하나님께서 내게 먼저 말씀하시는 것입니다. 하나님께서 주도권을 가지고 부르고 계십니다. 언제나 부르시는데, 먼저 우리 마음에 부르십니다. 그러기에 영적으로 주의 부름을 느낍니다. 그리고 응답해서 이만큼 나온 것 아니겠습니까. 이것 다 하나님께서 부르신 것입니다. 간절한 마음, 정성된 마음, 진실한 마음—

어느 집이 부부싸움을 했습니다. 한 주일 동안 말도 안했습니다. 주일이 되어 "교회에 갑시다" 하니까 "교회는 뭘 가?" 그러더랍니다. 그래서 그때 겸손하게 대답했답니다. "부부싸움은 했지마는, 교회는 가야지. 가서 하나님의 음성을 들으면 우리 부부싸움도 해결이 될 겁니다." 그리고 나와서 말씀을 듣고 다시 손을 잡고 집에 돌아갔다는 이야기를 본인한테 들어보았습니다. 우리 마음에 들리는 음성이 있고, 그 다음에는 사람을 통해서 들려옵니다. 이것이 바로 설교입니다. 설교는 설교자를 통해서 들리는 하나님의 음성입니다. 아주 중요한 것입니다. 그러니까 여러분이 목사님을 위하여 기도하고, 목사는 교인을 위하여 기도하는 중에 오늘 전하는 자와 듣는 자

사이에 주님께서 말씀하십니다. 저는 그래서 생각합니다. 가장 좋은 교인은 설교 속에서 하나님의 음성을 듣는 사람입니다. 시간마다 하나님의 음성을 듣는 사람이 일등교인이라고 생각합니다. 설교를 하나님의 말씀으로 듣는 그것에 진실한 교인의 정체의식이 있다고 생각합니다.

또 하나 있습니다. 그것은 사건을 통해서 말씀하십니다. 우리가 때로 병이 듭니다. 그것 중요한 시간입니다. 하나님께서 말씀의 자리를 만들어놓으신 것입니다. 또는 사업에 실패합니다. 말씀을 들을 수 있는 자세를 만들어놓으신 것입니다. 말씀을 등한히 여겼기 때문입니다. 많은 사건들을 통하여 하나님께서는 계속 말씀하십니다. 우리가 미처 듣지 못하고 있을 뿐입니다. 그리고 오늘본문에서 사무엘은 대답합니다. '주여, 내가 듣겠나이다.' 한국말 참 좋은 말인 것같습니다. '말을 듣는다.' '말을 잘 듣는다.' 이것이 무엇입니까? 전적으로 수락한다는 뜻입니다. 전적으로 동의하는 것입니다. 또 기쁜 마음으로 순종한다는 뜻입니다. 듣는다는 것이 귀로만 듣는다는 말이 아니요, 마음으로 듣는 것을 가리킵니다. 듣는다는 것— 우리 귀로 듣는 줄 압니다마는, 눈으로도 듣습니다. 눈의 초점이 빗나가면 안듣는 것입니다. 이것을 알아야 됩니다. 똑바로 쳐다보아야 합니다. 부부싸움을 왜 하는 줄 아십니까? 딴 데 보고 말하니까 싸우는 것입니다. 눈과 눈이 마주치면 말할 것도 없고, 싸울 것도 없습니다. 안듣습니다. 안듣기로 결심했으니까 여기서 문제가 되는 것입니다. 눈을 보아야 됩니다. 온 마음으로 듣는 것입니다. "주여, 종이 듣겠나이다." 얼마나 귀한 시간입니까. 전적으로 수용하는 것입니다. '무슨 말씀을 하시든지 듣겠나이다.' '무슨 말씀을 하시든지 순종하겠나이다.' 그런 마음입니다.

오늘 현대인들이 잘 안듣습니다. 언젠가 신문에 '최악의 듣기 태도 13가지'라는 기사가 나온 적이 있습니다. 첫째, 회의적으로 듣는 것입니다. 한 번도 긍정하는 법이 없고, 일단 의심합니다. 의심으로 꽉 찼으니까 무슨 말을 하든지 회의적으로 듣습니다. 둘째, 남의 말을 들으면서 자기가 할 말을 먼저 생각하는 것입니다. 자기 말을 생각하면서 남의 말을 듣습니다. 셋째, 시계를 자주 보는 것입니다. 상대와 얘기하면서 시계를 보면 그만하고 가라는 말입니다. 또 하나는 이야기 도중에 전화를 받는 것입니다. 아닙니다. 그것은 안됩니다. 상대방을 불안하게 만듭니다. 말이라는 것은 들을 뿐만 아니라, 말하는 자를 기분 좋게 해줄 책임이 있습니다. 그것이 무엇입니까? "그렇습니다. 나도 그렇게 생각합니다. 그러네요." 이렇게 하면 얼마나 좋습니까. 이러면서 들어야 됩니다. 이 수용적 자세가 아주 중요합니다.

저는 이런 우스운 경험을 한 적이 있습니다. 오래 전에 한경직 목사님하고 미국에서 조반을 같이했습니다. 미리 알고 있었지마는, 한 목사님이 그렇게 커피를 좋아하셨습니다. 그리고 커피에 설탕을 언제나 다섯 숟가락을 넣습니다. 그것도 봉지 설탕을 다섯 개 찢어서 계속 집어넣습니다. 그래서 제가 가만히 쳐다보았더니 한 목사님이 "곽 목사, 나 비웃고 있는 거지?" 합니다. 제가 그때 좀 지나친 말을 했습니다. "설탕 못먹은 귀신이 들렸나? 웬 설탕을 그렇게 많이 잡수세요?" 그랬더니 한 목사님 보십시오. "이 사람아, 무슨 말을 그따위로 하나?"라고는 절대 말씀하지 않습니다. 한 목사님, 그런 분이 아닙니다. "귀신 들린 것 맞아" 하십니다. 수용하는 것입니다. “귀신 들린 것 맞아. 내가 어렸을 때 얼마나 설탕 먹고 싶었는지 알아? 그때에 들린 귀신이 지금까지 왔어!” 이 말 듣는 사람이 얼마나 기분 좋겠습니까. 말하는 사람을 기분 좋게 만드는 사람이 듣는 사람입니다. 꼭 말하는 사람한테 초를 치듯 기분 나쁘게 말하면 안 됩니다. 그래서 상대방을 불안하게 만드는 것은 잘못입니다. 기분 좋게 만들어야지요. 또 자꾸 남의 말에 끼어들고, 화제를 자꾸 바꾸려고 하는 것은 좋지 않습니다. 또 자기에게 집착하는 것도 좋은 대화가 아닙니다. 불필요한 충고를 하는 것도, 또 입만 열면 충고하고 시선을 피하는 것도 바람직하지 못합니다. 눈과 눈이 바로 마주쳐야 그것이 듣는 것인데, 딴 데 보면 그것은 옳지 않습니다. 또 항상 공격적이고 불성실한 자세가 있습니다. 또 하나는 이야기 도중에 자리를 떠나는 것입니다. 그것 아주 좋지 않은 자세입니다. 마지막은 꾸벅꾸벅 조는 태도입니다. 조금 길고 많지만, 이 13가지, 가만히 생각해보십시오. 인격이 무엇입니까? 듣는 자세로 평가됩니다. 인격의 성숙도도 여기에 있습니다.

오래전에 들은 마음 아픈 이야기가 하나 있습니다. 빌리 그레이엄 목사님이 남북이 아주 어려운 상황 속에 있을 때 북한에 가서 김일성씨를 만났습니다. 그리고 남쪽 서울에 와서 청와대에 들어가, 누구라고는 안합니다마는, 어느 대통령을 만났습니다. 이것 참 귀한 시간 아닙니까. 우리는 평양에 못갈 때입니다. 그런데 평양에 가서 김일성씨를 만나고 남쪽으로 온 이 그레이엄 목사님을 청와대에서 만납니다. 모 대통령을 만났는데 같이 갔던 분한테 직접 들었습니다. 아니, 이 얼마나 귀하고 좋은 시간입니까. ‘김일성씨가 건강합니까? 어떤 생각을 하고 있는 것같습니까?’라고 좀 물으면 목사님이 얼마나 신바람 나서 설명하겠습니까. 그리고 또 미국에 돌아가서 '내가 청와대 가서 참 좋은 경험했다' 할 것 아니겠습니까마는, 그날 대통령 혼자서 다 말했습니다. 단 한마디도 물어본 말이 없습니다. 한 시간 동안을 혼자서 말했습니다. 그러고 나서 차를 얻어 마시고 나오는데, 목사님 마음이 좋지 않아서 딱 한마디 하더랍니다. "He talks too much(너무 말이 많다)." 그리고 씁쓸한 마음으로 돌아갔습니다. 이것이 바로 정권 잡은 자의 오만입니다. 권력을 가지면 다 가진 것입니까? 대통령이 되면 다 아는 것입니까? 천만에, 그렇지 않습니다. 오히려 더 모릅니다. 그 속에 있으면 듣는 마음이 없어집니다.

듣는 마음이 인격이고, 듣는 마음이 그 영혼을 성장케 하는 것입니다. 언제나 하나님의 말씀을 들어야 합니다. 정말 빌리 그레이엄 목사님을 통해서 하나님의 음성을 들을 수도 있었는데, 그 좋은 기회를 그냥 날려버렸습니다. 들어야 합니다. 잘 들어야 합니다. '듣기는 속히 하고, 말하기는 더디 하라.' 웬만하면 말을 줄이고, 들으십시오. 자세히 들으십시오. 또 기도하면서 들으면, 오늘도 하나님의 음성은 들립니다. 바로 듣고 응답합니다. '종이 듣겠나이다' 하는 자세로 들으면 언제든지 들립니다. 그 음성에 응답하는 순간 내 영이 새로워지는 것을 날마다 경험하게 될 것입니다. △

성령에 포로 된 사람

바울이 밀레도에서 사람을 에베소로 보내어 교회 장로들을 청하니 오매 저희에게 말하되 아시아에 들어온 첫날부터 지금까지 내가 항상 너희 가운데서 어떻게 행한 것을 너희도 아는바니 곧 모든 겸손과 눈물이며 유대인의 간계를 인하여 당한 시험을 참고 주를 섬긴 것과 유익한 것은 무엇이든지 공중 앞에서나 각 집에서나 꺼림이 없이 너희에게 전하여 가르치고 유대인과 헬라인들에게 하나님께 대한 회개와 우리 주 예수 그리스도께 대한 믿음을 증거한 것이라 보라 이제 나는 심령에 매임을 받아 예루살렘으로 가는데 저기서 무슨 일을 만날는지 알지 못하노라 오직 성령이 각 성에서 내게 증거하여 결박과 환난이 나를 기다린다 하시나 나의 달려갈 길과 주 예수께 받은 사명 곧 하나님의 은혜의 복음 증거하는 일을 마치려 함에는 나의 생명을 조금도 귀한 것으로 여기지 아니하노라 보라 내가 너희 중에 왕래하며 하나님 나라를 전파하였으나 지금은 너희가 다 내 얼굴을 다시 보지 못할 줄 아노라

(사도행전 20 : 17 - 25)

성령에 포로 된 사람

사람에게는 다섯 가지 감각이 있습니다. 이 다섯 가지가 다 중요합니다. 그런데 이런 말이 있습니다. 이 다섯 가지가 너무 좋으면 불행의 원인이 된다는 것입니다. 시력이 너무 좋은 것도 좋은 것이 아닙니다. 보지 말아야 할 것을 너무 많이 보고 다니기 때문입니다. 대충 보는 것이 좋은데, 좀 멀리 보아야 할 것도 있지 않겠습니까. 너무 자세히 볼 필요가 없는데, 그 보는 데 끌려서 그만 정신을 잃어버리는 사람 많습니다. 그 가운데 제일이 누구냐 하면 제가 직접 만난 사람입니다. 소매치기 전과7범입니다. 감옥에 들어갔다가 지금 출소했습니다. 그 다음 한 주일 만에 또 들어갑니다. “어째서 그렇게 됐느냐?”고 물었더니, 그 사람 하는 말입니다. 다시는 안하겠다고 결심했는데, 전철을 타니까 남의 주머니에 들어 있는 돈이 환하게 보이더라는 것입니다. 보이니까 자기도 모르게 손이 쑥 나간다는 것입니다. 눈이 병입니다. 다른 사람은 자기 것도 못찾는데, 남의 것이 이렇게 환하게 보이고, 담장 너머에 있는 것까지 다 보인답니다. 이것 문제 아닙니까. 너무 그렇듯 자세하게 보려고 하지 말고, 대충 보고 사십시오.

또 하나는 청각입니다. 귀가 너무 밝아서 문제입니다. 쓸데없는 소리를 많이 들어가지고 그것이 골치 아픕니다. 그저 들을 말은 듣고, 들어서 안될 말은 되도록 안들으면 되지 않겠습니까. 이 청각이 너무 좋은 것도 별로 좋은 것같지 않습니다. 그리고 가장 문제되는 것은 후각입니다. 코가 너무 예민해서 쓸데없는 냄새를 맡고 골치가 아픕니다. 전에 인천에서 목회할 때 이런 분이 있었습니다. 같이 심방을 다녀보면 여전도사님이 유달리 코가 좋아서, 좌우간 방문 열고 들어만 가면 연탄 냄새가 난다, 무슨 냄새가 난다고 난리를 치는데, 다른 사람들은 다 괜찮지만, 그분 코가 문제입니다. 코가 너무 좋아서 문제입니다. 또 한 가지는 미각이 너무 좋은 사람도 문제입니다. 대충 먹고 소화가 되면 좋은데, 어떤 사람은 이런 것은 먹고, 저런 것은 못먹습니다. 싱거우면 소금 쳐서 먹으면 되고, 짜면 먹은 다음에 물마시면 되는 것이지, 그것을 짜다, 싱겁다 하고 참 걱정이 많습니다. 너무 심한 것도 병입니다. 어차피 대충 먹었으면 되겠는데, 이것이 다 뭘 말하는 것입니까? 불행한 것입니다. 입맛이 너무 좋아도 문제입니다. 어떤 사람은 너무 좋아가지고 이만큼만 먹어야 될 줄 알면서도 폭식을 합니다. 우리 연세 높은 분들 조심해야 합니다. 제가 어느 나이 많은 목사님 한번 저녁 대접하고 나서 겁이 났습니다. 얼마나 많이 드시는지 너무 많이 잡숴서 죽었는지 살았는지 걱정이 되어 새벽에 전화를 걸어보았습니다. 같이 식사는 하는데, 내가 먹는 양의 5배, 오늘밤 마지막으로 가는가보다 싶은 생각이 들 정도입니다. 새벽에 전화 걸었더니 "왜 걸었소?" 그래서 "살았나, 죽었나, 전화 걸어봤어요" 했더니 "왜 죽어?" 해서 제가 너무나 놀랐습니다. 이것이 다 무엇입니까? 입맛이 너무나 좋아서 그렇습니다. 너무나 좋은 것도 좋지 않은 것입니다.

또 그 가운데 가장 무서운 것이 뭐냐 하면 성감대입니다. 성감이 너무 좋아도 문제입니다. 요새 성범죄자들에 대한 얘기가 있습니다. 이것은 병입니다. 아주 무서운 장애입니다. 이런 성도착증을 가진 사람들, 이것 어떡하면 좋습니까? 이것이 바로 문제입니다. 너무나 강하고, 너무나 좋은 것은 다 별로 좋은 것이 아닙니다. 인간을 세 가지로 분리해서 생각해볼 수 있습니다. 하나는 육체 주도적 인간, 동물적 본성이 몸에 있습니다. 여기에 충실합니다. 요새 젊은이들이 쓰는 유행어 가운데 가장 무서운 말이 하나 있습니다. 본능에 충실해라— 여기서 다 망가지는 것입니다. 그러면 사람이 아닙니다. 본능에 끌려서 그 소중한 일생이 다 망가지는 것, 우리가 눈으로 보고 있지 않습니까. 그런가하면 이성 주도적 인간이 있습니다. 항상 이성에 의해서 합리적으로 이치에 맞도록 살아보려고 하는 이성 주도적 욕구에 사는 사람이 있습니다. 이 사람한테는 생각이 너무 많아서 용기가 없습니다. 이것 또한 문제입니다. 그러면 세 번째 사람은 성령 주도적 인간입니다. 우리 마음에 계시는 성령께서 인도하시는 대로 살아가는 것입니다. 간단하게 도식으로 생각할 수 있습니다. 육체적 본능은 이성의 제재를 받아야 합니다. 아무리 본능이 먹고 싶고, 가지고 싶고, 보고 싶어도 그렇지 않습니다. 이성의 제재를 받아야 합니다. 먹고 싶다고 다 먹는 것이 아니고, 가질 수 있다고 다 가지는 것이 아닙니다. 그런고로 육체적 본능은 철저하게 이성의 통제를 받아야 합니다. 그런가하면 이성적 본능은 다시 성령의 지배를 받아야 합니다. 바로 이 단계가 중요합니다. 그래서 아무리 이성적으로 옳다 하고, 도덕적으로 옳다 하지만, 그 위에 영의 역사가 있고, 성령의 역사는 있는 것입니다. 성령의 역사의 지배 하에 인간은 비로소 인간이 될 수 있습니다.

그래서 로마서 8장 9절은 말씀합니다. "누구든지 그리스도의 영이 없으면 그리스도의 사람이 아니라." 그리스도의 영이 그 속에 있고, 그리스도의 영에 이끌리어 사는 사람, 이 사람이 바로 인간이요 그리스도인이라는 말입니다. 미국의 유명한 드루 대학의 석좌교수인 레너드 스위트라고 하는 교수님이 재미있는 말 한마디를 우리에게 전해주고 있습니다. JDD, 곧 Jesus Deficit Disorder라는 유행어를 만들었는데, 이 말은 '예수 결핍 장애'라는 뜻입니다. 예수 결핍 장애— 그 속에 예수가 없습니다. 예수가 결핍되어 있습니다. 하나의 병자가 됩니다. 이것이 오늘의 현실이라고 그의 책을 통해서 우리에게 설명해주고 있습니다.

오늘본문은 제가 늘 귀하게 여기는 말씀입니다. 성령의 매임을 받아 예루살렘으로 가는데, 사도 바울이 이렇게 말씀합니다. '성령의 매임을 받아 성령의 포로 되어가고 있다.' 성령께서 인도하시는 대로 가고, 성령께서 인도하시는 대로 먹고, 성령께서 인도하시는 대로 그곳에서 죽었습니다. 그가 사도 바울입니다. 그는 성령에 이끌리어 삽니다. 그의 지식도 체험도 확신도 용기도 능력도 다 성령께로부터 오는 것입니다. 성령을 거슬려서는 안됩니다. 성령을 따라갈 때 자유함이 있고, 거기에 용기가 있는 것입니다. 그런데 바울의 이 성령론이라는 것을 깊이 연구해보면 이것은 감상적인 것이 아닙니다. 관념적인 것도 아닙니다. 이것은 실제적입니다. 오늘본문의 말씀이 그것을 말씀해주는 것입니다. 성령론에서 굉장히 중요한 획을 긋는 말씀입니다. "나는 심령에 매임을 받아 예루살렘으로 가는데……(22절)" 이것은 그의 관념이 아니요, 감상도 아니요, 확신도 아니요, 성령의 강한 역사에 끌려가는 것입니다. 성령의 역사를 어느 정도 체험하고 있습니까? '나는 이 길 밖에 다른 길이 없어. 이 길 밖에 생각할 수가 없어. 그것은 생각이다, 느낌이다.' 그런 것이 아니요, 성령의 포로 되어 끌려서 예루살렘으로 가고 있다는 것입니다. 성령의 역사는 구체적이고 현실적입니다.

바울은 증거합니다. 모든 행위에서, 모든 사역에서 성령에 이끌리어 갑니다. 어디로 가는지도 묻지 않습니다. 유명한 이야기가 있습니다. 사도 바울의 선교신학을 가리켜 'No strategy is strategy!' 라고 합니다. 유명한 말입니다. 전략 없는 것이 전략이라는 것입니다. 어디로 가느냐, 가서 뭘 하느냐, 어떻게 살아갈 것이냐, 죽을 것이냐, 살 것이냐, 결과가 어떻게 될 것이냐…… 절대 묻지 않습니다. 그저 성령에 이끌리어 갑니다. 성령에 이끌리어 감옥에도 갑니다. 성령에 이끌리어 그는 배를 타고 가다가 파선이 됩니다. 모든 행위에서 성령에 이끌리어 삽니다. 그는 몇 가지로 요약해서 말씀합니다. 첫째는 모든 겸손입니다. 내 의지가 아닌 성령에 의한 겸손입니다. 여러분은 스스로 겸손하려고 노력해보았습니까? 불가능한 일입니다. 겸손하려고 하다가 오히려 위선자가 됩니다. 성령의 역사가 아니고는 겸손하기 어렵습니다. 성령의 역사와 그 강권 안에 나는 작아지고, 그래서 겸손해집니다. 잊지 마십시오. 내 의지로 겸손하려는 것, 포기하십시오. 오직 성령에 이끌리어 겸손한 것입니다. 또 하나는 성령에 이끌리는 것입니다. 그는 참고 인내했습니다. 인내의 근본 동력이 바로 성령입니다. 성령께서 감동케 하실 때 잘 참을 수 있습니다. 쉽게 참을 수 있습니다. 그 굴욕도, 오해도, 그 많은 핍박도 쉽게 참을 수 있습니다. 나를 못살게 구는 그 많은 원수의 많은 소리들도 편안하게 소화해낼 수 있습니다. 성령 안에서 인내할 수 있습니다. 참는 힘이 내 의지가 아니고 바로 성령의 역사였다는 말입니다. 이것이 바울의 고백입니다.

또한 내가 주를 섬겼노라고 고백하고 있습니다. 모든 사건에서 주님을 섬깁니다. 주님을 바라보고, 주님을 사랑하고, 주님을 위해서 살아갑니다. 주를 섬겼다는 것, 이 모두가 다 성령의 역사입니다. 특별히 오늘 주신 귀한 말씀이 하나 있습니다. 거리낌이 없이 복음을 전했다— 참 부러운 말씀입니다. 요새 사람들이 머리가 좋은지 의지가 약한지 모르겠지만, 요새 사람들은 눈치를 너무 많이 봅니다. 이 눈치 보고, 저 눈치 보느라 힘듭니다. 제가 어떤 분한테 부탁을 해서 우리 북한선교를 위하여 애를 쓰자고 하니, 상당히 많은 돈을 주겠다고 했습니다. 그 다음에 보니까 못주겠다고 합니다. 이유가 정치적으로 문제가 되어서 그렇다는 것입니다. 눈치 보느라고 말입니다. 눈치 볼 것 다 보고나서 할 일이 뭐 있겠습니까. 거리낌 없다는 것, 이 자유함이 얼마나 좋습니까. 제발 사람 눈치 이제 그만 보면 좋겠습니다. 더구나 손익계산 그만했으면 합니다. 이것 하고 나니 내게 무엇이 돌아올까, 얼마가 돌아올까, 명예가 돌아올까…… 그만하십시오. 지금까지 해봐서 아무것도 얻은 것이 없는데, 거리낌 없이 손익계산도 할 것 없고, 사람의 눈치 볼 것도 없고, 얼마나 좋습니까. 이런 자유함이 바울의 성령에 이끌리어 산 모습이었습니다. 사도행전 4장 13절에도 같은 맥락의 말씀이 있습니다. "저희가 베드로와 요한이 기탄없이 말함을 보고……" 그들이 베드로와 요한이 담대하게 말함을 보고— 공회에 끌려가서 죽도록 매를 맞고 죽을 지경이 되어가지고 지금 석방되었습니다. 이제 또 끌려가서 죽을는지도 모릅니다. 그런데도 불구하고 감옥에서 나와 담대하게 복음을 전하더라는 것입니다. 너무너무 부러운 말씀입니다. 거리낌 없이, 사람의 눈치를 보지 말고, 자기에게 오는 어떤 결과를 상관하지 말고, 오직 성령의 역사에 충실히 복음을 전하는 모습, 생각할수록 부러운 모습입니다. 그 체험과 확신, 그 모든 이성적 충족을 다 합쳐서 '충만'이라는 말을 합니다. 충만함 속에서 모든것이 다 소화가 됩니다. 그리할 때 그 얼굴이 천사의 얼굴과 같이 되었습니다. 마치 스데반처럼 말입니다. 그리스도께 대한 증거를 합니다.

오늘본문을 자세히 좀 더 깊이 상고하면 특별한 말씀이 하나 있습니다. '내가 지금 성령에 이끌리어 예루살렘으로 가는데 무슨 일을 만날는지 내가 알지 못한다'는 아주 오묘한 말씀입니다. 성령에 이끌리어 가는데 무슨 일을 만날지 모른다는 것이 무슨 말입니까? 핍박이 있다는 말은 알고, 고난이 기다린다는 것도 압니다. 그러나 무슨 일을 만날는지 모른다는 것입니다. 여기서 하나의 결론이 나옵니다. 성령께서는 점을 치시는 영이 아니십니다. 가끔 저를 괴롭히는 질문이 하나 있습니다. 저에게 물어봅니다. "갈까요? 말까요?" 제가 어떻게 하면 좋겠습니까? 제일 어려운 질문이 "이 사람하고 결혼할까요, 말까요?"입니다. 그것을 제가 어떻게 압니까. 성령을 점치는 영으로 생각하면 안됩니다. 사도 바울이 점 못쳤습니다. 성령 충만해서 한평생을 살지마는, 예루살렘으로 가라고 하는 것까지는 알겠는데, 가서 무슨 일을 당할는지 자기는 모른다고 했습니다. 요새 흔히 예언 기도니 뭐니 해가지고 점을 치려고 하는 사람들이 많습니다. 또 점괴가 어떻게 되나 궁금해 하는 사람들이 많습니다. 복잡하게 생각할 것 없습니다. 환난이 기다린다— 잘 압니다. 그러나 무슨 일을 만날는지 모른다— 성령 충만한 사도 바울의 고백입니다.

돈의 노예가 되어서 사는 사람, 불행합니다. 더구나 요새는 도박의 노예가 된 사람, 향락의 노예가 된 사람, 명예의 노예가 된 사람이 많습니다. 가끔 보니까 우리 정치인들도 '저 사람 다시 나올 필요 없는데' 싶은데 자꾸 나옵니다. 그만 좀 안했으면 좋겠는데, 그 없는 재산 모아가지고 또 나옵니다. 그래서 제가 "왜 자꾸 나오느냐고?" 그랬더니 대답이 이렇습니다. "이것은 마약보다 더 무서운 것입니다." 그렇습니다. 한번 빠지면 못 벗어납니다. 노예가 되었습니다. 포로가 되었습니다. 기왕에 미치려면 예수께 미쳐야지, 돈에 미쳐서야 되겠습니까. 제가 언젠가 인천에서 목회할 때 심방을 갔는데, 꽤 돈이 있는 아주머니가 정신이 이상합니다. 가서 예배드리려고 앉아서 보니 이 아주머니가 돈을 세고 있습니다. 정신이 돌아서 그 돈을 뺏으면 운다고 합니다. 돈만 계속 세고 있습니다. 계모임의 계주였는데, 돈을 많이 잃어버리고 나서 정신이 돌아서 돈만 손에 붙들고 있으면 가만히 있고, 돈을 놓치면 운다는 것입니다. 미쳐도 참 이상하게 미쳤다고 그랬습니다. 이것은 남의 이야기가 아닙니다.

우리는 그리스도의 영, 진리의 영, 자유의 영, 그리스도의 영에 포로 되어서 그 충만함에 살고, 자유의 영에 포로 된 자유인입니다. 사실은 자유가 없습니다. 오직 성령의 포로가 되었기 때문에 내게 선택의 여지도 없습니다. 성령께서 인도하시는 대로 생각하고, 성령께서 인도하시는 대로 느끼고, 성령께서 인도하시는 대로 갑니다. 그리할 때 그 운명은 성령께서 책임을 지십니다. 우리는 아무 근심할 필요가 없습니다. 온전한 자유와 용기는 거기에 있습니다. 성령의 매임을 받아 죽음이 기다리는 예루살렘으로 내가 가노라— 바울의 이 아름다운 고백 속에서 오늘 우리의 모습을 다시 발견해야 할 것입니다. △

믿을 수 없는 이유

나는 사람에게 영광을 취하지 아니하노라 다만 하나님을 사랑하는 것이 너희 속에 없음을 알았노라 나는 내 아버지의 이름으로 왔으매 너희가 영접지 아니하나 만일 다른 사람이 자기 이름으로 오면 영접하리라 너희가 서로 영광을 취하고 유일하신 하나님께로부터 오는 영광은 구하지 아니하니 어찌 나를 믿을 수 있느냐 내가 너희를 아버지께 고소할까 생각지 말라 너희를 고소하는 이가 있으니 곧 너희를 바라는 자 모세니라 모세를 믿었더면 또 나를 믿었으리니 이는 그가 내게 대하여 기록하였음이라 그러나 그의 글도 믿지 아니하거든 어찌 내 말을 믿겠느냐 하시니라

(요한복음 5 : 41 - 47)

믿을 수 없는 이유

「당신은 소중한 사람입니다」라는 아주 재미있는 책이 있습니다. 이 책에 나오는 이야기입니다. 우리 자신의 모습을 조명해볼 계기를 제공합니다. 어떤 할아버지 한 분이 신문에 많은 돈을 지불하고 엉뚱한 광고를 하나 실었습니다. '누구든지 파란 얼룩말 하나를 잡아오면 백만 불을 주겠다.' 물론 파란 말이라는 것은 세상에 없습니다. 그런데도 파란 말을 가져오면 백만 불을 주겠다는 것입니다. 이 광고를 보고 독일 사람은 도서관으로 들어가서 어떻게 하면 이 말을 찾아낼까 연구를 했습니다. 영국 사람은 아마도 아프리카에 가야 이런 말을 찾을 수 있을 것같다고 생각하여 아프리카 지도를 샀습니다. 미국 사람은 고물상에 들어가서 사냥용품을 구입했습니다. 프랑스 사람은 파란 페인트를 구해서 말에 파란 페인트를 칠해야겠다는 생각을 했고, 일본 사람은 파란 인조털을 구해가지고 말에다 심었다고 합니다. 이것을 지켜보던 한국 사람은 '정말 백만 불을 줄까?'라고 생각했답니다.

이것이 바로 우리 모습입니다. 우리는 일단 의심부터 먼저 합니다. 바로 결정적인 약점이 여기에 있습니다. 그래서 행복지수가 제로입니다. 가져도 행복하지 못하고, 출세해도 행복하지 못합니다. 세계적으로 불행합니다. 왜 그렇습니까? 믿을 수가 없으니까 그렇습니다. 다시한번 말씀드리겠습니다. 「탈무드」에 나오는 이야기입니다. 어느 날 어떤 사람이 랍비한테 가서 당나귀를 빌리려고 했습니다. "오늘 제가 당나귀가 필요한데, 당나귀를 좀 빌려주세요" 하고 부탁했습니다. 랍비가 대답하기를 "죄송합니다만, 당나귀가 오늘 아침에 그만 달아나버려서 당나귀가 없는데요" 하자, 저 마구간에서 "휘이잉!" 하고 당나귀 소리가 들리는 것같았습니다. 그때 이 남자가 깜짝 놀라서 랍비를 쳐다보았습니다. 그때에 랍비는 정중하게 말했습니다. "당신은 누구를 믿습니까? 내 말을 믿습니까? 당나귀를 믿습니까?"

지금 우리는 어느 지경에 와 있습니까? 깊이 생각해야 됩니다. 무엇이 문제입니까? 보는 것 믿을 수 없고, 듣는 것 가진 것, 다 믿을 수 없습니다. 신용의 대명사라고 하는 은행도 믿을 수 없습니다. 부동산 밖에 믿을 것이 없다고, 땅덩어리 밖에 믿을 것이 어디 있느냐고 했지만, 그것도 아닙니다. 참 우스운 이야기입니다마는, 제가 요새 부동산에 대한 책을 몇 권 읽어보았습니다. 부동산 안된답니다. 세계적으로 안되게 되어 있습니다. 욕심이 지나쳤습니다. 이제 부동산은 안됩니다. 이제 거기에 손대었다가는 끝나는 것입니다. 막차 타는 것입니다. 은행도 안되고, 부동산도 안됩니다. 믿을 수 없는 세대입니다. 더욱 중요한 것은 내가 가진 소중한 지식을 믿을 수가 없다는 것입니다. 내가 아는 지식은 불완전하기 짝이 없습니다. 그렇게 소중하게 여겼던 지식, 믿을 수 없습니다. 또 제일 무서운 것이 뭐냐 하면 나의 경험입니다. '지난날에 내가 이렇게 살았다. 이런 경험이 있다.' 우리가 흔히 이렇게 말합니다. 요새 젊은 사람들에게 그런 말 하면 미쳤다고 합니다. 그것은 그때 얘기요, 당신의 얘기고, 그 경험이 오늘 우리에게 아무 의미가 없다고 생각합니다. 그러니 이렇게 소중하게 여겼던 우리의 그 많은 경험, 그 많은 쓰라린 경험들이 이제는 다 부도가 났습니다. 아무 의미도 없습니다. 결국 믿지 못해서 미쳐버리는 것입니다. 그래서 자살이 많습니다.

믿음의 근본은 처음부터 사람에게 있었던 것이 아닙니다. 이사야서 2장에 보면 그런 말씀이 있습니다. '너희는 인생을 의지하지 말라.' 사람은 처음부터 믿을 것이 못되었던 것입니다. 믿을 수 없는 것을 믿었고, 믿어서는 안되는 것을 믿었고, 믿을 가치가 없는 것을 의지해왔다는 것입니다. 이제 와서 새삼스럽게 깨달을 것 없습니다. 처음부터 믿을 것이 못된 것입니다. 결국 믿음의 뿌리는 오직 하나님께 있습니다. 저는 요한복음을 읽을 때 11장에 가면 예수님께서 나사로를 일으키시는 장면을 볼 때 그 장면을 신학적으로 읽지 않고, 예수님을 바라보면서 하나의 인간 예수를 생각하면서 읽을 때가 있습니다. 지금 나사로는 죽었습니다. 죽은 지 나흘이나 되었습니다. 썩어서 냄새가 납니다. 그런데 예수님께서 나사로의 무덤을 찾아갑니다. 많은 사람과 함께 찾아가서 무덤 앞에 서서 돌을 옮겨놓으라 하십니다. 그럴 때 옆에 있던 사람이 죽은 지 나흘이나 돼서 냄새가 납니다. 돌문을 옮겨놓을 필요가 없다는 것입니다. 그러나 예수님께서는 "옮겨놓으라" 하십니다. 그러고 나서 예수님께서 기도하십니다. "하나님께서는 제 기도를 늘 들어주실 줄로 믿습니다." 여기에 엄청난 의미가 있습니다. "하나님께서는 언제나 저와 함께 계셨고, 제 기도를 들어주시는 줄로 믿습니다. 그것을 감사합니다" 하고 "나사로야 나오라" 하십니다. 죽은 나사로가 걸어 나옵니다. 저는 그 장엄한 장면을 보면서 다시 이런 짓궂은 생각을 해봅니다. '만일에 안나오면 어떻게 되지?' 상상을 해보십시오. 예수님께서는 추호도 의심하지 않으셨습니다. 하나님께서 나와 함께 계십니다. 하나님의 은총 속에 내가 있고, 하나님의 섭리 속에 있고, 하나님의 사랑

속에 있고, 하나님께서 내 음성을 들으십니다. 조금의 의심도 없습니다. 무서운 믿음입니다. 어떻게 그 많은 사람 앞에서 '나사로야 나오라'고 하십니까. 그것, 안됩니다.

제 목회경험입니다. 제가 인천에서 목회할 때 인천은 바닷가가 있어서 그런지 귀신들린 사람들이 많았습니다. 종종 귀신들린 사람이 발광을 합니다. 목사를 부르면 가야 되지 않겠습니까. 하지만 솔직히 저는 못갑니다. 갔다가 귀신 안나갈까봐 그렇습니다. 저 귀신이 뭐라고 대들지도 모르겠고요. 그래서 저는 꼭 두 가지 일을 했습니다. 하나는 먼저 기도하고 갑니다. 그것도 어떤 때는 며칠 동안 기도하고 뜸을 들여서 갑니다. 그뿐 아니라 처음에는 권사님을 보내고, 다음으로 부목사님을 보내고, 맨 마지막에 제가 갑니다. 보낼 때마다 제가 한마디 합니다. "가서 기도하면 귀신이 안나갈 거다. 그러면 그때에 돌아서면서 '내 뒤에 오시는 이가 있다'고 말하라"고요. 이렇게 뜸을 들이는 것입니다. 그렇게 하고 맨 마지막에 정한 시간에 제가 들어섭니다. 벌써 벌벌 떱니다. 그 다음에 "앉아" 하면 당장 귀신이 나갑니다. 그런데 여러분 생각해보십시오. 아니, 귀신들렸다고 하면 당장 내가 가야 됩니다. 그런데 못갑니다. 믿음이 부족합니다. 믿음이 있어야 합니다. 좀 더 기도하고, 좀 더 준비하고야 갈 수 있었습니다. 그런데 예수님께서는 어쩌자고 장례식까지 다 치른 나사로의 무덤을 찾아가십니까. 많은 사람들 앞에서 "돌문을 옮겨놓으라", "나사로야 나오라" 하시는데, 굉장한 믿음입니다. 무서운 믿음입니다. 어떻게 이런 믿음이 있을 수 있을까요? 저는 예수님의 그 믿음에 대해서 높은 존경을 보냅니다. 예수님께서 말씀하십니다. 요한복음 14장입니다. '너희는 마음에 근심하지 말라. 하나님을 믿으

니 또 나를 믿으라.'

사람을 믿던 것 이제 그만하고 생각의 방향을 돌려서 하나님을 믿어야 됩니다. 하나님을 믿고야 사람을 믿을 수 있습니다. 오늘본문에 귀중한 대답이 있습니다. 내가 이렇게 와서 하나님 말씀을 전하고, 이적을 행하고, 많은 사람들과 함께하며, 그들에게 믿음을 주려고 했지만, 믿음이 생기지 않습니다. 하나님을 안믿었습니다. 안 믿으니 그 상황에서 예수님께서 여기에 상황분석을 하십니다. '너희 마음속에 하나님 사랑하는 마음이 없음을 알았노라.' 사랑이 없기 때문에 믿음이 없는 것입니다. 하나님 사랑하는 마음이 없기 때문에 믿음이 없는 것입니다. 너희 마음이 하나님께로 향해야 믿음이 있겠는데, 땅으로 기울고 있고, 자기 자신에게 매여 있기 때문에 안되는 것입니다. '너희 마음속에 하나님 사랑이 없음을 알았노라.'

우리가 왜 이렇게 믿음 없이 살아야 합니까? 왜 사람을 못믿습니까? 왜 자기 자신을 못 믿습니까? 하나님 사랑이 없기 때문입니다. 이것을 꼭 잊지 말아야 합니다. 사랑이라는 것은 참 오묘하고 신비로운 능력이 있습니다. 그래서 이것을 창조적 능력이라고 합니다. 사랑은 사람을 겸손하게 만듭니다. 어머니 사랑을 알게 될 때 내가 겸손해집니다. 부모님의 사랑을 알게 될 때 내가 작아집니다. 하나님의 사랑을 알게 될 때 나는 겸손해집니다. 사랑 앞에 사람은 작아지게 됩니다. 그리고 겸손하게 되면서 어린아이처럼 자유하게 됩니다. 그 다음에는 사랑이 주는 무한한 능력을 체험하게 됩니다. 사랑을 느낄 때 능력이 생깁니다. 사랑이 없어서 사람도 믿을 수 없고, 나 자신도 믿을 수 없습니다. 참으로 불행한 일입니다. 사랑하면 깊은 이해가 생기고, 사랑하면 미래가 보입니다. 그래서 예수님께서는 제자들을 사랑하셨기에 형편없는 제자들을 앞에 놓고도 '지금은 모르지만 이후에는 알리라' 하고 제자를 믿으셨습니다. 저는 그 대목을 너무나 소중하게 여깁니다. 예수님께서 십자가에 돌아가시기 바로 직전까지도 그 제자들은 한심했습니다. 형편없었습니다. 그러나 예수님께서는 제자들을 믿으셨습니다. '지금은 모르지만 이후에는 알리라.' 마침내 가룟 유다를 뺀 열한 제자가 다 예수님께 돌아와 충성을 다하고, 일생을 바치고 순교합니다. 이것만 가지고도 위대한 사건입니다.

예수님께서는 제자를 믿으셨습니다. 예수를 세 번이나 모른다고 하고 도망간 베드로, 우리가 인간적으로 생각하면 '별 한심한 놈 다 봤구먼!' 그랬을 것같은데, 예수님께서는 다시 찾아가셔서 새벽 식사를 대접하시면서 베드로에게 말씀하십니다. "네가 나를 사랑하느냐?" 물어보십니다. 지금 사랑하느냐고요. 그는 두려움에 떨면서 "제가 주를 사랑하는 줄 주께서 아십니다" 합니다. 여기에 아무 설명이 없습니다. "네가 나를 사랑하느냐?" "예." "내 양을 먹이라." 아무 교과과정도 없고, 자격심사도 없습니다. 과거도 미래도 묻지 않으십니다. "사랑하느냐?" "사랑합니다." "내 양을 먹이라." 이것이 사랑의 위대한 능력입니다. 왜 우리가 하나님을 사랑할 수 없을까요. 자기 우상에 빠져 있기 때문입니다.

칼 팔레머 교수가 5년 동안 70세 이상 된 노인들 1,500명을 면밀하게 인터뷰해서 써놓은 재미있는 책이 있습니다. 제목이 「내가 알고 있는 걸 당신도 알게 된다면」입니다. 아주 깊은 의미가 있습니다. 70세가 넘은 경험이 많은 분들이 일생을 돌아보면서 2, 30대 젊은이에게 하고 싶은 말이 있는데 그 말을 종합해놓은 것입니다. 첫째는 '자기 자신을 그만 들여다보라'입니다. 이제 거울 보지 말라는 것입니다. 곧 늙을 테니까요. 아가씨들이 하루 종일 차에서도 버스에서도 승강기에서도 밤낮 들여다보는데, 저는 그때마다 생각합니다. '화무십일홍이다.' 이제 그만하고 창문 밖을 보라는 것입니다. 거울을 보지 말고 하늘을 보라고 충고하고 있습니다. 둘째는 '자기 자신을 불쌍히 여기지 마라'입니다. 소중한 얘기입니다. 생명은 소중한 것입니다. 과거도 현재도 지금 살아 있다는 것만 가지고도 소중합니다. 자기 자신 다 끝난 것처럼 자신에 대해서 슬퍼하지 말고, 자신을 불쌍히 여기지 말라는 것입니다. 만일 자기 자신에 대해서 자기를 불쌍히 여기는 생각을 가지는 순간 악마가 와서 나를 시험에 빠트립니다. "너는 영영 아주 소망이 없다"라고 말합니다. 셋째는 '아무것도 당연히 여기지 말라'입니다. 작은 일도 소중하게 여기라는 것입니다. 조각조각 흩어진 사건들이 모여서 하나의 귀중한 작품을 만들더라는 말입니다. 실수한 것, 실패한 것, 성공한 것, 하나하나 놓고 보면 모두 별 것이 없습니다. 실패 같습니다. 그러나 이것들이 모여서 하나의 귀중한 작품을 만들게 되더라는 것입니다. 이것이 노인이 젊은이에게 하고 싶은 말입니다.

오늘 예수님께서 말씀하십니다. '너희가 모세를 알았으면 나를 알았으리라.' 현재 주시는 말씀에 충실했더라면 오늘을 알았을 것이다— 이미 주신 하나님의 말씀에 정직했더라면 다음 주시는 말씀이 너희와 함께했으리라는 말씀입니다. 하나님을 믿지 않는가, 깊이 생각해 보십시다. 내가 지금 누구를 믿고 있는가? 예수님께서 분명하게 말씀하십니다. '내 제자가 되려면 자기 자신을 부인하고 그리고 자기 십자가를 지고 나를 좇을 것이니라.' 자기 자신을 얼마나 부인해버렸습니까. 나는 아무것도 아닙니다. 나는 아무것도 아니요, 오직 하나님의 사랑, 그것뿐입니다. 하나님의 능력, 그것뿐입니다. 하나님의 자비, 그것뿐입니다. 하나님 사랑하는 마음을 회복해야 합니다. 하나님의 사랑에 감격해야 합니다. 그 순간 믿음이 생깁니다. 하나님을 믿으니 아내를 믿을 수 있고, 하나님을 믿으니 자녀를 믿을 수 있고, 하나님을 믿으니 세상도 믿을 수 있습니다. 이것을 잊지 말아야 합니다. 하나님 사랑, 그 속에 내 믿음의 현주소가 있습니다. 피조물이 하나님 앞에 교만하면 안됩니다. 자기 우상에 빠지면 안됩니다. 자기 집착에 빠져도 안됩니다. 자기 지식이고 과거고 경험이고, 아무것도 아닙니다. 다 쓸어버리고 하나님 앞에, 하나님의 사랑 앞에 겸손하게 마음을 열어보십시오. 우리 마음속에 새로운 믿음이 솟아오를 것입니다. 자기 십자가를 질 때 하나님의 큰 음성이 들려옵니다. '내가 너를 사랑한다.' 예수님께서 판단하신 말씀입니다. 그렇게도 믿음을 주려고 애쓰셨습니다. 말씀하시고, 가르치시고, 병 고치시고, 이적을 행하시고, 동분서주하시면서 '이 사람들 영 믿음이 없구나. 하나님 사랑하는 마음이 없구나. 그래서 믿음이 없구나' 하고 예수님께서 판단하셨습니다. 그렇다면 오늘 우리가 이렇게 믿지 못하고 살아야 할 이유가 어디에 있습니까. 하나님 사랑을 깨닫게 됩니다. 하나님의 능력 안에 내가 있고, 하나님의 그 무한한 은총 속에 내가 있음을 아는 하나님 사랑을 회복하는 순간 나를 믿을 수 있고, 이웃을 믿을 수 있고, 또 세상도 믿을 수 있습니다. 확실한 믿음, 그 귀중한 능력이 오늘 우리와 함께할 것입니다. △

스스로 작게 여기는 자의 복

사무엘이 사울에게 이르되 가만히 계시옵소서 간밤에 여호와께서 내게 이르신 것을 왕에게 말하리이다 가로되 말씀하소서 사무엘이 가로되 왕이 스스로 작게 여길 그 때에 이스라엘 지파의 머리가 되지 아니하셨나이까 여호와께서 왕에게 기름을 부어 이스라엘 왕을 삼으시고 또 왕을 길로 보내시며 이르시기를 가서 죄인 아말렉 사람을 진멸하되 다 없어지기까지 치라 하셨거늘 어찌하여 왕이 여호와의 목소리를 청종치 아니하고 탈취하기에만 급하여 여호와의 악하게 여기시는 것을 행하였나이까 사울이 사무엘에게 이르되 나는 실로 여호와의 목소리를 청종하여 여호와께서 보내신 길로 가서 아말렉 왕 아각을 끌어왔고 아말렉 사람을 진멸하였으나 다만 백성이 그 마땅히 멸할 것 중에서 가장 좋은 것으로 길갈에서 당신의 하나님 여호와께 제사하려고 양과 소를 취하였나이다 사무엘이 가로되 여호와께서 번제와 다른 제사를 그 목소리 순종하는 것을 좋아하심 같이 좋아하시겠나이까 순종이 제사보다 낫고 듣는 것이 수양의 기름보다 나으니 이는 거역하는 것은 사술의 죄와 같고 완고한 것은 사신 우상에게 절하는 죄와 같음이라 왕이 여호와의 말씀을 버렸으므로 여호와께서도 왕을 버려 왕이 되지 못하게 하셨나이다

(사무엘상 15 : 16 - 23)

스스로 작게 여기는 자의 복

아주 멋들어지게 잘 생긴 수탉 한 마리가 있었습니다. 다른 모든 수탉과 싸워서 다 물리치고 모든 암탉을 다 자기가 차지하게 되었습니다. 이 수탉이 의기양양해서 지붕 위에 올라가서 크게 소리를 질렀습니다. “이제 이 세상은 내 것이다!” 바로 그 순간 위에 있던 독수리가 날아와서 확 채어가 버리고 말았습니다. 승리가 위험합니다. 성공했다고 하는 순간 무서운 시험에 빠집니다. 스스로 섰다고 하는 자는 언제나 넘어질까 조심해야 합니다. 병든다는 것을 어렵게 생각합니다마는, 병든 사람은 크게 시험에 빠지는 일이 없습니다. 건강해서 문제입니다. 바로 그 건강이 온 생을 한순간에 망쳐버리는 일도 우리가 많이 알고 있지 않습니까. 「탈무드」에 이런 내용이 있습니다. 랍비가 말합니다. “진리는 항상 길 가에 널려 있는 것이다. 어디나 진리는 있다.” 제자가 물어봅니다. “그러면 사람들은 왜 진리를 터득하지 못하는 것입니까?” 랍비가 대답합니다. “그것은 허리를 굽히지 않기 때문이다. 길 가에 돌처럼 널려 있지마는, 허리를 굽히지 않으면 진리를 터득할 수 없느니라.”

오늘본문에 나타난 말씀은 사울 왕에 대한 이야기입니다. 오늘본문에는 두고두고 생각할 귀중한 요절이 있습니다. 왕이 스스로 작게 여길 그 때에 하나님께서 그를 이스라엘의 왕을 삼으셨습니다. 그가 스스로 작게 여길 때 하나님께서 그를 높이셔서 이스라엘 왕을 삼으신 것입니다. 그런 그가 이제 교만했기 때문에 하나님께서 그를 버리신다고 하는, 그런 심판의 말씀이 오늘본문에 나와 있습니다.

사울은 사실 그 체구가 모든 사람보다 커서 어깨 위로 목이 나올 만큼 특별히 장대한 체구의 사람이었습니다마는, 마음은 여려서 이스라엘 왕이 되라고 사람들이 얘기하니까 도망가서 숨었다고 그랬습니다. 그 이야기가 대단히 드라마틱합니다. 왕이 되라고 하니까 도망가서 숨을 정도로 마음이 여린 사람이었지만, 왕이 된 뒤에 생각이 달라집니다. 사람이 변하게 됩니다. 사무엘상 9장에 보면 사울 왕의 아버지가 사울에게 "암나귀가 도망을 갔다. 네가 찾아와라" 했더니, 이 충성된 사람이 나귀를 찾아서 사흘 길을 헤맸습니다. 그렇게 자상하고 겸손한 사람이었습니다. 그러나 왕이 된 뒤에 완전히 딴 사람이 됩니다.

오늘본문에 나타난 이야기가 그것입니다. 아말렉과 싸워서 이겼습니다. 하나님께서 말씀하십니다. "저 아말렉 죄인들을 진멸하라." 사람 짐승 할 것 없이 깨끗이 진멸하라고 명령을 하십니다. 그러면 여기 신학적 문제가 있습니다. 하나님께서 심판하시는 것이고, 사울은 그 심판을 집행하는 것입니다. 오직 그것뿐입니다. 이것이 이스라엘 사람들의 전쟁신학입니다. '전쟁은 우리가 하는 것이 아니고 하나님께서 하시는 것이고, 하나님께서 너희를 심판하시는 것이고, 나는 집행하는 것뿐이다.' 그래서 꽝하고 총을 쏘고, 할렐루야, 그렇게 합니다. 왜냐하면 나는 심부름하는 것이기 때문입니다. 내가 그 사람을 죽이는 것이 아닙니다. 하나님께서 죽이시는 것입니다. 이것이 이스라엘 사람들의 철저한 전쟁신학입니다. 그런데 오늘본문대로 하나님께서 사울 왕에게 '아말렉을 진멸하라'고 말씀하셨습니다. 그래 나가서 쳤습니다. 그런데 이기고 나서 사울이 기념비를 세웁니다. 이것은 무서운 것입니다. 기념비, 세우면 안됩니다. 하나님의 은혜로 된 것을 자기가 한 것처럼, 하나님께서 주신 은총을 마치 자기 공로인 것처럼 기념비를 세우려고 하면 안됩니다. 저는 여러 사람에게 부탁해보았습니다. 장관 되는 사람, 대통령 되는 사람, 국회의장 되는 사람…… 이런 어른들을 만나게 될 때마다 마지막 말을 꼭 한마디 합니다. 기념비 세우지 말라고, 하나님께서 제일 싫어하시는 것이 기념비 세우는 것이라고 말입니다. 자기 이름을 내려고 할 것 없습니다. 이것은 하나님의 영광을 갈취하는 것입니다. 하나님을 가장 욕되게 하는 일이라는 말입니다. 사울이 전쟁에서 돌아오면서 기념비를 세웠습니다. 이것은 있을 수 없는 일입니다.

순종에 또 문제가 있습니다. 하나님의 명을 준행하면 그것뿐인데, 오늘본문을 보면 탈취하기에만 급했습니다. 하나님의 명령만 준행하면 될 것이지, 강도짓을 하면 안됩니다. 그런데 탈취하기에 급했습니다. 이것은 거룩한 전쟁을 마치 강도행위처럼 만드는 일입니다. 엄청난 죄가 됩니다. 뿐만 아니라 자기변명을 합니다. 언제나 그렇습니다. 시원치 않은 사람은 변명을 합니다. 마지막 순간입니다. 이 순간에라도 진실하면 되는데, 하나님의 책망을 들으면서도 변명을 합니다. 충고를 무시하고 도덕성을 떠나서 정직함을 잃어버립니다. '하나님께서 진멸하라고 하셨지마는, 양과 소가 너무나 아까워서 하나님 앞에 제사를 드리려고 남겨두었나이다.' 이것, 안됩니다. 이런 변명을 해서는 안됩니다. 교만하면 거짓말을 하게 됩니다. 그것을 잊지 말아야 합니다. 정직하기가 어렵습니까? 교만하기 때문입니다. 겸손한 사람은 정직하기가 쉽습니다. 어렵지 않습니다.

그런데 이렇게 변명을 하고 거짓말을 하므로 하나님의 진노를 삽니다. 그리고 13장에 보면 또 다른 죄가 있습니다. 이스라엘 백성들이 모였으니 이제 사무엘 선지자가 와서 제사를 드려야 되겠는데, 그 오는 시간이 늦어집니다. 백성들이 자꾸 흩어집니다. 그러니까 사울 왕이 사무엘 선지가 오기 전에 자기가 제사를 드리고 맙니다. '제사 어렵지 않네.' 이렇게 되고 맙니다. 자기는 왕이지 제사장이 아닙니다. 제사장의 직분은 따로 있는 것인데, 건방지게도 왕으로서 제사장의 일까지 대행했더라는 말입니다. 하나님께서 이것을 크게 책망하십니다. 그가 스스로 작게 여길 때 그로 이스라엘 왕이 되게 하셨습니다. 그런데 그가 이제 교만해졌습니다. 교만하면 하나님의 음성이 들리지 않습니다. 교만하면 사람도 보이지 않습니다. 깊이 생각해야 합니다.

자기 인격에 대한 자기진단법이라고 하는 도표가 있습니다. 한 번 이 도식에 의해서 생각해보겠습니까? '자기에게 주어진 물질적 분깃을 만족하게 여기는가?'라고 묻습니다. 내가 얼마를 가지고 살든지, 몇 평짜리 집에 살든지, 이것 다 하나님께서 주신 것으로 알고 감사하게 생각하고 내 분수보다 넘친다, 내 진실, 내 수고보다도 크다고 생각하고, 내게 주어진 소유에 대해서 만족하느냐, 아니면 불평하느냐? 여기에서 가름이 납니다. 또 내게 주신 이웃과의 관계에 대해서 만족하느냐, 부모님에 대해서 만족하느냐, 아내에 대해서 만족하느냐, 혹은 남편에 대해서 만족하느냐를 확인해 보면 됩니다. 어떤 사람은 일생을 두고 결혼 잘못한 것 후회하는 사람이 있습니다. 내가 저런 사람하고 만날 게 아닌데, 깜빡 실수해가지고 일생 고생한다고 말입니다. 이혼도 못하는 주제에 한평생 원망하는 것입니다. 교만한 사람입니다. '그저 분에 넘친다. 나같이 부족한 사람에게 이런 좋은 부모님, 좋은 아내, 좋은 남편, 감사하다. 자녀들에 대해서도 감사하다.' 이렇게 되어야 겸손한 사람이지, 이웃관계에 대해서 불평하면 그것이 바로 교만입니다. 또 내게 주신 직분, 내게 주신 직업, 내게 주신 신분 그대로 만족하게 생각합니다. 이 역시 분에 넘친다고 생각할 때 겸손한 것입니다.

또한 칭찬과 비난에 대해서 어떻게 반응하느냐가 문제입니다. 「십팔사략」이라고 하는 고전에 나오는 이야기입니다. '타면자건(唾面自乾)'이라고 하는 재미있는 사자성어가 있습니다. 얼굴에 침을 뱉으면 그 침은 저절로 마른다는 뜻입니다. 형제가 다 재상으로 출세했습니다. 형이 동생에게 말했습니다. "우리 형제가 다 출세했으니까 많은 사람들이 시기 질투할 거다. 그런고로 우리 겸손하게 살아야 한다." 동생이 말합니다. "예, 그렇습니다. 저는 어떤 모욕을 당해도 혹은 누가 제게 침을 뱉어도 저는 화를 내지 않겠습니다. 겸손하게 살겠습니다." 그랬더니 형이 하는 말입니다. "얼굴에 침이 묻었어도 닦지를 마라. 남이 내게 침을 뱉더라도 침을 닦지 마라. 그 침은 저절로 마르는 것이다." 이런 상징적인 중요한 이야기를 합니다. 어떤 굴욕을 당해도 그대로 받아들일 뿐이고, 조금도 반항하지 말고, 한번 물어봐야 됩니다. 억울한 말을 들을 때 내가 분노하나, 아니 분노하지 않는지, 생각해보십시오. '항상 내 잔이 넘치나이다. 내 수고보다 넘치나이다.' 무슨 일을 하고 후회합니까? '아, 내가 그럴 사람이 아닌데.' 아니지요. 그럴 것이 아닙니다. 본래 그랬던 것입니다. 어쩌면 요만큼 된 것까지도 축복입니다. 유명한 아우구스티누스의 말이 있습니다. '믿음의 사람은 죄를 지으면서도 감사한다.' 왜 그렇습니까? 나는 더 죄를 지을 사람인데, 요만큼 죄지은 것도 하나님의 은혜이기 때문입니다.

우스운 이야기지만, 제가 공개합니다. 제게 사무원 비서가 한 명 있는데 이 비서가 가끔 조금 늦을 때가 있습니다. 사무실은 강남에 있고 분당에서 오니까 좀 늦을 때가 있습니다. 제 시간에 도착 못 할 때가 있고, 늦어서 들어서면서 좀 미안하지 않겠습니까. 저는 아무 말도 안합니다마는, 들어서서 어떤 말을 하면 좋겠습니까? "저는 본래 이런 사람이 아닌데, 어쩌다가 차가 막혀서 늦었습니다." 이것은 교만한 사람입니다. 제가 데리고 있는 비서는 꼭 뭐라고 하느냐 하면 "저는 본래 그렇거든요" 합니다. "저는 본래 게으른 사람입니다." 그러면 다한 것입니다. 할 말이 없습니다. 그렇지 않습니까. 어디서 문제가 됩니까? 가끔 그런 생각을 합니다. '나는 절대 그럴 사람이 아닌데.' 아니긴 뭐가 아닙니까. 원래 그랬습니다. 그냥 받아들이십시오. 아니, 이만큼도 은혜입니다. 내버려두었으면 더 잘못되었을 것입니다. 그것이 바로 겸손이냐 아니냐는 것입니다. '내 잔이 넘치나이다.' 언제나 내 수고보다 결과는 더 좋다고 생각하는 사람입니다. 또한, 정직하기 힘듭니까? 정직하기 힘들다고 하는 사람은 교만한 사람입니다. 겸손한 사람은 언제나 정직합니다. "미안합니다. 잘못했습니다. 저는 본래 그렇거든요." 겸손한 사람은 정직하기가 쉽고 자유롭습니다. 회개하기가 쉬운가 어려운가? 사과하기가 쉬운가 어려운가? 스스로 생각해보십시오.

요새 왜 세상이 시끄럽습니까? 다 교만해서 그렇습니다. 특별히 신학적으로 중요한 말씀이 있습니다. 마르틴 루터는 예수님의 성육신 (incarnation), 육신을 입고 오신 그 문제에 대해서 한마디로 유명한 신학적 용어를 말합니다. 'God makes Him small.' 하나님께서 자신을 작게 만드셨다는 것입니다. 다시 사도 바울은 말씀합니다.

“God makes me small.” 하나님께서 나를 작게 만드셨다는 것을 잊지 말기 바랍니다. 하나님께서 나를 작게 만드신 것, 바로 그 자체가 사랑입니다. 사도 바울은 위대한 신앙고백을 합니다. “육체의 가시, 사단의 사자가 있다. 그리하여 나를 작게 만드셨다. 작아지므로 나는 하나님의 능력을 찬양하게 되었고, 그리스도를 내 안에 머물게 했고, 위대한 하나님의 사람으로 살게 되었다.” 하나님께서 나를 작게 만드십니다. 실패를 통해서, 질병을 통해서, 굴욕을 통해서, 혹은 배신당하는 일을 통해서, 여러 사건들을 통해서 나를 작게, 작게, 작게 만드십니다. 그 속에 은총이 있고, 그 속에 축복이 있는 것입니다.

오늘본문에서 보는 이 사울 왕, 하나님께서 몇 번만 더 내려치셔서 그를 작게 만드셨더라면 그도 사람이 될 뻔했는데, 그는 작아지지 못했습니다. 얻어맞고도 작아지지 못했습니다. 그래서 망하는 것입니다. 스스로 작게 여길 때 하나님께서 그를 크게 만드십니다. 스스로 낮출 때 하나님께서 그를 높이십니다. 가장 낮을 때 거기에 행복이 있습니다. 거기에 자유함이 있습니다. 거기에 창의력이 있습니다. 아니, 바로 그 시간에 하나님의 말씀이 들려옵니다. 하나님의 능력을 체험할 수 있습니다. 한 번 더, 한 계단 더 나를 작게 여길 때 우리는 하나님을 찬양하게 될 것입니다. △

곽선희목사 설교집·강해집·기타

〈설교집〉

08권 물가에 심기운 나무
09권 최종승리의 비결
10권 종말론적 윤리
11권 참회의 은총
12권 궁극적 관심
13권 한 나그네의 윤리
14권 모세의 고민
15권 두 예배자의 관심
16권 이 산지를 내게
17권 자유의 종
18권 하나님의 얼굴
19권 환상에 끌려간 사람
20권 복받은 사람의 여정
21권 좁은문의 신비
22권 내게 말씀을 주소서
23권 약속의 땅을 바라보며
24권 결단이 있는 자의 행로
25권 이 세대에 부한 자
26권 행복한 사람의 정체의식
27권 미련한 자의 지혜
28권 홀로 남은 자의 고민
29권 자기결단의 허실
30권 자기십자가의 의미
31권 자기승리의 비결
32권 자유인의 행로
33권 너는 저를 사랑하라
34권 주도적 신앙의 본질
35권 행복을 잃어버린 부자
36권 지식을 버린 자의 미로
37권 신앙인의 신앙
38권 예수께 잡힌바된 사람
39권 군중 속에 버려진 자
40권 한 수난자가 부르는 찬송
41권 복낙원 인간상
42권 내가 아는 이 사람
43권 한 수난자의 기쁨
44권 스스로 종이 된 자유인
45권 내게 주신 경륜
46권 자유인의 간증
47권 한 신앙인의 신앙간증

〈강해집〉

(빌립보서 강해) 희락의 복음

(갈라디아서 강해) 은혜의 복음

(고린도전서 사랑장 강해) 진정한 사랑의 의미

(예수님의 이적 강해) 이적으로 계시된 말씀

(사도신경 강해) 사도들의 신앙고백

(야고보서 강해) 참믿음 참경건

(예수님의 잠언 강해) 예수의 잠언

(사도행전 강해)(상) 교회의 권세

(사도행전 강해)(하) 교회의 권세

(로마서 강해) 믿음에서 믿음으로

(고린도전서 강해) 복음의 능력

(고린도후서 강해) 생명에로의 길

(예수님의 비유강해)(상) 하나님의 나라/(중) 이 세대를 보라/(하) 생명에로의 초대

(에베소서 강해) 내게 주신 은혜의 선물

(골로새서 강해) 위엣것을 찾으라

(데살로니가서 강해) 사도의 정체의식

(디모데서 강해) 네 직무를 다하라

〈기타〉

행복한 가정/참회의 기도/영성신학/종말론의 신학적 이해/생명의 길